启航教育生涯

职初教师校本培养的实践与探索

施洪青 / 主编

上海社会科学院出版社
SHANGHAI ACADEMY OF SOCIAL SCIENCES PRESS

《启航教育生涯》编委会

主编：施洪青

编委：施洪青　唐忠华　范文俊　徐　菲
　　　杨晓婧　邱　欢　黄诗怡　胡晓燕
　　　顾　英　汤熠然　谈　鑫　李佳伟

序 Preface

施洪青校长是南汇师范的优秀毕业生。四年前,她服从组织安排,勇挑重担,担任了上海市浦东新区三灶实验小学校长,开始创办一所新的学校。

他们当时碰到了一个突出的难题:学校招聘的教师绝大部分都是刚从大学毕业的新教师,而且大部分是非师范专业毕业的。面对这样一支师资队伍,怎样把他们带上来?施校长他们感到为难。于是,她们找到我,希望我能给她们一些帮助。

正巧,我们曾经专门研究过职初教师*的专业心理发展问题,出版过《走向成熟——中小幼教师职初期专业心理发展研究》一书,对职初教师的专业成长规律有所理解。当时,我们就商定:遵循职初教师专业发展的

---

* 编辑按:通常指处于职场初级阶段的教师,一般任教五年之内。

客观规律，开展系统化的校本培养的实践与研究，具体做法就是用教育科研的方式方法来推进，先确立一个统领全校的大课题——"职初教师专业心理发展的校本化系统培养循证研究"。该课题获得了浦东新区教育局的批准，成为区级课题。施校长就以这个课题为抓手，带领全校职初教师展开系统化的本校培养的实践与探索。

此后，我一直关注着他们的研究，更关注着这批职初教师的成长，也几次应邀参加他们的课题研究活动，和职初教师们面对面地讨论、交谈。

今秋十月，施洪青校长把他们的一部著作稿发给我，希望我写个序。

这是一部一线校长和老师们撰写的教育科研著作。她以深厚的实践为著作的根基，所有的第一手资料全部来自著作者们的实践，是他们亲历亲为的真实反映。他们对所创造的成功经验进行了梳理，形成了理论框架，又对实践经验进行了理性思辨，从中揭示出遵循职初教师专业发展的基本规律，开展校本化系统培养的成功途径与方法策略以及相应的运行机制。读来给我很多启发。

他们对本校职初教师的现状作了深入的调查和分析，由此提高了校本培养的针对性和适切性。他们确立了职初教师专业发展的基本内容和培养目标，把现代教师必备的三大能力——教学能力、育德能力、科研能力——作为培养目标加以确立，还关注到了教师的个性特长发展，也把它作为培养目标确立。他们以实现培养目标为中心，开展各项校本培养工作，包括引导职初教师自己设计和实施《三年发展规划》，把共性培养的目标要求和个性发展很好地结合起来；以培养目标引领，形成了教学能力培养、育德能力培养、科研能力培养的三大培养途径和策略；进一步形成了职初教师专业能力校本化系统培养的运行机制。此外，他们还在职初教师的发展性评价上也作了有益的探索。

作为一个见证者，我看到，三灶实验小学在施洪青校长的带领下，以学校大课题"职初教师专业心理发展的校本化系统培养循证研究"为引领，全体职初教师全身心地投入：他们学习与研究教学；学习与研究班主任工作；结合自己的工作实际，积累实践经验；重新学习《学科教学法》和《学科教学心理学》等师范教育课程；学习和开展教育科研的课题研究。他们既是这个课题的研究对象，更是这个课题的实践者和研究者。他们在成长中研究，在研究中成长，创造了许许多多成功的经验。我看到了这支教师队伍在一天天地成长，也看到了由此带来的学校各项工作的迅速发展。总之看到了一所老百姓家门口的好学校的诞生。

这里，我要向施校长和她的团队表示深深的敬意！

你们成功破解了当前困扰我们中小学发展的一大突出难题,即大量非师范专业毕业的学生投身中小学教育事业。这些非师范专业毕业的年轻教师给我们的教育事业带来了新的希望,也暴露出了他们专业上的缺陷。如今,你们开辟出了一条校本化系统培养职初教师的新的成功途径,使大批非师范专业毕业的新教师能够在本职岗位上迅速成长起来。你们的研究让教师受益,让学生受益,让家长受益,更为我们国家能够拥有一支高质量可持续发展的基础教育的教师队伍作出了贡献。

张才龙
二〇二三年十一月五日

(上海市教育科研专业特级教师;首批正高级教师;徐汇区原教育科学研究室主任)

目录

序 … *1*

第一章 绪论 … *1*
 第一节 研究背景与意义 … *1*
 第二节 研究假设与内容 … *6*
 第三节 研究方法与路径 … *10*
 第四节 文献研究与综述 … *18*

第二章 职初教师的现状分析 … *35*
 第一节 调查问卷的设计与发放 … *35*
 第二节 调查问卷的结果与分析 … *37*
 第三节 职初教师群体的特征 … *46*
 第四节 职初教师的真实需求 … *49*

第三章 职初教师专业发展的内容 … *52*
 第一节 职初教师专业发展图谱制定的背景与原则 … *52*

第二节　教师专业发展图谱制定的
行动与循证　　　　　　　　　*56*

第四章　职初教师专业发展规划的制订　　*79*
第一节　教师专业发展规划的流程　　*80*
第二节　教师专业发展规划的内容　　*80*
第三节　职初教师专业发展规划的区别　　*85*
第四节　专业发展规划的功能　　*92*

第五章　职初教师校本化培养的目标　　*106*
第一节　教学能力培养目标　　*107*
第二节　育德能力培养目标　　*110*
第三节　教育科研能力培养目标　　*112*
第四节　个性特长发展目标　　*116*

第六章　职初教师校本化培养的策略　　*118*
第一节　职初教师专业发展的要求
与需求　　　　　　　　　　*118*
第二节　职初教师校本化培养的对策　　*120*
第三节　职初教师校本化培养的途径　　*131*

第七章　职初教师校本化培养的运行机制　　*146*
第一节　建立青年教师培养的领导机制　　*146*
第二节　科学规划青年教师综合能力
培养机制　　　　　　　　　*147*
第三节　增强青年教师内在发展动力的
激励机制　　　　　　　　　*164*

第八章 职初教师校本化培养的评价 169

　　第一节　职初教师校本化培养评价的基本理念与思考 169

　　第二节　职初教师校本化培养评价的评价框架与方式 172

　　第三节　职初教师校本化培养评价的评价实施建议 191

第九章 职初教师校本化培养的成效 199

　　第一节　提升了教师的教育教学专业技能 199

　　第二节　赢得良好社会声誉 206

附录

"真我教师"20条　216

"真我教师"20条案例　218

"真我教师"50招　267

"真我教师"50招案例　270

优秀教学案例　315

优秀教学论文　335

后记　402

第一章

绪 论

第一节
研究背景与意义

上海市浦东新区、三灶实验小学成立于 2018 年 7 月，地处上海市浦东新区宣桥镇寅旺路 88 号，毗邻上海野生动物园。学校现有 25 个教学班，740 多名学生，62 名教职员工。学校坚持依法治校，以德立校，实行民主管理，全体教职员工在"真我精神"激励下，关注学生核心素养的培育，致力于培育"有真情、获真知、得真才、见真我"的"真我少年"。

学校以"抱诚守真"为校训，秉持"向着真我生长"的办学理念，以充分反映学校教育哲学"真我教育"的育人图景。学校开办四年多来，通过"真我管理"实践、"真我教师"塑造、"真我少年"培育、"真我课程"开发等途径，结合"真我校园"文化氛围的营造，多途

径、多视角地提升师生"教"与"学"的能力和幸福指数,促进学校、教师、学生的协同发展,努力提升学校的办学品位,树品牌,展风采,争创百姓家门口的好学校。

"真我教育"是主体性教育的一种形态,是学校发展素质教育的实践模型,是落实立德树人、提升教育内涵的重要途径,是学校的教育价值观以及内涵发展的方法论。

在价值观方面,"真我教育"强调主体精神。我们要办一所儿童喜欢的、充满主体精神的学校,让每个人成为最好的自己。"真我教育"叩响儿童的心灵,触碰学生心底最柔软的东西,唤醒孩子内心向善向美的本性。可以说,"真我教育"是我们追求的一种教育境界。

在方法论方面,"真我教育"致力于激发儿童的主体精神,通过建构"真我德育""真我教师""真我管理""真我校园",来推动学校的内涵发展,让学校成为展现真我的地方,让儿童在这里遇见最好的自己。

因此,"真我教育"是主体教育、真情教育、真心教育、本真教育、个性教育,我们将学校的办学理念确定为"向着真我生长"。在一定意义上,"真我教育"是一种信仰,由此我们确立自己的教育信条——

我们坚信,

每一个孩子都很重要;

我们坚信,

真我是生命的至高境界;

我们坚信,

教育是不断寻找真我的过程;

第一章 绪 论

我们坚信，

向着真我生长是教育最舒展的姿态；

我们坚信，

引导儿童发现真我是学校教育的神圣使命。

1. 学校文化变革的美好愿景

学校秉持为每个学生的终身发展奠基的办学宗旨，规范办学求发展、保障质量创特色、坚定目标绘蓝图，努力把三灶实验小学办成一所百姓家门口的好学校，一所区域内的品牌学校，一所让孩子富有爱心、常怀感恩之心、具有丰富的实践体验、享受学习的快乐、养成良好的习惯，在宣桥、原南汇地区乃至浦东具有较高知名度的、师生幸福指数较高的、能让孩子快乐健康成长的、高质量的素质教育实验小学。在党的教育方针统领下，致力于培养适应时代发展需要的，拥有厚实的道德底蕴、扎实的知识技能、结实的身体素质的健康快乐的"三实"真我少年！

2. 教师专业发展的集群优势

总体上看，新办学校教师平均年龄小，青年教师多，思维活跃，可塑性强，潜力大；青年教师学历层次相对偏高，他们充满活力与创新力，协作进取的氛围浓，有接受挑战的信心和勇气；来自不同学校的教师，能够将他们比较认同的原有学校的优势和特色借鉴到现有的工作中，存在集众人之长的优势。

3. 学生发展需求的多元背景

学生来源以全国各地的新上海人居多，他们带有特定的文化底蕴，在各项活动中显得视野更开阔，更具创新活力，有利于学校课程的开

设和实施。家长构成多元，他们中不乏科技领域的领军人物，也有历经艰辛来上海打拼的行业精英，他们的人生经历和成长收获都是我们开展学生人生观、价值观教育的重要资源，也是开展家校互动的重要助力军。

4. 立体化、全方位育人模式

学校在顶层设计、课程建设、队伍建设以及后勤服务保障等诸多领域多维考虑，为建立良性互动机制创造了条件。特别是小班化教学，浸入式育人环境，有利于全面发展与个别教育有机结合，多维服务与全面提升学生综合素养。

一、学校未来五年发展目标

"真我教育"是让儿童成为世间最美存在的教育，让儿童活出真我的风采是我们学校教育的追求。因此，我校培养"有真情、获真知、得真才、见真我"的"真我少年"。在我们看来，"有真情"，意味着爱家国，懂感恩；"获真知"，意味着会学习，能探索；"得真才"，意味着多才艺，乐生活；"见真我"，意味着喜运动，健身心。围绕这一育人目标，我们提出学校未来五年发展目标。

1. *实验性目标*

进行"真我教育"实验，探索其内在管理机制、课程体系、教学模式、德育途径、评价手段等，完成"真我教育"探索性研究阶段的成果概括。

2. *特色性目标*

以"真我教育"为引领，以野生动物园主题课程为载体，在地文化资源与课程整合上形成特色课程群，推进"真我德育"，全力打造

"真我课程"特色。

3. 主体性目标

培育真我师生，造就"真我教师"，让 100% 的教师都能提出自己的教学主张；培养"真我儿童"，让 100% 的学生拥有自己的兴趣爱好。

4. 条件性目标

打造"真我校园"，不断完善办学条件，为师生的成长提供服务与保障，包括建设舒适和谐的住宿环境、优雅宜学的学习环境。

二、课题的提出

鉴于学校办学理念和发展规划，就我校发展的实际情况来看，近几年有大量的非师范毕业的教师进入学校教育第一线工作。他们虽然具有了所教学科的基本知识，但是没有接受过师范教育的专业培养，其专业心理发展水平亟须提高。即使是师范院校毕业的新教师，他们适应和促进工作岗位要求的专业心理发展也需要得到培养和加强。因此，我们提出了《职初教师专业心理发展的校本化系统培养》的课题，旨在探索职初教师专业心理发展的校本化系统培养的策略、方法与途径；创造新的成功经验，形成新的培养范式。该课题于 2019 年 5 月被浦东新区教育局立为教育科学研究项目。

1. 职初教师

职初教师是指担任教师工作岗位 0～5 年内的新教师，国外也称为入职教师。

2. 教师专业心理

教师专业心理是指除了学科本位知识以外的适应和促进教师工作

的心理特质。包括教师的角色心理、工作动机心理、威信心理、教学能力、育德能力、教育研究能力及学校人际关系心理等[①]。

3. 本课题的校本化系统培养

本课题的校本化系统培养是指由学校主持的在职初教师本职岗位上开展的培养,其培养范围涵盖了职初教师的角色心理、威信心理、动机心理、教学能力、育德能力、研究能力及学校人际关系心理等诸多方面,表现出发展空间上的系统培养。另外,需要对职初教师有计划地培养3~5年,表现出在发展时间上的系统培养。我们通过系统培养来适应与促进职初教师专业心理发展的连续性和系统性要求。

第二节
研究假设与内容

本课题的研究假设是:如果我们能够遵循职初教师专业心理发展的基本规律(心理路向),形成并且实施一整套校本化系统培养的措施,经过3~5年的努力,就能使职初教师的专业心理得到更快,更好、更全面的发展,为他们成为优秀教师打下扎实的专业心理基础。

本课题选择本校入职0~5年的所有教师作为研究对象。

本课题将以学年为单位开展基于共性要求的个性化培养循证实践研究。每学年按照如下内容展开研究实践。

---

① 参见张才龙,张社. 走向成熟——中小幼教师职初期专业心理发展研究. 上海科技教育出版社,2013.

一、职初教师专业心理发展的诊断研究

对研究对象就专业心理发展的七个方面（角色心理、威信心理、动机心理、教学能力、育德能力、研究能力、学校人际关系心理）展开诊断，包括自我诊断和同伴会诊。用发展的观点，找到每一个职初教师专业心理发展的长处和短板。分析诊断结果后，研制"教师个人成长计划"和"学校培养计划"。

（一）教师个人成长计划

根据诊断结果和阶段性发展的主要矛盾（如对于第一年的教师，教学能力是否适应岗位要求是主要矛盾），为每一位职初教师制定本学年自己专业心理发展的计划。包括自我诊断结果、本学年个人专业心理发展的目标、学习和改进的举措、需要学校提供帮助的需求等。

（二）学校培养计划

在学校层面归纳所有职初教师的诊断结果，形成学校共性培养计划和个性支持计划。

1. 共性培养计划

针对职初教师普遍存在的心理需求，根据阶段性发展主要矛盾特点的要求，组成学习共同体，组织全校性的通识培训活动，通过学习、思考、实践、交流等活动共同提高他们的教育教学等能力。如对于第一年的入职教师，展开教学基本功通识培训，包括如何进行学情分析、如何进行教材处理、如何进行课堂教学设计、如何灵活准确运用课堂教学用语、如何运用教学方法、如何进行板书设计、如何进行教学反思、如何进行学生作业批改与辅导、如何进行学生学业评价以及"三笔字"（钢笔字、粉笔字、毛笔字）规范化书写，如何设计黑板

报、如何与家长有效沟通、如何制定个人3年发展规划等，通过通识培训，引领职初教师专业心理成长，缩短职初教师的成长周期。具体内容如下。

（1）职业感悟与师德修养方面。《新时代中小学教师职业行为十项准则》等培训；个人3年发展规划的制定；读书笔记及读书心得的撰写；钢笔、粉笔、毛笔字的书写训练；职业生涯体验随笔的撰写等。

（2）课堂经历与教学实践方面。备课、上课、听课评课、作业设计、学困生辅导、学有余力学生的提高性辅导、课堂及时评价、课件制作、教学板书设计、学情分析、教材处理、课后30分钟活动课的设计、拓展课及探究课的活动设计等能力的培训。

（3）教育科研与经验体会方面。教学反思、案例、论文的撰写等培训。

（4）班级管理与育德能力方面。板报的设计、主题教育课的执教、中队规章制度的建设、班队会的开展、雏鹰假日活动的开展、特殊学生的教育、与家长交流的艺术、学生评语的撰写等。

（5）教学研讨与自我评价方面。参与策划、主持教研组活动、教学论坛、教学演讲、教育教学能力自我评价、个人3年发展规划的自我评价等。

2. 个性化支持计划

学校和职初教师共同商定本学年的个人发展计划；收集每一位教师的发展支持需求，形成需求一览表，充分运用校内外的一切资源，给予个性化的需求支持，如个性化的一对一专家指导等，增强其培养的针对性和有效性，努力帮助教师实现自我发展目标。

另外，结合教师的实际情况和执教学科特点，进行分科实践培训，聘请区教研员、兄弟学校优秀教师、校级骨干教师等对新教师开展三级带教结对活动，提高职初教师的教育教学等能力。

二、将个人发展计划和学校培养计划统整实施研究

（一）纳入学校工作计划系统，落实到每周工作中

将职初教师专业心理发展的个人计划和学校培养计划纳入学校工作计划，做出单列安排，落实到每学期、每周的工作计划中，保证其统整实施。

（二）营造适合职初教师专业心理发展的学校文化

树立为每一位学生终身发展奠基的共同价值观，激发每一位职初教师专业心理发展的内生动力，建立职初教师自我发展共同体。引导他们树立正确的教师角色心理、威信心理、动机心理和学校人际关系心理，形成团结奋进，共同进步的学校文化氛围。

三、职初教师专业心理发展的评价研究

（一）职初教师的自我评价

以学年为单位，引导职初教师展开目标参照评价，对照自己计划的发展目标，进行达成度评价。

（二）结合学校的相关考评制度，作团队相对评价

建立学校职初教师的管理制度和达标要求（合格教师、阳光教师等）及评价；每年由校内外教师及家长、学生对职初教师做出评价。

（三）进行职初教师专业心理发展的成长档案袋评价

建立职初教师专业心理发展的成长档案，收集过程性原始材料，并将其作为每学年自我评价和相对评价的基础，展开基于事实的客观

评价。

四、循证实践与理论研究

根据上述实践研究内容，以学年为单位，进行循证实践研究，每学年一个轮回，进行总结和反馈调整，努力探寻这些系统培养措施和职初教师专业心理发展之间的内在的本质的必然的联系，从而验证本课题的假设。对大量的实证资料进行科学抽象，展开理论探讨，以求达到本课题的研究目标。

第三节
研究方法与路径

本课题主要采用循证性实践研究，再辅之以文献研究法、调查研究法及案例研究法等。

循证性实践研究应用于课例研究的可能性来源于两者的内在一致性，尤其是注重证据、理论与实践相结合的价值导向，以及参与主体的多元与互动的基本特性。

首先，提高课例研究的有效性。循证实践理念指导下的循证教育学强调教育活动必须基于科学证据而非个人经验，且为证据的评估提供了较为明确的分级标准。这种对证据的清晰指向和明确分级均有助于课例研究以更规范的方式运作实施，即聚焦问题并以证据为导向对课例进行评价，从而使课例研究更科学也更有效，并与实际问题紧密相关。

其次，促进课例研究中教师专业发展。循证有助于课例研究更好地发挥促进教师专业发展的作用。循证实践的核心理念是根据最佳的研究证据进行实践决策，循证教育最重要的特征在于将个体的经验与证据相结合，研究并获得证据以探讨与验证教师、学生和学习共同体中其他人的专业经验。参照循证实践方法进行课例研究，能够促使教师以更高级别的证据指导、评估和改进教学，即循证实践能够为教师在课例研究中的专业学习和专业反思提供支架。

一、循证性实践研究

我校课题"职初教师专业心理发展的校本化系统培养循证研究"以循证性实践研究为核心实践方法，通过两种研究路径进行分级分层的实践研究，通过诊断和评价，两个分支条线的研究路径来将课题的循证方法深入研究，如图1-1所示。

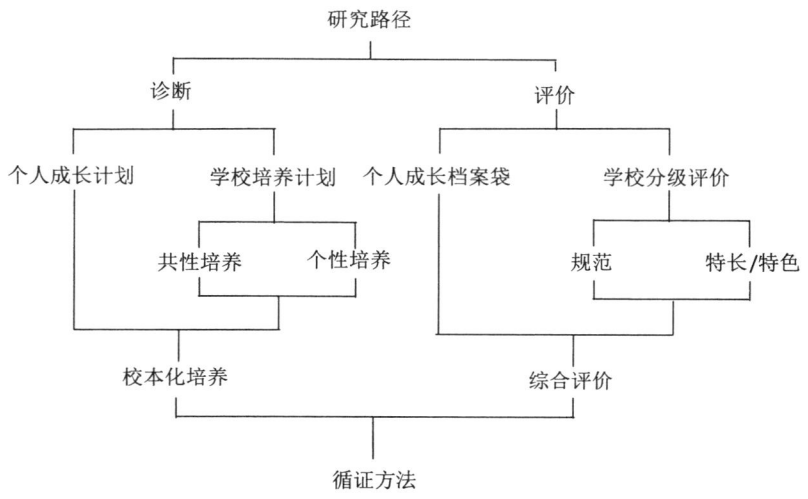

图 1-1　课题研究路径

（一）诊断

诊断包括两个方面，分别是个人成长计划以及学校培养计划，其中个人成长计划通过每位教师在3年里通过"三年规划书"的撰写来完成，让教师能对自身有充分的认识，知道自己的优势以及劣势，通过3年的对比，让自己看到成果，同时，同伴、学校对每位教师的诊断，也让其能够对自身有更全面的认识。此外，每位教师还会参与到学校的培养计划中，进行共性培养、个性培养以及校本化培训。

1. 共性培养

（1）爱岗敬业，教书育人，勇于创新，出色地做好本职工作。

（2）系统掌握现代教育理论和技能，自觉更新教育观念，提高业务素质和教育教学水平，努力形成个人风格。

（3）每学期至少在本教研组开设一次公开课，或在全校开设一次公开课进行研讨。

（4）每学期至少有1篇教育案例或教学案例。

（5）主动指导学生参加各种学科竞赛等活动。

2. 个性培养

（1）提携青年教师，加大青年教师的培养工作，是我校一贯注重的优良做法。我校加大"真我教师培养"及"高效能优质课堂研究"的力度，通过观察课堂、分析课堂，从中找出高效能课堂的因素，让学生听最好的课。为此，学校根据教育教学现状和未来发展的需要，制定青年教师的培养方案，拓宽培养渠道，采取自主研修、师徒配对指导、外出学校学习等多种培养方式，为他们的学习提高创造条件。

（2）对于学校的教学骨干，坚持工作在教育教学第一线，发挥示范带头作用；承担示范课、观摩课等公开教学任务，促进学校教育教学质量的提高。根据我校教师队伍的特点和教师队伍建设的实际，主动承担一般教师、年轻教师的培养工作，特别是对年轻教师的帮助和提高。

3. 校本化培训

（1）培训方式。

1）集中培训。分为大集中和小集中两种模式。大集中指全体教师共同参与的理论及业务学习、研讨、交流等；小集中指以学科组为单位的教师集中学习与研讨。

2）分散培训。学校每学期指定部分学习材料，以教师个人自学为主。

3）专题讲座。由学校校级领导、教务主任、学科带头人、优秀教师、优秀班主任进行专题讲座，帮助老师树立正确教育观念，激发教师自我提高意识。

4）专题研讨与交流。围绕教育教学中出现的一些带共性、有研究价值的问题，通过学习、研讨、交流，提高认识，促使整体教学水平的提高。

5）通过撰写案例、论文、经验、心得、反思等，提升教师基本素质和业务水平。

（2）培训内容。主要包括师德培训、教育理论培训、课堂教学技能培训、教学基本功培训等，重点是教材的处理能力，教学情境的设置能力，课堂教学的调控能力。

1）组织新教师学习《中华人民共和国教师法》《义务教育法》《中小学教师职业道德规范》及各学科新课程标准等。

2）组织新教师每人上一节汇报课并及时评课。

3）通过"师带徒"拜师仪式，加深师徒感情，促进青年教师成长速度。

4）师徒相互听评课，在具体的教学岗位上不断提高教学水平。

5）各类教研员来校听课指导以及专题讲座等。

6）多媒体课件制作培训、"三笔字"培训等。

7）青年教师基本功大赛。

（二）评价

评价分为个人成长档案和学校分级评价两个方面。学校建立了职初教师资料袋，其中包含了职初教师心理路向培养目标、职初教师基本情况，以及职初教师发展规划，通过3年内职初教师的教育活动记录、教学活动记录、专业发展成果和工作小结，对职初教师做一个系统的记录与评价。

1. 个人成长档案

（1）职初教师的自我评价。以学年为单位，引导职初教师展开目标参照评价。职初教师对于自己的现状进行自我分析，分别有优势评价和劣势评价，其中包含了师德修养、专业能力、育德能力、专业能力等；职初教师对照自己计划的发展目标，进行达成度评价。

（2）结合学校的相关考评制度，作团队相对评价。建立学校职初教师的管理制度和达标要求（合格教师、真我教师等）及评价；每学期用"问卷星"对每一位教师进行全员导师制（育人能力）和班级任课教师（教学能力）满意度调查，由校内外教师及家长、学生对职初教师做出评价。

（3）进行职初教师专业心理发展的成长档案袋评价。建立职初教师专业心理发展的成长档案，收集过程性原始材料作为每学年自我评价和相对评价的基础，完成每学年的目标及评定表（包括师德修养、"三笔字"基本功、教学展示、教学成绩、课题研究、论文发表或获奖），展开基于事实的客观评价。

2. 学校分级评价

学校分级评价主要从规范和特长两个方面进行评价。

首先，学校通过每个月认真且细致的教学各项检查工作，包括了"教学五常规"的各项工作，从教导处到教研组再由各个备课组"咬尾巴"互查，从上课听评情况、备课、作业等各个方面，让职初教师在过程中第一时间明白各项教学工作的要求，并以此规范自己在教学过程中的每一个细节。备课组组长第一时间反馈检查结果，并让教师将出现的问题理解进行调整和修改。

学校也积极组织各类校内的教学能力比赛，如青年教师教学设计比赛，教师本体性知识比赛、见习教师微课评比、青年教师线上直播课评比和青年教师错题讲解评比等，切实提高青年教师的教学能力和工作能力。全面提升教师基本素养，加强教学基本功，加强反思和改进。提高研修水平，优化课堂教学。努力培养职初教师成为一名优秀的人民教师。

其次，学校结合已有研究成果与学校职初教师发展的实际需求，将职初教师专业心理发展纳入校本化系统培养，进行个性特长培养并

给予评价。学校组织开展党史故事演讲比赛，组织"我骄傲，我是三实小的一员"主题演讲活动，通过演讲比赛锻炼教师的语言表达能力，更将党的伟大精神渗透进青年教师思想的方方面面。学校注重教师的各类特长的培训和评价，组织了专家书法讲座、心理主题讲座、法律知识讲座、花艺培训、甜品制作培训、厨神大比拼等，在教学工作之余，让青年教师在个人兴趣培养、生活劳动等各方面都得到了鼓励。

研究路径通过教师个人角度的档案罗列成长记录情况，和学校内部多方位的评价教师综合素质，让评价系统具有综合性和客观性。将校本化培养与综合评价相统一，通过第一轮和第二轮的循证实践的经验，对本课题研究内容再进行调整完善，展开第三轮循证实践研究，取得更多的新的实证资料，形成第三轮循证实践研究成果，在实践中形成培育范式。

二、文献研究法

通过查阅、分析图书馆和资源库收集和整理的关于职初教师专业心理发展以及教师支持体系方面的文献资料，在分析前人研究成果的基础上，了解相关的研究现状，借鉴有利于本研究的相关知识，理清论文研究思路，为本研究提供理论依据和支撑。

三、调查研究法

（一）访谈调查法

针对职初教师专业心理发展的影响因素对本校教龄5年内的职初教师进行访谈，从而对职初教师专业心理发展的现状和体系有更深入的了解。

（二）会议调查法

用座谈、讨论的形式，针对我校职初教师专业心理发展的校本化系统培养的实施策略、方法与途径对当年职初教师的成效进行调查，提出建设性意见。

四、案例研究法

收集并整理我校对职初教师专业心理发展的支持对策的相关案例，对案例进行研究和分析，了解职初教师专业心理发展的校本化系统培养的策略、方法与途径，并依此提出相应的可行性对策和建议。

此项研究历时3年，课题准备阶段为2019年3月—2019年7月，第一轮循证实践研究为2019年8月—2020年7月，实施本课题研究内容的1~4项，取得实证资料，形成第一轮循证实践研究成果；第二轮循证实践研究为2020年8月—2021年7月，通过第一轮的循证实践的经验，对本课题研究内容的1~4项进行调整完善，继续展开研究，取得新的实证资料形成研究成果；第三轮循证实践研究为2021年8月—2022年7月，通过第二轮的循证实践的经验，对本课题研究内容的1~4项再进行调整完善并展开研究，取得更多的新的实证资料，形成研究成果，在实践中形成培育范式；结题为2022年8月—2022年12月。

针对学校发展的实际，在本职岗位上展开针对性的职初教师专业心理发展的校本化系统培养，研究成效显著，激发职初教师自身专业心理发展的内生动力，将个性化发展和共性化培养统整实施，形成职初教师专业心理发展的校本化系统培养的新经验。

第四节
文献研究与综述

一、研究现状

在中国知网上以"教师专业发展"或"教师心理发展"为检索词,以"篇名"为主要检索项,以"2017—2022年"为时间范围,共检索到127条结果,通过对期刊文献发表时间的统计分析,可以大致了解关于职初教师专业心理发展研究的文章总体发展趋势。如图1-2所示,2017年至2018年呈上升趋势,2018年减少至15篇。在2019年至2021年期间,处于平稳但整体向上趋势。

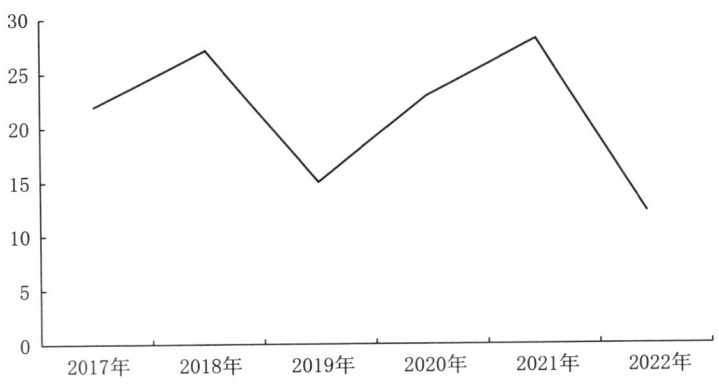

图1-2 职初教师专业心理发展研究文章总体发展趋势

（一）国内外有关职初教师的研究

关于职初教师,在中国知网上见到的常见说法还有新教师、初任教师、新任教师、新手教师等。其中新教师的说法较为常见,美国教育家麦克唐纳（McDonald）认为新教师是指已完成了所有的职前培训课程（包括学生阶段教学实践）的教师；他已被授予临时教师资格证书，并受聘于某个学区；他所负有的责任通常与那些较有经验的教师所必须负有的责任在种类和程度上是相同的；他正处于从事这个职业或服务的第一年。麦克唐纳从学历、工作年限、工作性质等角度对新教师的范围进行了界定，在国内外均有适用性。虽然称呼不同，但每个研究者都几乎一致认为教师在完成师范专业学习、取得教师资格证，走上工作岗位后，都要经历一个转变时期，这是教师职业生涯的起始时期。这个阶段教师工作的关键成长时期，更是一个充满了挑战和挫折的过渡时期。对于这个时期的称呼和经历这个时期所需要的时间，研究者的界定也不一致。教师职业生命周期理论的先驱福勒（F. Fuller）把这一时期称为"早期生存关注阶段"。美国学者伯顿（Berden）、纽曼（Newman）、皮特森（Peterson）以及弗劳拉（Flora）的教师发展阶段论将教师职业生涯分为求生阶段、调整阶段及成熟阶段三个方面，其中求生阶段指从事教学的第 1 年，调整阶段指从事教学的第 2~4 年。费斯勒（Fessler）的教师循环生涯论将这两个阶段统称为"职初期"；休伯曼（Huberman）的教师职业生命周期论则把这两个阶段称为"入职期"，又概括为"求生和发现期"，指教师教学的 1~3 年；司德菲的教师生涯发展模式将这两个阶段称为"预备生涯阶段"。可见，不同的国家从工作年限的角度来界定职初教师各有不同。在国内，不同学者对职初教师的时间划分也有不同的理解。常见的有两种，一种观点认为教龄在 3 年以内的教师可称为职初教师，另一种观点则认为职初教师是个与"老教师"相对的概念，通常教龄在 5 年以内的教师都可以统称为职初教师。根据大量研究表明，对职初教师

的时间界定多为3~5年内。事实上，这不是一个绝对的划分，因为教师的个体是存在差异的，每位教师的成长过程和时间也各不相同。在从职初教师转变为熟练教师的过程中，存在着众多的影响因素。该研究查阅的文献中，马永全把工作5年的职初教师的成长划分为冲动受挫期（工作后0.5~1年）、平稳反思期（工作后1~3年）及加速发展期（工作后4~5年）三个阶段。张才龙将职初教师的教龄界定为5年内，又从职初教师专业心理发展的角度将职初期细分为职初初期（1年内）、职初中期（第2~3年）、职初后期（第4~5年）。孙玲等人在《无锡地区职后五年内小学教师专业发展与支持需求调查报告》中展示了对300名小学教师进行调查的结果，同样是按照教龄1年内、2~3年、4~5年三个阶段来划分。

在"上海市小学职初教师专业发展支持体系研究"中认为，由于在上海地区，入职1年的新教师，一般称作见习教师，几乎都需要去发展良好的基地学校参加见习教师培训，教师在入职后第二年才真正深入到自己任教的学校，因此在本篇论文中将入职2~5年的教师或教龄为2~5年的教师称作职初教师。如此一来，区级校级两方面的支持显得尤为重要。关注职初教师的外在支持体系不仅对教师自身的专业发展有着深刻的意义，更是提高基础教育质量的重要因素。因此，帮助职初教师建立良好的支持体系，促进他们的快速成长，缩短他们的职业适应期已成为亟须解决的问题。

本研究将入职0~5年的教师称为"职初教师"。将5年职初期划分为3块，入职1年是初期，入职2~3年是中期，入职4~5年为职初后期。入职1年的教师处于适应期阶段，面对的压力和问题多但专业发展能动性高；入职2～3年的教师处于寻求平衡期，也是职初教师能否保持专业发展的转折期；入职4～5年的教师处于追求卓越期，也是职业发展的高原期，需要寻求理论高度促进实践发展。

（二）国外有关职初教师专业发展的研究

通过检索文章发现，研究新教师专业发展的文章还是很充分的，但是又有一定的局限性，主要集中在新教师专业发展的困境、发展的途径等方面。职初教师作为新教师的一部分，也包含以上研究内容。本文主要针对这几个方面进行梳理和概括，并分析其研究的问题与不足，从而能更有利于本文的写作与创新。

1. 国外职初教师专业发展困境的研究

和其他首次踏入职场的人一样，初入职场的职初教师会在许多地方面临不同方面和不同程度的问题。鉴于此，职初教师的入职困境也引起了广泛的关注。

维恩曼（Veenman）指出，职初教师常遇到的问题有24个方面，其中排名前5位的分别是维持课堂的纪律、激发学生的学习动机、把握学生的个别差异、评价学生的学业、与家长的沟通；鲍夫勒（Paufler）认为职初教师是否受到公平公正的评价十分重要，这会影响他们的教学实践与教师品质；布赛尔（Bausell）的一项研究结果表明，高风险的考试深深地影响着教师的信念、实践和社交行为，从而揭示了一种令人不安的倾向；沃克（Walker）则研究了大学职初教师入职的困境，出人意料的是大学职初教师最缺乏的、最想得到的是关怀。

2. 国外职初教师专业发展途径的研究

威廉·巴蒂斯托（William Battistone）在最新的一项研究中指出，

职初教师要积极地加入紧密的工作，并寻求与教学伙伴合作的机会，以快速提升自我的发展；获得教学团队的帮助提高职初教师的教学能力；伊娃·威克曼（Eva Vekeman）认为校长给职初教师提供的资源以及与同事间的友好相处是有效的途径；施瓦兹（Schwartz）通过对职初教师中心师徒关系项目的分析发现，当职初教师获得导师的支持时，他们的学生在数学考试中的成绩会更高，同样指出导师的作用的还有海基（Heikkinen），并将导师的指导分为开放、促进、咨询、指导和领导5个类别。

3. 国外影响职初教师专业发展的因素研究

功能主义者[①]认为，教师专业发展是指在复杂而多变的环境中以及在一种强迫性的学习氛围中，教师所经历的正式和非正式的学习，教师专业发展不仅应包括知识、技能等技术性维度，还应该广泛考虑道德、政治和情感的维度。教师的学习和发展具有批判性，教师不是知识和技能的容器，而是一支强大的变革力量。有些措施会影响职初教师的专业发展，比如，美国学者对征服欲的标准化改革、问责制、高风险评估提出了批评，认为这些政策把教师专业发展的结果简化为教师考试成绩，这些政策还不断地控制和管制着教师专业发展的实施。学校文化对教师专业发展的影响也一直受到学者的关注。比如，学校缺乏传统仪式和社会性习俗、学校采取集权式的教师专业发展管理模式、学校领导不参与组织和引导教师专业发展活动等，这些因素对教师专业发展产生了负面的影响。教师文化对教师专业发展的

---

① 即结构功能主义，又称功能学派，是结构理论的框架，视社会为众多部件组成的复杂系统，这些部件为了促使社会稳固及稳定运作而协力合作。

影响更为重要，非学习型的教师技术文化（Technical Culture）忽视教师的交流与合作，以考试为导向，影响到教师的信念、实践和互动，最终影响到教师和学校的发展。从教师个体来看，教师缺乏专业承诺（Commitment），直接对教师的信念、态度、效能感、身份认同以及教学行为产生负面影响。

（三）国内有关职初教师专业发展的研究

1. 国内职初教师专业发展困境的研究

马凤芹提出职初教师会出现过低估计教材，缺乏课后的反思和总结，缺乏教学应变能力、言表风度不适宜等问题。潘好好等人的研究得出入职初期的教师普遍存在职业认识不恰当、身份角色冲突等心理困境。陈小倩提出在由师范生向教师的身份转变过程中，刚入职的教师可能会有教学能力不足、班级管理不佳、人际关系紧张三种职业适应不良的表现。都雯提出新教师面临教育观念认识不当、教学能力相对缺乏、人际关系处理困难、心理问题难以克服四个方面的困境。

熊萍认为入职教师的专业能力有待提高、专业发展缺乏明确的目标。余霞认为职初教师在进入实际的教育教学后其教育理念会与教学实践发生冲突。董玲也认为，职初教师在进入学校任教后，都面临许多问题，比如理论与实务的割裂、理想角色观念与实际角色期望之间的差距、专业资助导向与课程管理导向之间的冲突等。这些现实情况所带来的冲击将形成他们对教师职业最基础也是最难以撼动的认知，他们对职业的规划、对自身发展的定位、职业道德的践行程度等都将由此而来。有的研究指出角色认同体现在专业理念、专业能力及专业情感，这三个方面导致职初教师问题偏大。

王红梅提出了任教1~3年内的教师入职不适应存在的问题以及相应的对策。问题分别是：教案编写、教学方法灵活性较差；激发学生学习兴趣方面表现一般；总体教育科研水平低；职初教师心理孤独感较强；王红梅提出的应对之策为：改革师范生职前培养模式；以学分制促进师范生科研能力的提升；加强与专业型教师的交流；进行积极的自我心理调整以及创建宽松与和谐的工作环境。邓艳红对北京市任教2年以内的小学教师的研究发现，职初教师入职后受多种因素的影响，并针对这些影响因素提出了由此引发的思考。影响小学新入职教师不适应的因素有：个人职前教育的经历、入职培训的针对性较差、所在学校的期望较高、个人家庭背景因素以及个人特征。引发的思考是：小学教师入职"适应"的标准是什么、师范与非师范的区别是什么、教师教育职前与职后的一体化成效、对"响鼓还要重槌擂"的质疑以及社会因素的影响。施红娟提出初中职初教师的入职不适应主要体现在教学业务、人际关系、任教环境及任教压力四个方面。冯莎在其"新教师入职适应的影响因素及对策"研究中详尽分析了职初教师入职不适应的影响因素，具体包括入职支持不足、角色转换困难、多重外部压力、教育经验缺乏以及心理调适不良五个方面；并据此提出了外部和内部策略两项解决对策，构建的外部支持体系策略有建立教师入职支持制度、形成多元联动的支持体系以及研制全面个性化的支持内容3条；提升自我动力的内部策略则是树立终身学习意识、增强自身专业素养及学会反思教育生活3条。孙玲、黄小群对297名无锡地区职后5年内的小学教师做了问卷调查，并基于美国心理学家伯林纳（Berliner）的研究，将教师专业发展分为新手、熟练新手、胜任、业务精炼和专家 5 个阶段的理论，表明职后 5 年内的小学教师专业发展多处于新手和熟练新手阶段，专业发展自我满意度较低，专业发展规划不够系统，在教育科研、课堂教学和班级管理方面存在诸多困惑的结论。

我国农村职初教师专业发展的问题更加独特，包括学校教研氛围淡薄、资源缺乏、不受重视与师道尊严缺失等，在工作能力与心理压力上都存在问题，他们需要专业的、有针对性的指导和培训。

2. 国内职初教师专业发展途径的研究

有学者认为职初教师专业发展需要外部条件的支持，网络学习共同体可以为新教师搭建一个良好的专业发展平台，并据此提出了建立门户网站、开设教育博客、使用通信软件 3 条促进新教师专业发展的途径，创建多样化的结对形式；完善考核与激励机制；创建学习共同体；"网络指导"与"当面指导"相结合 4 项优化师徒结对模式的建议；郭翠兰提出了四位一体的新教师培养模式，以及两级新教师考核与激励机制；方雪蓉从树立名师典范、建章立制、带教跟学、展示交流四个方面阐述了促进教师专业发展的具体做法；还有学者认为校本教研是教师专业发展的重要途径，校本教研的缺失会阻碍职初教师的专业发展。

职初教师发展的内部动力也不可或缺，高华和陈晓铖提出自我效能感通过认知、动机、情感及选择四个过程作用于职初教师的教学成长，是职初教师教学成长的内驱力。

已有的关于职初教师专业发展途径的研究中有一类重要的部分是有关职初教师入职培训的研究。赖瑜提出了教师入职培训的六种主要模式①，以及这六种模式存在的"难以调动新教师的积极性""重理论、轻实践""培训条件参差不齐，效果差异大"等问题。梁运佳从人本主义心理学的视角出发，提出入职培训需要创设良好的学习环境，开展有关职业生涯规划教育，帮助职初教师解决入职适应问题，满足职初教师的需要，从而提升职初教师幸福感、留任率与自我概念。周冬梅和姜义认为我国新入职教师的培训存在着内容陈旧和形式单一、老带新过于简单化、师范院校课程与中小学教学脱节、培训方案不具体、管理松懈以及培训时间短、效果不理想等问题。谢晓雪和田道勇提出了"调研需求、设置内容""建设机构、提供场地""吸引双师、建设师资"及"规划成长动态激励"4项改进新教师入职培训的策略。严金波和林正范通过对英国教育部2014年颁布的《新教师入职教育指南》的解读，详细介绍了英国实施的教师入职教育的内涵与特征，并提出了其对我国的几点启示。马静通过对英国发布的新任教师入职培训改革文件的探究，分析了英国职初教师入职培训的具体举措，即提高新任教师入职培训标准、实施具有可操作性的培训内容、明确入职培训机构与人员权责以及保障入职培训的资金支持；并提出了其对我国新教师的几点启示。苑莹焱从重视岗前培训、开展校内培训工作、进行爱岗敬业培训、进行师德修养培训、搭建成长平台五个方面阐释了职初教师入职培训的方案。经月美认为高职院校职初教师入职培训应包括高等教育基础理论、职业道德与校情校史、教育教学能力提升、专业实践与操作技能四个方面的主要内容，并提出了岗前集中培训，"以

---

① 分别为专题讲座、导师带教、微格训练、案例分析、行动研究及自学反思。

老带新"的导师制,课程观摩与集中研讨,以赛促教、教学相长,业余网络自主学习模式等多方面的建议。王艳玲提出由职初教师进修学校、任职学校及职初教师三方参与的培训者专业引领、教研员组织教研、指导教师示范辅导、新任教师岗位自修的一体化培训模式在诸多职初教师培训实践中效果较好。孙志凤提出为缓解新教师在教学工作与培训之间的工学矛盾,要使小学新教师可以就近享受优质培训资源,并基于此探究了小学职初教师"培训走亲"培养模式的管理机制及其运行策略。

3. 国内影响职初教师专业发展的因素研究

我国学者的研究发现,缺乏时间、非教学性事务过于繁重是阻碍小学教师专业发展的主要因素。另外,教师职业社会地位低、年龄、生源、学历、学校氛围、学校是否重点、学校领导素质、家庭、与同事关系等也被教师视为影响自身发展的因素。教师专业发展被视为反思、探究的过程,因此教师的教学经历并不必然使教师发展成为优秀教师,教师参与合作、反思性探究活动的程度是影响教师发展的关键。

综上所述,通过对职初教师以及职初教师专业发展相关文献的梳理发现,已有的国内外关于职初教师入职不适应的研究结论基本一致:职初教师在入职初期的不适应主要表现在课堂教学、学生的管理和人际关系的处理等几个方面,导致职初教师不适应的原因也有内部和外部等多方面的因素,而且入职不适应问题会直接影响教师的教学效果。关于职初教师专业发展的研究大都仅关注在教师专业发展存在的问题、需要包含的内容、发展的途径等某个单一的方面。同时,与职初教师在入职期存在多方面不适应问题的研究相对应,职初教师入职培训的相关研究较多,研究结果显示新教师入职培训存在形式单一、内容片面、缺乏针对性、效果不佳等多方面的问题。由先前的相关研究可知,职初教师所处的专业发展阶段具有特殊性,使其在发展需求、思想、行为以及所关注的问题等许多方面都有着与其他阶段教师不同的特点。同时,职初教师在专业发展方面面临诸多现实困境,已有研究虽然提出了师徒制、校本培训等多种职初教师专业发展的手段,但缺乏对职初教师专业发展现状、发展内容、提升路径等各个方面的系统研究。对影响教师专业发展因素的研究文章也比较多,但是就新教师或者是入职几年内的新手教师的专业发展研究还不够充分,没有考虑到新教师群体的特征,并基于他们的特征而做出相关的因素分析。因此,对职初期教师专业发展的研究还有很大的空间。

(四)国内外有关职初教师专业心理发展的研究

国外有关职初教师专业心理发展的研究较少,主要研究在教师的心理危机及干预上。早在1996年,联合国专家就预言:"从现在到21世纪中叶,没有任何一种灾难能像心理危机那样,带给人们持续而深刻的痛苦。"教师正是可能发生心理危机问题的高危人群之一。中国人民大学公共管理学院组织与人力资源研究所、新浪教育频道联合启动的"2005年中国教师职业压力和心理健康调查"结果表明,中国教师面临着较大的压力:80%的被调查教师感到压力大;近30%的被调查教师存在严重的工作倦怠;近40%的被调查教师心理健康状况不佳;超过60%的被调查教师对工作不满意。

在卡普兰看来,当一个人面对困难情境(problematic situation),而他先前处理问题的方式及其惯常的支持系统不足以应对眼前的处境,即他必须面对的困难情境超过了他的能力时,这个人就会产生暂时的心理困扰(psychological distress),这种暂时性的心理失衡状态就是心理危机。

国外的研究表明,教师职业是一个压力来源较多、压力强度较大的职业。美国教育学会(NEA)于1956年对公立学校2 290名教师调查发现,78%的教师有"少许或相当多的应激"。英国学者柯礼柯夫(Kyriacou)与苏利夫(Suteliffe)于1978年在调查英国综合中学教师的工作应激中,发现教师感受很大,职业应激的比率达1/5~1/3。教师不仅要承受与其他职业同样的压力,如工作负担压力、职业声望压力等,而且还承受着由教师职业特殊性所带来的压力,如由多重角色和育人职责所带来的压力以及来自学生、家长方面的压力等。心理学、工效学等多学科的研究均发现职业压力(occupational stress)已成为一种严重影响人的身心健康和工作与生活质量的社会流行现象。种种迹象表明,当前我国中学教师工作压力不仅普遍存在,而且超负荷比较严重。

吉里亚科(Kyriacou)和萨克里夫(Sutliffe)于1978年率先在 *Education M Review* 上发表了关于教师工作压力的研究性文章,他们将教师职业压力(teacher stress or teacher occupationstress)定义为由教师的工作而产生的负向情感及反应症状,如生气、焦虑、紧张、沮丧或失落等,它是由教师的工作引起的,是通过教师对构成其自尊与健康的威胁性事件的知觉以及激活减少威胁知觉的应对机制进行调节的。

职业倦怠(job burnout)是职业健康心理学中的一个新的研究领域,是在以人为服务对象的职业领域中,个体的一种情绪耗竭

（emotional exhaustion）、人格解体（dehumanization or depersonalization）和个人成就感低落（diminished personal accomplishment）的症状，是个体对从事职业的一种厌倦。职业倦怠是美国临床心理学家弗洛伊登伯格（Freudenberger）用来描述职业中的个体所体验到的一组负性症状，如情绪耗竭、身体疲乏、工作卷入程度降低、对待服务对象缺乏人道的态度和降低的工作成就感等。

职业高原是职业生涯高原（career plateau）的简称。最早提出这一概念的是美国职业心理学家费伦茨（Ference），他认为，"职业生涯高原是指在个体职业生涯中的某一阶段，在这个阶段中，个体获得进一步晋升的可能性很小"。贝加（Veiga）对职业生涯高原的涵义进行了扩充，他将职业生涯高原定义为，由于长期处于某一职位，从而使得个体未来的职业流动（包括垂直流动和水平流动）的可能性很小，一旦进入"职业高原"期，个体容易对职业生涯发展呈现认同危机。

职业压力、职业倦怠、职业高原这三种心理危机之间是相互影响的。很多研究者都承认职业压力产生于长期的工作压力，尤其是由工作中的组织因素所引起的工作压力。压力反应通常是产生于个体所知觉到的工作要求与个体能力之间的不一致，而职业倦怠则是产生于个体所知觉到的对工作的投入与从工作中获得的回报之间的不一致，其中情绪因素占重要地位。工作压力本身并不一定导致倦怠，但如果个体长期处于工作压力之下，无法得到解决，这期间又没有缓冲资源，没有支持系统，那么这些不可调解的压力就会发展成为职业倦怠。教师在职业社会化过程中，个体因长期处于工作压力状态下，会导致持续增加的情感冷漠、绝望以及情绪衰竭。国外研究表明，职业高原受工作压力影响，工作压力越大，职业高原情况越严重，遭遇职业高原的人最后就会导致工作倦怠。反过来，职业高原也受工作倦怠影响，工作倦怠越严重，职业高原情况越严重。职业压力是最终引发职业心理危机的重要原因。

艾宾豪斯曾经说过："心理学有一个悠久的过去，却只有一个短暂的历史。"对于国内的教师心理研究来说更是如此，国内真正意义上对教师心理广泛性的研究是从 20 世纪 80 年代才开始的。

从"引用量"来看，中国人民大学的俞国良和北京师范大学的曾盼盼的文章《论教师心理健康及其促进》独占鳌头；北京师范大学的张建伟的文章《反思——改进教师教学行为的新思路》位列次席；俞国良和北京师范大学的罗晓路的文章《教师教学效能感及其相关因素研究》处于探花位置。由此看来，俞国良可以被看作教师心理研究领域的持牛耳者，北京师范大学及《北京师范大学学报》是教师心理研究的重镇和重要阵地。

研究发现，国内心理学杂志对教师心理研究的重视度要远高于教育学杂志，或许可以假设成一些人士认为研究教师心理应该是心理学的事情，如此一来，使得研究教育和研究心理就走在了两条平行的轨道上。但是学科的融合是现代科学发展的一大特点，并且教育、心理本来就是应该紧密联系在一起的，因此，教育类杂志充分关注教师心理研究不仅是必要的，而且是重要的。到目前为止，张才龙、张社两位老师的《走向成熟——中小幼教师职初期专业心理发展研究》一书，是一次对理论研究和实践研究推进都有意义的尝试。对入门见习和专业知识构建这一职初基础型阶段，教师的心理及专业知识发展具有哪些特点与规律，研究并探索这些问题，对研究教师教育，构建相应的指导和培养体系具有十分重要的实践价值。

以上研究从不同方面研究教师专业发展和教师心理发展，加深了我们对教师成长为专业人员的过程的了解，职初教师心理发展同专业发展一样有阶段性的存在。不过，就总体来看，目前的各类教师专业心理发展研究仍具有局限。目前国内外很多有关专业发展的研究对"教师心理"的重视程度远远不及心理类的重视程度。同时，缺少从纵向维度对教师专业心理发展作整体性研究。更重要的一点是，很少有研究者会把教师的实际需要和意愿以及可以依赖的外部环境资源作为一个整体的影响因素予以考虑；也很少有学者会探讨教师的专业发展责任感对其后续的发展会有多大作用，以及在什么时间、什么地点、什么条件下进行自我专业发展会更为有效。这也是本研究拟于解决的问题。

职初教师心理发展既是职前心理发展的延续，又有其任职以后的自身心理发展特点。在进行研究时，我们把研究中心集中于后者，即教师任职以后的自身心理发展特点。本研究以职初期教师心理发展为中心，对师德、教学、德育、特长、评价等方面的诸多理论问题加以阐述，如职初期教师心理发展的阶段性及其特点、职初期教师的心理发展诸因素之间的相互关系、职初期教师心理发展的内外因关系以及个性与共性等。这里论述的仅是对我校职初期心理发展的一般认识。这些论述既是我们对已有案例进行辩证分析的结果，又将作为今后进一步进行实验验证的理论基础。

基于前人对教师专业心理发展的研究，在明确现有研究局限的基础上，本研究主要致力于达成以下研究目标：遵循职初教师专业心理发展的基本规律（心理路向），形成并且实施一整套校本化系统培养的措施，经过3～5年的努力，就能使职初教师的专业心理得到更快、更好、更全面的发展，为他们成为优秀教师打下扎实的专业心理基础。同时，对上述研究作循证性实践验证；探索职初教师专业心理发展的校本化系统培养的策略、方法与途径；创造新的成功经验，形成新的培养范式。

参考文献

[1] 韩向前. 国内外教师心理研究述要[J]. 心理科学通讯，1988（3）：52—56.

[2] 韩进之，黄白. 我国关于教师心理的研究[J]. 心理发展与教育，1992（4）：36—42.

[3] 丁新胜. 教师心理健康研究的回顾与反思[J]. 江西社会科学，2005（9）：168—170.

[4] 寇冬泉，张大均. 教师职业生涯高原现象的心理学阐释[J]. 中国教育学刊，2006（4）：72—75.

[5] 王智，李西营，张大均. 中国近20年教师心理健康研究述评[J]. 心理科学，2010，33（2）：380—383.

[6] 马凤芹. 新教师教学中存在的问题及改进对策[J]. 教师与职业，2010（5）：58—59.

[7] 陈小倩. 初任教师入职适应现状及其对策研究[J]. 内蒙古师范大学学报（教育科学版），2011（12）：72—74.

[8]邓艳红.小学新教师入职适应影响因素研究[J].中国教育学刊,2011(3):65—68.

[9]李香云,李炳煌.校本教研:初任教师专业成长路径选择[J].当代教育理论与实践,2012(2):31—33.

[10]高华,陈晓铖.自我效能感:新教师教学成长的内驱力[J].现代教育科学,2012(2):17—50.

[11]经月美.高职院校新教师入职培训问题研究[J].江苏经贸职业技术学院学报,2017(1):46—50.

[12]吕亚楠.乡村教师专业发展支持系统的现状分析及重构[J].教育理论与实践,2016(17):22—24.

[13]郝勋.中职教师心理健康现状分析与对策[J].职业,2017(12):60.

[14]魏成波.中小学教师心理健康教育现状及其解决策略[J].神州(上旬刊),2019(14):231.

[15]程淑华,冯莹莹.中小学心理健康教师队伍建设与发展研究[J].长春教育学院学报,2020,36(2):4—9.

[16]经靖.我国中小学心理健康教育教师现状及对策[J].心理月刊,2020(2):56.

第二章
职初教师的现状分析

我校以职初教师居多，目前在编的62位教师中有55位"九〇后"，有13位是第一年工作的见习教师，平均年龄27.1岁。我们对这部分青年教师通过问卷的形式进行了调查研究，形成调查报告。

第一节
调查问卷的设计与发放

本次问卷共有10题，从师德、教学及教育三个方面设计问卷，最终确立本研究的调查问卷。运用文献分析法、问卷调查及内容分析等方法，结合职初教师专业心理发展基本特点以及我校教师的自身特色，编制了《三灶实验小学职初教师专业心理发展调查报告》调查问卷，其中第一题为教师基本信息。为了排除问卷具体题目中可能存在的逻辑问题以及词不达意的情况，在提前试做后做了审核与修改。

调查问卷的内部逻辑见表2-1。

表 2-1　调查问卷的内部逻辑

内部逻辑	题　号
教师专业理念与师德培养	2～5
教师专业能力	6～8
教师专业发展	9～10

本研究对我校的全部职初教师发放问卷，得到的有效问卷为47份。根据回收的有效问卷，被试样本的构成如图2-1所示。职初初期教师占比为29.79%，职初中期教师占比为44.68%，职初后期教师占比为25.53%。

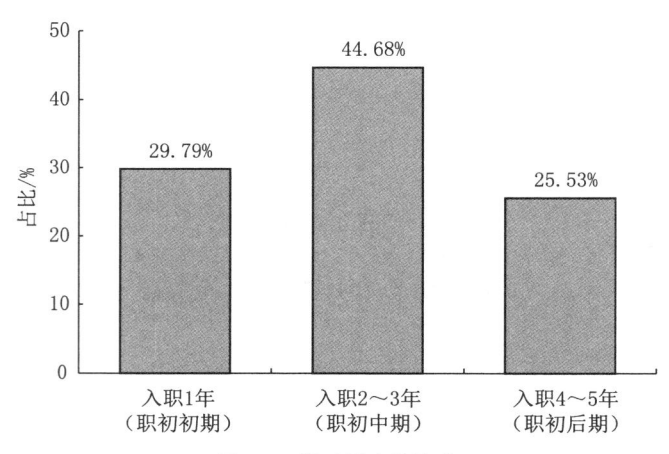

图 2-1　被试样本的构成

第二节
调查问卷的结果与分析

一、职初教师从教出发点

根据第2题，对职初教师目前的从教出发点进行调查，结果如图2-2所示。

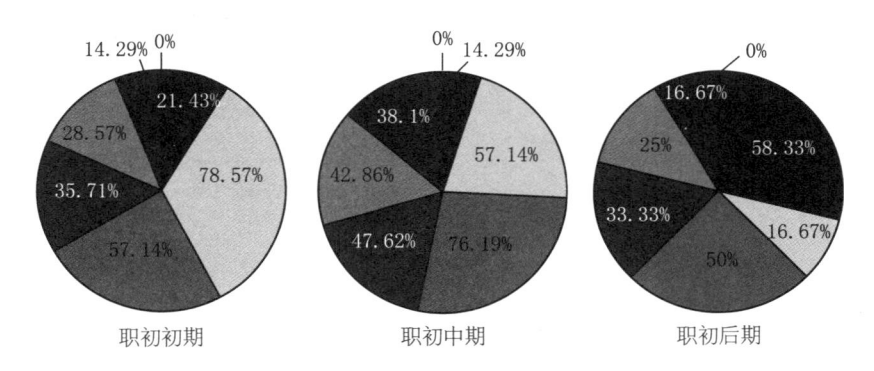

图 2-2 职初教师从教出发点

- 为了谋生（当教师是谋生途径）
- 为了事业（收入是一方面，收获是另一方面，把工作当作事业，追求人生价值，获得成就感）
- 为了快乐（与学生、同事在一起，在集体中生活，能展示自己，很充实，很幸福、快乐）
- 为了提高（与知识文明打交道，一方面教书育人，另一方面提升自己）
- 随吾所愿（教书育人工作神圣伟大，从小喜欢教师行业）
- 岗位魅力（教师有寒暑假，近年来教师地位逐年上升期）
- 其他

由图2-2可见，职初初期教师目前的从教出发点中占比最高的是为了事业（78.57%），其次是为了快乐；职初中期教师目前的从教出发点中占比最高的是为了快乐（76.19%），其次是为了事业；职初后期教师目前的从教出发点中占比最高的是为了谋生（58.33%），其次是为了快乐。

二、职初教师工作心情

根据第3题，对职初教师目前的工作心情进行调查，结果如图2-3所示。

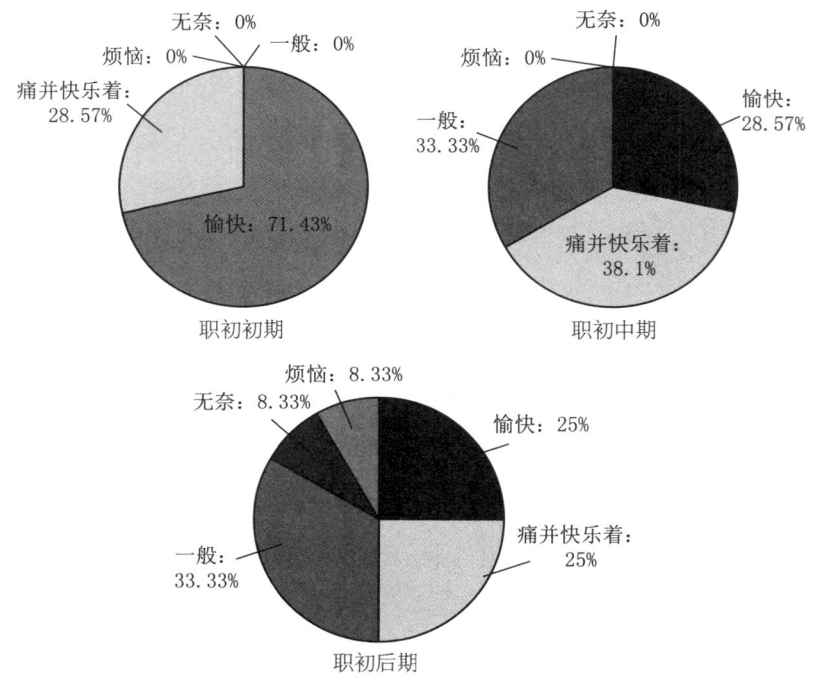

图 2-3 职初教师工作心情

由图 2-3 可见，职初初期教师目前的工作心情依次为愉快（71.43%）、痛并快乐着（28.57%）；职初中期教师目前的工作心情依次为痛并快乐着（38.1%）、一般（33.33%）、愉快（28.57%）；职初后期教师目前的工作心情依次为一般（33.33%）、愉快（25%）、痛并快乐着（25%）等。

三、职初教师成长最快的方面

根据第 4 题，对职初教师目前成长最快的方面进行调查，结果如图 2-4 所示。

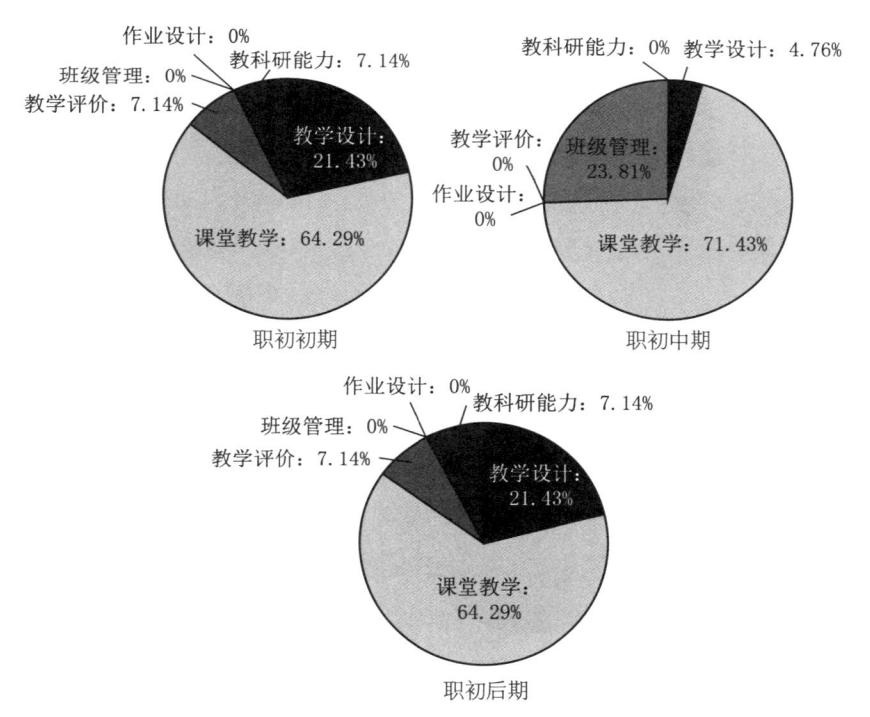

图 2-4 职初教师成长最快的方面

由图 2-4 可见，职初初期教师目前成长最快的方面占比最高的是课堂教学（64.29%），其次是教学设计（21.43%）；职初中期教师目前成长最快的方面占比最高的是课堂教学（71.43%），其次是班级管理（23.81%）；职初后期教师目前成长最快的方面占比最高的是课堂教学（64.29%），其次是教学设计（21.43%）。

四、职初教师职业发展目标

根据第 5 题，对职初教师目前的职业发展目标进行调查，结果如图 2-5 所示。

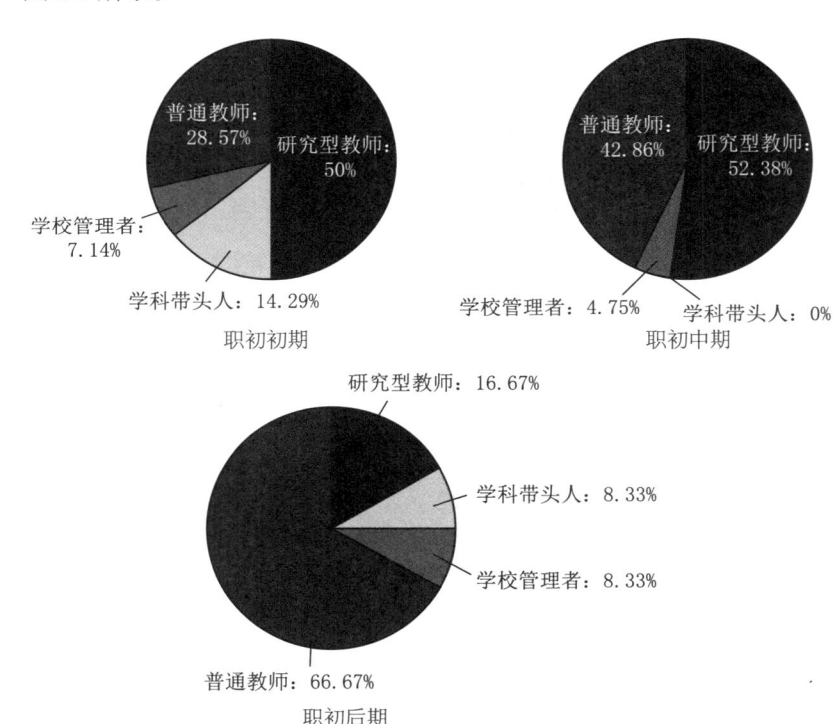

图 2-5 职初教师职业发展目标

职初初期：普通教师 28.57%，研究型教师 50%，学校管理者 7.14%，学科带头人 14.29%

职初中期：普通教师 42.86%，研究型教师 52.38%，学校管理者 4.75%，学科带头人 0%

职初后期：研究型教师 16.67%，学科带头人 8.33%，学校管理者 8.33%，普通教师 66.67%

由图 2-5 可见，职初初期教师目前的职业发展目标占比最高的是研究型教师（50%）；职初中期教师目前的职业发展目标占比最高的也是研究型教师（52.38%）；职初后期教师目前的职业发展目标占比最高的是普通教师（66.67%），其次是研究型教师（16.67%）。

五、职初教师因材施教能力

根据第6题，对职初教师目前的因材施教能力进行调查，结果如图2-6所示。

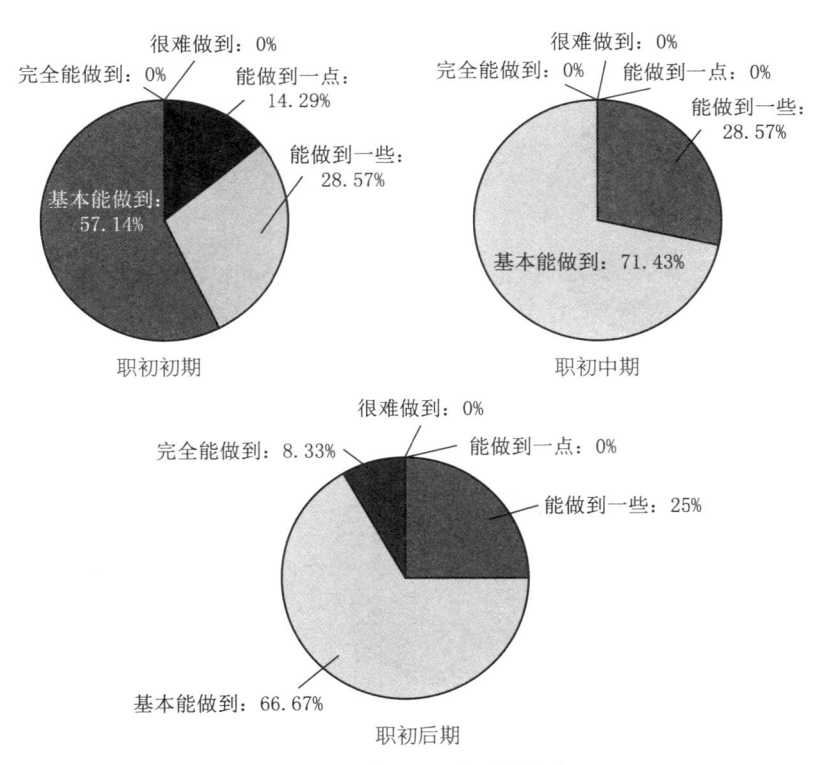

图 2-6 职初教师因材施教能力

由图 2-6 可见，职初初期教师中 57.14% 目前基本能做到因材施教；职初中期教师中 71.43% 目前基本能做到因材施教；职初后期教师中 8.33% 目前完全能做到因材施教，66.67% 目前基本能做到。

六、职初教师与学生、家长的主动沟通

根据第 7 题，对职初教师目前与学生、家长的主动沟通进行调查，结果如图 2-7 所示。

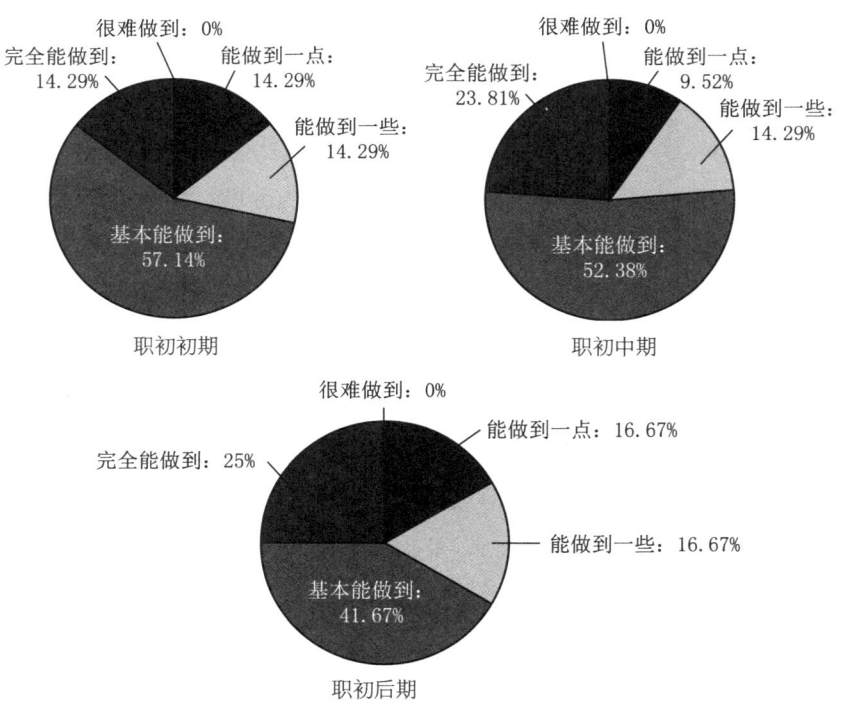

图 2-7 职初教师与学生、家长的主动沟通

由图 2-7 可见，职初初期教师中 14.29% 目前完全能做到与学生、家长主动沟通，57.14% 目前基本能做到；职初中期教师中 23.81% 目前完全能做到与学生、家长主动沟通，52.38% 目前基本能做到；职初后期教师中 25% 目前完全能做到与学生、家长主动沟通，41.67% 目前基本能做到。

七、职初教师需要具备的技能素质

根据第 8 题,对职初教师目前需要具备的技能素质进行调查,结果如图 2-8 所示。

职初初期

- 0%
- 85.71%
- 85.71%
- 71.43%
- 85.71%
- 85.71%
- 100%
- 92.86%
- 100%

职初中期

- 0%
- 80.95%
- 95.24%
- 57.14%
- 52.38%
- 76.19%
- 90.48%
- 66.67%
- 71.43%

职初后期

- 0%
- 83.33%
- 91.67%
- 75%
- 50%
- 100%
- 91.67%
- 91.67%
- 100%

● 与时俱进的教学方法
○ 较高的科研水平
● 丰富的知识储备与专业理论
● 较高的职业道德修养
● 具有现代教育观念
● 熟练地掌握和运用现代科学技术
● 敏锐的时代意识
● 终身学习的观念
○ 其他

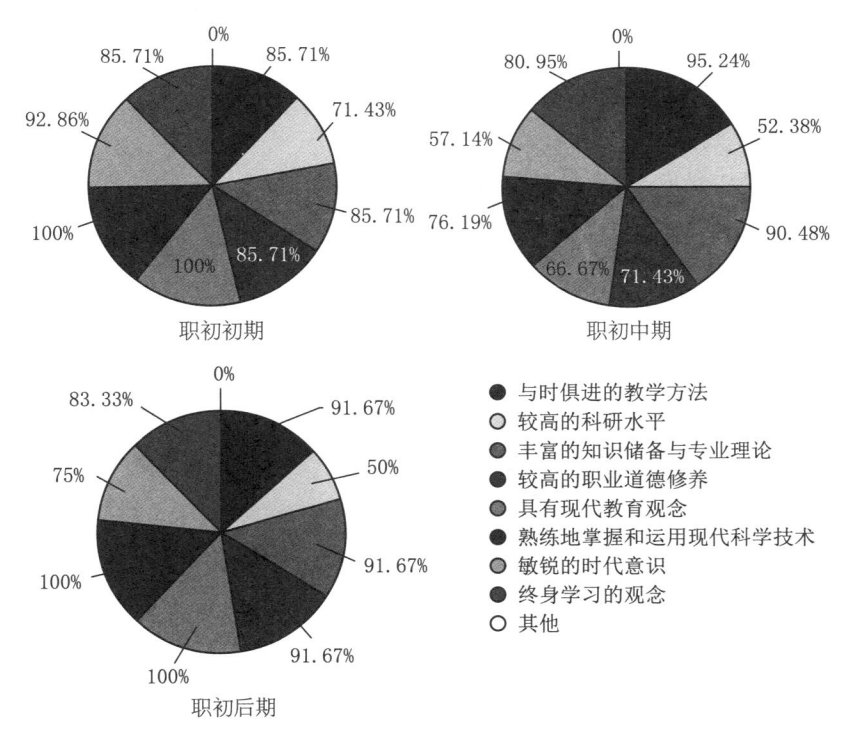

图 2-8 职初教师需要具备的技能素质

由图 2-8 可见,职初初期教师中 100% 认为目前需要熟练得掌握和运用现代科学技术、具有现代教育观念,92.86% 认为目前需要具备敏锐的时代意识,85.71% 认为目前需要具备与时俱进的教学方法、丰富的知识储备与专业理论、较高的职业道德修养、终身学习的观念。

职初中期教师中 95.24% 认为目前需要与时俱进的教学方法,

90.48%认为目前需要具备丰富的知识储备与专业理论，80.95%认为目前需要具备终身学习的观念。

职初后期教师中100%认为目前需要熟练地掌握和运用现代科学技术、具有现代教育观念，91.67%认为目前需要与时俱进的教学方法、丰富的知识储备与专业理论、较高的职业道德修养，83.33%认为目前需要具备终身学习的观念。

八、职初教师专业成长最大的障碍和困难

根据第9题，对职初教师目前专业成长最大的障碍和困难进行调查，结果如图2-9所示。

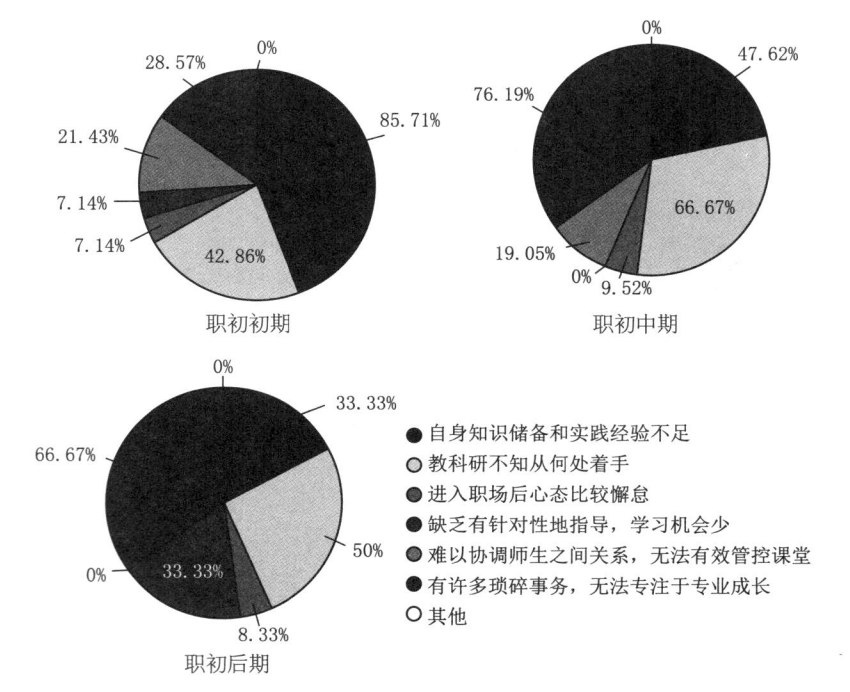

图 2-9　职初教师专业成长最大的障碍和困难

由图 2-9 可见，职初初期教师中 85.71% 认为目前专业成长最大的障碍和困难是自身知识储备和实践经验不足，42.86% 认为是教科研不知从何处着手；职初中期教师中 76.19% 认为目前专业成长最大的障碍和困难是有许多琐碎事务、无法专注于专业成长，66.67% 认为是教科研不知从何处着手；职初后期教师中 66.67% 认为目前专业成长最大的障碍和困难是有许多琐碎事务、无法专注于专业成长，50% 认为是教科研不知从何处着手。

九、职初教师最希望得到的专题培训

根据第 10 题，对职初教师目前最希望得到的专题培训进行调查，结果如图 2-10 所示。

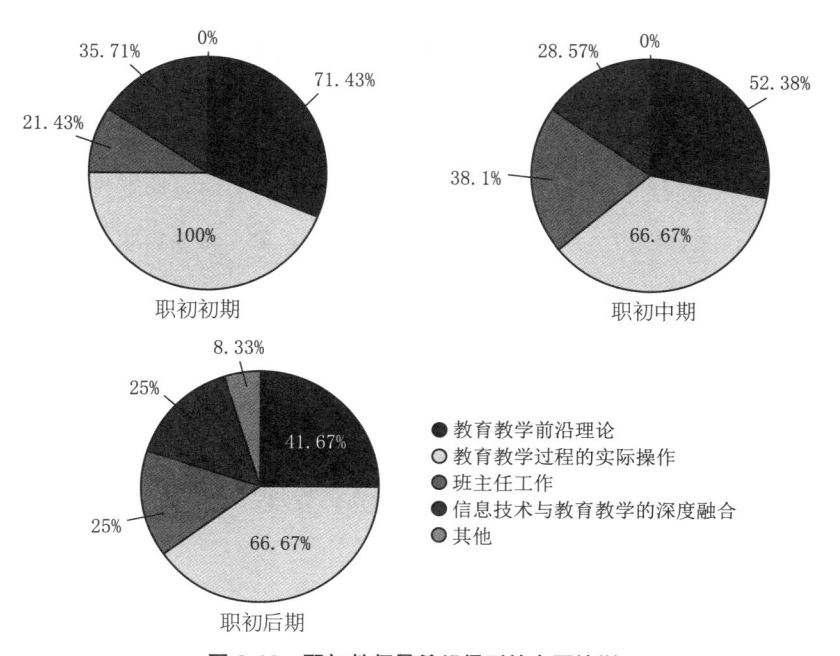

图 2-10 职初教师最希望得到的专题培训

由图 2-10 可见，职初初期教师中 100% 目前最希望得到的专题培训是教育教学过程的实际操作，71.43% 是教育教学前沿理论；职初中期教师中 66.67% 目前最希望得到的专题培训是教育教学过程的实际操作，52.38% 是教育教学前沿理论，38.1% 是班主任工作；职初后期教师中 66.67% 最希望得到的专题培训是教育教学过程的实际操作，41.67% 是教育教学前沿理论，25% 是班主任工作、信息技术与教育教学的深度融合。

第三节
职初教师群体的特征

职初教师专业发展既关乎教师的自身发展又关乎学生的健康成长。它会经历适应期、平衡期和追求卓越期等阶段，呈动态螺旋式上升发展趋势。本课题以入职 0～5 年的教师为研究对象，将 5 年职初期划分为 3 块，入职 1 年是初期，入职 2～3 年是中期，入职 4～5 年为后期。入职 1 年的教师处于适应期阶段，面对的压力和问题多，但专业发展能动性高；入职 2～3 年的教师处于寻求平衡期，也是职初教师能否保持专业发展的转折期；入职 4～5 年的教师处于追求卓越期，也是职业发展的高原期，需要寻求理论高度促进实践发展。

一、初期（适应期）

初任教师在入职阶段要经历大概 1 年的"适应期"。这一时期其主要的专业发展特点可以用"适者生存"这个词来概括，即初任教师要尽快地适应新的教学环境，与学生建立起良好的师生关系，与其他新老教师建立起和谐的同事关系，并努力处理好各种复杂的教学问题。在适应期，对于没有太多实际教学经验的初任教师来说，首先关注的就是自己的职业生存问题，能否被新环境所接纳，尽快转变职业角色，冷静面对任职前种种美好的职业预想与现实工作状况之间的差距，这些问题无不考验着初任教师的职业适应能力。

在这一时期，初任教师需要尽快完成从学生到教师的角色转换，因此，会遇到各种各样的困难和考验。

对于初任教师而言，他们的教学能力有待提高，具体来说存在的问题有：初任教师的专业知识结构亟须完善；初任教师对教材的理解不够透彻，备课不够充分；初任教师的课堂调控能力较差；初任教师的专业技能不够熟练。

除了上好课，初任教师还会遇到学生的管理和教育的问题，这也是令很多初任教师头疼的问题：与学生的关系把握不当、情绪失控的事情时有发生、班级管理经验欠缺。

在该阶段，所有的职初教师都能清醒地认识到有压力是实际教学中出现的合理化现象，尽管没有办法消除这种矛盾，但是由于对教学的激情和新鲜感，职初初期教师认为所面对的冲突和矛盾是可以通过自己的努力解决的。

二、中期（平衡期）

教师在第一年初期已经适应工作环境，能处理各种问题。逐渐进入中期的发展，在中期的教师想要在工作中寻求自身发展，在专业发展、兴趣和科研发展方面也会出现变化与问题。

这一时期，教师们在奋斗中求发展，会自觉地寻求和参与各种专业发展活动，通过专业培训、教学实践、同伴互助、自我反思等多种途径，努力提高专业技能，丰富教学经验，积累更多的专业知识，为成为一名成熟型教师奠定基础；与此同时，也会产生一系列的矛盾和冲突，比如，如何管理班级、如何建设优秀班集体、如何理解教材、如何提升课堂的效率等。中期教师的兴趣也会在原有的基础上发生一些变化，每天忙于备课、上课、管理班级等各种活动，繁忙的工作使初任教师感觉压力，这些会影响教师兴趣的发展。职初中期教师尽力在这种冲突和矛盾中取得一种平衡，迫切提升自我。

三、后期（追求卓越期）

对职初教师来说，在后期（入职 4~5 年）的心态很重要，这个时期的大多数教师对于教学和管理已经可以熟能生巧了，但往往也会达到一个职业的高原期，能否继续前进关键是看职初教师是否努力寻求突破，不仅仅是实践中的，更多的是将实践回归理论，提升自身理论上的高度，为更好地实践奠定基石。

职初教师群体的专业发展过程是会因自身心理上的变化而有所曲折，但总体上是缓慢上升的。对职初教师个体来说，从踏入教师岗位的那天起，矛盾性就一直存在，职初教师需要不断解决来自自身和外部的各种冲突和问题，甚至在一个矛盾还没完全消化和平衡的时候，第二个、第三个矛盾就会接踵而来，这就使得职初教师需要不断地解决矛盾，寻找策略，寻求平衡和追求卓越。即使是入职 4~5 年的教师，其专业发展过程中仍会不断出现来自自身和外部环境的新的矛盾。哲学中的唯物辩证法认为事物发展的根本动力在于矛盾，矛盾推动事物向前发展，从这一点看，对职初教师自身来说，解决自身专业心理发展的矛盾是压力也是动力，它推动着教师不断寻求平衡，追求卓越。另一方面，我们也应考虑到尽管职初教师专业心理发展总体上是缓慢上升的趋势，但这并不排除少数职初教师会在中途遭遇瓶颈或职业懈怠而停滞不前，那么就会导致该类教师在矛盾和策略期里徘徊，无法顺利追求该领域的卓越。

第四节
职初教师的真实需求

根据我校职初教师的特点与调查问卷的结果，分析该群体的真实心理需求以促进职初教师的专业发展。

首先，市级、区级的政策支持和保障不可或缺，在对区教育学院的期待方面，最想获得的是对他们的政策支持。但职初期教师仍然不算是成熟型教师，更谈不上专家型教师，事实上，他们仍然是新教师的一部分。因此，他们仍然需要教学上的指导，尤其是课堂教学指导，比如，课堂纪律的维护、教学重难点的把握、教材的分析、课堂突发情况的处理、学生的学习程度等问题都仍需要进一步的学习。这不仅是衔接作为新教师的教学需求，更是贯穿整个教师生涯的需求。只有不断地发现、不断地推陈出新，才能更好地促进自身的专业发展。同时，很多职初教师表示，他们在基地学校见习结束之后，回到自己的工作学校，会有很大的不适应问题。他们要适应学生的差异：由于本学校和见习基地校之间生源的差异，因此在教学方法上可能也会有很多不同，特别是在主课中更加明显；还要适应班级和教学的差异：见习的年级只有一个，而回到学校之后往往要接触多个年级的教学，因此会存在适应困难；适应全学段的差异：见习规培的时候，他们只能局部了解某个学段，与全学段是剥离的。

其次，职初教师需要多一些自由支配的时间。问卷显示，职初教师面临的最大困难是工作任务繁重、最需要的是足够的时间和资源。由于职初教师需要担任多种角色，非常忙碌，他们内心想要更多的时间去充实自己，好好感受这份职业给他们带去的快乐，而不是每天沉浸在加班忙碌之中，长此以往，他们甚至有离职的倾向。

再次，大多数职初教师都有评职称的要求，根据科研方面的要求，他们需写文章、发论文方面的专业指导，在问卷中，教育科研的指导也高达55.32%。

最后，职初教师在校时会有许多共性和个性的培养方案和措施，但是，他们也渴望和需要与其他地区、学校的老师们进行经验交流和分享的机会，比如教材分析、跨校或跨区合作等。

基于此研究报告，为努力使学校成为百姓家门口的好学校，结合新学校的实际情况，为分层分类扎实开展职初教师的培养工作，引导职初教师走专业化成长之路，丰富和提升教育教学理论，提高教育教学技能，跟上教育改革和发展的形势，学校依托区级课题"职初教师专业心理发展的校本化系统培养循证研究"，让校本培训成为教师发展的有效载体，关注不同层次教师的实际需求。在内容上，根据教师在专业知识与技能方面的已有基础，精心选择培训内容，抓好培训要点，细化培训流程，使之更符合教师的学习需求；在形式上，将校本培训与建设教师梯队的目标紧密结合，采取专家培训和自我培训相结合，区教研和校本教研相结合，传统师资培训方式与现代网络培训相结合，充分发挥教研组和年级组的作用，使不同层次的教师得到不同程度的提高。力争建设一支师德高尚、意识超前、业务精良、创新实干的青年教师队伍。

第三章
职初教师专业发展的内容

本章以图谱的形式展示了职初教师专业发展的内容，并进行了3轮的修正。职初教师刚踏入社会，必然对职业相应的要求产生懵懂的心理。如何因势利导，引导他们遵循行之有效的专业心理发展规律，从而较快适应严格而规范的职业操作，并顺利达到无缝衔接，是促进他们健康成长的关键，也是本图谱制定的初衷。

第一节
职初教师专业发展图谱制定的背景与原则

一、制定本图谱的背景

教育具有继承性、社会性。因此，社会的发展必须依靠教育发展，教育发展是社会发展的基础。

（一）教师的主体性

每个教师必须意识到教育是科学知识再生产的基础及重要手段，要实施这一过程，就要通过教师这一桥梁去实现。

（二）师资素质提高的必然性

教师的素质直接关系到学生的质量、学校的发展乃至整个社会的进步和民族的兴衰。社会主义市场经济条件下的教育已具有丰富多彩的特点，社会的发展，教育的进步，不断冲击着教师的思想转变，对教师的专业化提出了更高的要求，如何提高教师队伍素质和修养就更具有现实意义。

（三）预期目标

我们在学校开办第一年发现，新教师面临从校园到讲台的转换，不管是教学能力、育人能力以及对教师这一职业的认知等，都很不成熟。因此，我们有了下列预期目标。

（1）找出一套行之有效的职初教师成长方式，营造适合职初教师专业心理发展的学校文化，树立为每一位学生终身发展奠基的共同价值观，激发每一位职初教师专业心理发展的内生动力。

（2）建立职初教师自我发展共同体，引导他们树立正确的教师角色心理、动机心理、威信心理和学校人际关系心理，形成团结奋进，共同进步的学校文化氛围。

（3）帮助我们的新教师更快更好地成长。这是学校发展的需要，更是每位教师专业发展的基本要求，也是教师个性发展的需求。

二、制定本图谱的原则

（一）全面性

在刚开始制定图谱时，我们经过一系列的比较分析，选择了师德

修养、育德能力、教学能力、教育科研能力、个人基本素养及个性发展这几个方面，可以说，涵盖了每位教师进入教师这一角色后的所有体验和成长中的心理发展历程。

在不断的实践过程中，我们对各项培训指标进行了3次改进。

（1）师德育人方面和自我专业能力方面的改进，促进教师不断加深专业理解，了解教师专业发展的内在规律和特点，领会教师专业发展的意义和价值，了解成人学习的规律和特点，掌握促进自身专业发展的手段和方法。

（2）认识专业发展规划对教师专业发展的重要意义，掌握制订规划的方法和技能，学会落实专业发展规划的策略并能根据需求不断调整和完善自己的专业发展规划。

（3）对职初初期、职初中期以及职初后期提出了不同的要求，使得教师们能够看着图谱循序渐进，逐步提升自己的专业能力，促进兴趣培养和艺术熏陶。

（二）个性化

苏联教育家乌申斯基说："教师的个性对于年轻的心灵来说，是任何东西都不能代替的、有益于发展的阳光，教师的个性是教育得到一切。"可见，教育改革的新理念，需要教师具有良好鲜明的教师个性。我们按四级指标把这些内容进行了细化，充分考虑到了一部分教师在教育教学过程中的不同成长，为其提供一定的个性发展空间。在制定的时候不止内容要做得全面，特性也要独特，要根据当前教师处于的阶段制定出适合的适用方法。比如，职初中期的教师需根据教学目标制定相应的作业目标，即要求教师学会分析教材、分析学情，设计出适合学生某一阶段的作业学习单，做到因材施教。学校为教师搭建平台，教师则用自己的个性特长焕发教学的独特魅力，诱导学生的创新精神，使得学生成为自主学习的新思想家。

（三）科学性

这里的科学性应理解为在设计指标时要以科学的理论作为依据，即指标须具有一定的科学内涵，目的清楚，定义准确，能够度量和反映可持续发展条件下教师教学研究培训指标改进的过程，建立指标体系时，做到全面、系统，对某一个具体问题进行评价时，又要求简洁、实用，不要过于繁杂。实用性意味着指标体系要对决策者有着实实在在的支持与指导作用。在实践的过程中，我们根据教师的身心发展规律，制定契合实际的四级指标，每一项指标的制定，都是在经过前期大量的综合考查和评价后，遵循职初教师发展中的个性心理特征，符合职初教师任职以后的自身心理发展特点。

（四）动态化

随着时间的推移，也随着课题的深入开展。部分教师逐渐由职初初期向职初中期以及职初后期过渡，这个时候，每个阶段的教师需求是不同的，不同学科的教师发展也有差异。基于这样的认知，根据不同教师的不同需求和不同发展，我们的图谱经历了三个阶段的调整，在图谱中详细说明了教师对于自己各个阶段的不同要求，力求做到每位教师在向每个阶段过渡时都是有明确的目标和指向性的。为职初教师的专业发展提供更好的成长路径，在设计指标体系时，虽短时期内可以认为某些指标的变化相对平稳或在系统中处于主要地位，但是在较长的时期内，必须认真分析发展变化，以便更新一些不合时宜的指

标。另外，教育研究培训评价指标体系不仅具有重要的理论研究价值，同时更具有实践应用价值，所以在设计选取指标时，要求所选指标必须具有某种程度的可操作性，指标的选择应遵循简洁、方便、有效、实用的原则，尽可能考虑数据的易获性和可采集性。在实践中，要根据需要删减、更新指标，或将原有的一些指标综合、细分，生成一些需要的派生指标。

（五）导向性

选择具有较强的综合性和全面性的主导性指标，既能简化指标体系，又能全面集中地反映教育研究培训指标各个方面的特征和状况，具有代表性，能直接反映主要特征。这些图谱内容和指标的确立，都是基于职初教师专业发展所需要的，适用于所有的职初教师。应该说，这些指标有一定的导向作用。

第二节
教师专业发展图谱制定的行动与循证

一、1.0版本

课题启动初期，我们第一时间整理资料，结合学校的实际情况，参考了大量的文献资料，从师德修养和专业发展两大方面入手，分组讨论制定职初教师培养专业发展图谱。

（一）师德修养

从教师职业规范、教师角色认同、人际交往能力三个方面出发。

师德方面要遵守教师职业道德规范，个人修养方面要自我实现、自我超越，具有事业心、求知欲、创新力；教师要有对自己的角色的认同，教师是传道者、授业解惑者、示范者、辅导者、管理者、研究者，自己的行为自控能力要强，遇事理智、情绪自控、虚心学习、团结合作，能形成自己的工作习惯，积累一定经验，做出具有创造性、研究性的行为；在人际交往的时候，人格性格要良好，热情自信，善于合作协调，能设身处地为他人着想，在交流过程中举止谈吐文明、懂礼仪礼节、善于待人接物、关心尊重他人、真挚友善有感染力。

学校以师德教育为重点，增强教师教书育人的责任感和能力水平，将师德教育作为教师培训的重要内容。组织职初教师开展《新时代中小学教师职业行为十项准则》等培训；利用教师大会组织学习《中小学教师职业道德规范》等。同时着力创新师德教育的方式方法，增强师德教育的实效性。开展丰富多彩的师德教育活动，广泛宣传模范教师先进事迹，弘扬人民教师高尚师德。将师德表现作为教师考核的重要内容，并与教师资格定期登记紧密挂钩，形成师德教育和师德建设的长效机制。并通过真我教师评比和新风好人好事评选等一系列活动进行评价。

（二）专业能力

我们从育德能力、教学能力、教育科研能力、个人基本素养、个性发展进行了划分。

我们觉得，作为一名教师就要做好班级组织管理能力，培养一支班干部队伍，帮助管理和起到榜样的作用；具有班级活动设计能力，活动的设计有主题、有目标、有过程，让学生喜欢；在学生心理辅导方面，要善于观察学生的心理变化，进行有效的辅导，以避免学生出现心理不健康的现象。

在教学方面做好学情分析，包括对学生原有知识的分析、对学生现有认知能力的分析、对学生原有生活经验的分析、对学生情感的分析等。教材处理方面，结合教育教学理念、新课标、教材、教参、教学资料等，按全书、各部分教材、章节等层次进行分析，从整体到局部逐步深入，将学习要点落实到教学过程中，提高教学质量。教学设计方面，上课前对教学目标、教学内容、教学方法、教学策略等各要素进行最优化组合，运用好的教法，能从语言性、直观性教学方法向实践性、研究性教学方法突破。在语言表达上面，教学言语口令清晰简洁、有操作性，使学生能迅速明确所给出的指令；组织教学启发诱导，激发学生学习兴趣，集中学生注意力；善于机智地处理偶发事件，做好反馈。

在教育科研上，对论文、案例撰写拥有独立撰写教育或教学论文、案例的能力，能积极参与课题研究，在教育教学中吸取先进的科研成果，更新教学内容。

职初教师应积极参加学校每周一次的教研活动，不迟到，不无故缺席，主动承担教研任务，每学期主讲一次公开课（包括研讨课、展示课、示范课，由教导处相关人员参加或经教导处认定）；每次教研活动积极发言，担任主评人、中心发言人，能承担学校课题任务，积极参与课题研究；每学期至少完成一篇教学科研论文，坚持经常听课学习，每个月听课数量不少于 4 节，每学期不少于 20 节，听课笔记客观翔实，有实录，有评点。学校应鼓励教师参加各级教育主管部门举办优质课、优秀论文、案例、课件等教学评比竞赛活动,在区级及以上获奖者按参赛级别和获奖等级评分。

此外,教师还应提升自我的基本素养,如普通话水平、英语等级水平、信息技术水平、"三笔字"水平、绘画水平、音乐鉴赏水平,同时发展自我的兴趣特长,如运动项目、唱歌、跳舞、手工、乐器等。

教师个人专业发展图谱1.0见表3-1。

表3-1 教师个人专业发展图谱1.0

一级指标	二级指标	三级指标	四级指标
师德修养	教师职业规范	师德	遵守教师职业道德规范
		个人修养	自我实现、自我超越、具有事业心、求知欲、创新力
	教师角色认同	职责认识深刻	教师是传道者、授业解惑者、示范者、辅导者、管理者、研究者
		行为自控能力强	遇事理智,情绪自控,虚心学习,团结合作
		职业习惯养成	形成自己工作习惯,积累一定经验,有具有创造性、研究性的行为
	人际交往能力	人际融合	人格性格良好,热情自信,善于合作协调,设身处地为他人着想
		风度表达	举止谈吐文明,懂礼仪礼节,善于待人接物,关心尊重他人,真挚友善有感染力
专业能力	育德能力	班级组织管理能力	培养一支班干部队伍,帮助管理和起到榜样的作用
			温馨教室环境的布置有主题、有内容
			有个性化的布置,美化教室
		班级活动设计能力	活动的设计有主题、有目标、有过程
		学生心理辅导能力	善于观察学生的心理变化,进行有效的辅导
		学生全面评价能力	根据学生的发展和实际进行全面评价,有针对性,语言表达上有激励性

（续表）

一级指标	二级指标	三级指标	四级指标
专业能力	育德能力	家庭教育指导能力	与家长有效沟通，解决学生的教育问题
			根据需求，独立召开家长会
	教学能力	学情分析能力	学生原有知识的分析；学生现有认知能力的分析；学生原有生活经验的分析；学生的情感分析
		教材处理能力	结合教育教学理念、新课标、教材、教参、教学资料等按全书、各部分教材、章节等层次进行分析，从整体到局部逐步深入，学习要点落实到教学过程中
		教学设计能力	上课前对教学目标、教学内容、教学方法、教学策略等各要素进行最优化组合
		教法运用能力	能从语言性、直观性教学方法向实践性、研究性教学方法突破
		语言表达能力	教学言语口令清晰简洁有操作性，使学生能迅速明确所给出的指令
		组织教学能力	善于启发诱导，激发学生学习兴趣，集中学生注意力，善于机智地处理偶发事件
		教学反馈能力	能作出主客观分析，查找具体原因
	教育科研能力	论文、案例撰写能力	拥有独立撰写教育或教学论文、案例的能力
		教育教学研究能力	能积极参与课题研究，在教育教学中吸取先进的科研成果，更新教学内容
	个人基本素养	普通话水平	普通话语音标准，语调自然，表达流畅
		英语等级水平	具有扎实的语言基本功，有较高的听、说、读、写教学技能，具备CET4及以上水平
		信息技术水平	了解网络基本知识，熟练运用各类办公软件，能精心设计教学课件
		"三笔字"水平	字体结构合理、规范、大方，布局安排清晰、美观
		绘画水平	自觉参与各类艺术活动，培养自己独特的气质，提升个人素养
		音乐鉴赏水平	教师能够熟练掌握一种艺术形式，如戏曲、乐器等
	个性发展	兴趣特长	注重对自身兴趣的培养，能够在某个专业领域有特长，如运动项目、唱歌、跳舞、手工、乐器等

二、2.0 版本

在制定图谱之初，我们的一级指标只设定了师德修养和专业能力两部分。涵盖的内容较少，在实际操作过程中感觉比较笼统。

随着研究的深入，我们重新划分了一级和二级指标，在二级指标的基础上，重新确定了职初教师专业发展所需要的三级和四级指标。

（一）育德能力

我们把育德能力分为班级管理、班级文化建设、主题教育设计、家校沟通、心理健康教育活动等。

班级管理包括班主任工作手册和学生评语的填写、学生日常管理、班干部的培养和教育等；班级文化建设包括班级文化建设和良好班风建设、雏鹰假日活动的开展等；主题教育设计包括主题教育课主题的选择和确定、制定和设计教育课的目标和实施过程，课后反思和收获；家校沟通包括家校联系的有效途径、与家长交流的艺术等；心理健康教育包括建立学生心理档案，制定具体的帮教措施，实现社会、学校、家庭三方联动，加强心理健康教育的教研活动和课题研究等。这些都是职初教师育德能力得以提升的重要载体。学校通过梯队带教，在定期评价和考核中促使职初教师更好更快成长。班主任工作指导教师按班集体形成与建设工作的时序，有针对性地指导见习教师学习班主任工作计划的制订、班集体建设、学生干部培养、家访、主题班会、主题活动、社会实践、学生谈心、家长会召开、评语撰写与任课教师协调沟通等。指导教师的育德能力指导"课程化"，通过系列培训，对新教师的每项班主任工作先指导，教育过程中点评引导，使新教师在实践与反思中提高对班主任工作的感悟与能力。见习期教师除了见习基地的班主任带教导师，学校指定优秀教师作为新教师指导教师，按照新教师规范化培训内容中提出的18个要点制订带教计划，履行带教职责，按照计划开展指导工作。关注新教师实践，注重案例教学，注重在教育教学实践中培养学员的能力。使新入职教师在优秀培训团队的浸润和导师的引领下，正确认识与迅速适应教师角色，形成良好的教育教学行为规范，强化教育教学实践能力，尽快胜任教育教学工作，为成长为有理想信念、有道德情操、有扎实学识、有仁爱之心的"四有"好老师奠定良好基础。并确立了强化师德、注重实践、自主提升、文化浸润等专业发展的几项基本原则。学校注重考核和管理，督促职初教师珍惜机会，积极参与，切实提高学习效果。学校每月对职初教师的班级管理工作进行考核评价。

通过定期的班主任工作研讨交流，进行个体诊断，在分析和交流中不断改进育德能力。班主任工作是学校德育的重要阵地，也是教师育德的必备能力。深入实施中小学班主任教师培训计划，建立健全班主任培训制度，针对班主任工作中的实际问题，加强班主任工作基本规范、班级管理、未成年人思想道德教育、学生心理健康教育、安全教育等专题培训，不断增强班主任教师的专业素养和教书育人的本领。同时引导教师学会家校沟通的技巧，有效促进家校联系，共育学生。通过"班主任研讨活动"提高了班主任教师的班级管理能力，德育工作能力。在讨论过程中学习他人长处，共同规避不规范行为，使学校班主任队伍更规范。

（二）教学能力

我们重新制定了教学研究的二级指标，包括教学计划与总结、备课、上课、作业布置与批改、学生辅导、考试与质量分析、教研与科研。

职初教师要按要求制定学科教学计划和教学总结（计划与总结对应），学科教学计划的内容翔实、具体，符合规定要求，总结客观、具体，反思深刻；对备课的数量和质量提出要求，备课与教学进度一致，且符合教学计划，应备节数按"周课时×周数+4"计算；教案格式正确，内容规范；教学目标、教学过程、教学方法等设计符合教学规律，体现课标新理念，无明显错误。还要求职初教师要学会写教学反思，每个月至少1篇；要按规定时间上课，不迟到、不中途离堂、不拖堂，上课精神饱满，仪容整洁，态度和蔼；课堂秩序良好，无体罚或变相体罚学生现象；在作业布置和批改方面，要求做到作业布置科学、有效、针对性强，分量适当，形式多样，无机械重复作业和惩罚性作业，有发有收、有收必改、有改必评、有错必纠，有作业批改记录，作业批改认真及时，格式书写规范；评价要采用"等级+评语"形式，评语具有激励性，没有发牢骚、泄怒气的评语。

我们也希望职初教师能积极参加各级教研活动，每次教研活动积极发言，担任主评人、中心发言人，坚持经常听课学习，听课数量符合规定要求，听课笔记客观翔实，有实录，有评点。同时，鼓励职初教师能承担学校课题任务，积极参与课题研究。能参加各级教育主管部门举办优质课、优秀论文、案例、课件等教学评比竞赛活动，在区级及以上获奖者按参赛级别和获奖等级评分。

（三）特长发展

教师特长这一部分也是尤为重要的，所以在制定第二版图谱时，我们将教师特长发展培训指标单独罗列成一份。在这份图谱中，二级指标设定为三大块，分别是专业拓展、兴趣培养及艺术熏陶三个部分。在专业拓展的二级指标下，设定了三级指标，分别是专业学习、专业延伸及专业创新三个部分；在兴趣培养的二级指标下，设定了三级指标，分别是了解兴趣、兴趣激发及兴趣感染三个部分；在艺术熏陶的二级指标下，设定了三级指标，分别是艺术投入、艺术欣赏及激发艺术细胞三个部分。在相应的三级指标下亦有对应的四级指标，能使教师在看图谱时能够清晰明了，明确自己的要求和目标。教师个人专业发展图谱2.0见表3-2。

表3-2 教师个人专业发展图谱2.0

二级指标	三级指标	四级指标
班级管理	班主任工作手册的填写	班主任工作手册使用规范，内容全面、具体； 有班级现状分析、工作计划和总结
	学生日常管理到位	加强行为规范养成教育，强化行为规范教育的检查、评比、量化措施； 组织好晨读、午休、课间活动，确保学生活动安全有序； 加强卫生安全教育，包括教室和环境区，随时保洁，每天检查； 加强早操、眼保健操的监督和检查； 学生有序就餐
	班干部的培养和教育	民主选举班队干部，班、队干部配备合理； 明确班干部职责，悉心指导，大胆使用
	积极撰写有关班队管理方面的论文	自觉进行教育研究，撰写教育随笔； 收集案例撰写相关论文
班级文化建设	创设舒适整洁的学习环境	按学校规定布置，有学习园地、公告栏等； 桌椅、卫生工具的摆放
	设计个性化的布置	有绿化和图书角； 制定班规和班训，张贴上墙； 黑板报及时更新； 学生作品展示
	培育良好的班风	与任课老师协作配合，与其他班级友好相处； 队员间团结友爱，形成积极向上的集体

（续表）

二级指标	三级指标	四级指标
主题教育课设计	主题的选择和确定	
	制定和设计教育课的目标和实施过程	
	课后反思和收获	
家校沟通	家校联系的有效途径	积极、主动联系家长，经常与家长沟通，解决学生的教育问题； 召开家长会，做好学生家访工作； 邀请家长参与班级和学校活动； 充分利用家校联系手册
	家校联系的注意事项	以宽容心理解和对待家长； 发挥家委会的作用
心理健康教育	加强心理健康教育的教研活动和课题研究	定期上心理主题教育课； 在学科中，渗透心理健康教育； 举办心理健康讲座
	建立学生心理档案，制定具体的帮教措施	不歧视学生，建立帮教档案，并制定了具体的帮教措施，记载好帮教情况； "一对一"个别谈心，落实结对帮教教师和措施
	实现社会、学校、家庭三方联动	开设心理咨询室； 在网站公众号发布各级心理咨询机构联系方式
德育活动	活动的选题	
	制定活动计划和方案	
	活动展示和实施	
	活动总结	
教学计划与总结	计划	按要求制订学科教学计划，并按时交学校教导处； 学科教学计划的内容详实、具体，符合规定要求，担任两个学科以上的教师，其主要学科须制订详细计划，其他学科视情况而定
	总结	按要求开展各学科教学总结（计划与总结对应）并按时交教导处； 总结客观、具体，反思深刻，不用下载文章或论文等代替教学总结
备课	备课数量	严格执行备课三不准； 备课与教学进度一致，且符合教学计划； 应备节数按"周课时×周数+4"计算

（续表）

二级指标	三级指标	四级指标
备课	备课质量	教案格式正确，内容规范，承担3个及以上学科课程教学任务的，允许第三个以上学科备简案； 教学目标、教学过程、教学方法等设计符合教学规律，体现课标新理念，无明显错误
	教学反思	坚持写教学反思，每个月至少1篇
上课	按表上课	严格按表上课，不自由调课，不随意挪课
	课堂教学行为	按规定时间上课，不迟到，不中途离堂，不拖堂； 站立讲课，精神饱满，仪容整洁，态度和蔼； 用普通话教学，语言规范； 课堂秩序良好，无体罚或变相体罚学生现象； 板书工整、规范，设计合理
	教学效果	教学目标明确，教学重点突出，教学过程优化，教学方法合理有效，体现课改精神，教学效果好
作业布置与批改	作业数量、分量	作业次数符合规定要求； 作业布置科学、有效、针对性强，分量适当，形式多样；无机械重复作业和惩罚性作业
	作业批改	课内书面作业必须做到有发有收、有收必改、有改必评、有错必纠，有作业批改记录； 作业批改认真及时，格式书写规范，无以"×"代改、只写"查""阅"或只批日期等现象； 采用"等级+评语"形式批改，评语具有激励性，没有发牢骚、泄怒气的评语
学生辅导	个别辅导	随时掌握学情，及时查漏补缺，辅导形式多样，方法得当，措施有效；辅导对象具体，目的明确，指导具体，有详实的辅导记载
	学生获奖	学科辅导有成效，学生在各级学科类竞赛中获奖
考试与质量分析	监考	监考工作依规、守时，杜绝迟到、中途离岗、不按规定时间开考和结束考试、考场秩序混乱、不按规定收取试卷、漏收试卷等违规现象
	阅卷	按要求认真、细致开展阅卷工作，无错判、漏改、误登等现象
	质量分析	期中、期末考试后，认真开展质量分析，客观撰写质量分析材料，按时交教导处； 随堂进行的单元测试也应及时总结，认真分析得失，并在教案中呈现
教研与科研	教研	积极参加学校周一次的教研活动，不迟到，不无故缺席； 主动承担教研任务，每学期主讲一次公开课（研讨课、展示课、示范课），由教导处相关人员参加或经教导处认定； 每次教研活动积极发言，担任主评人、中心发言人

（续表）

二级指标	三级指标	四级指标
教研与科研	科研	能承担学校课题任务，积极参与课题研究； 每学期至少完成1篇教科研论文
	听课	坚持经常听课学习，听课数量符合规定要求，教师每个月不少于4节，每学期不少于20节； 听课笔记客观详实，有实录，有评点
	教学成果	鼓励教师参加各级教育主管部门举办优质课、优秀论文、案例、课件等教学评比竞赛活动，在区级及以上获奖者按参赛级别和获奖等级评分
专业拓展	专业学习	能对自己的专业发展负责，自觉对过去、现在的状态进行反思，对未来的发展水平、发展方向与程度做出规划，并能遵循自己专业发展的目标、计划、途径，努力实践，成为自身专业发展的主人； 能适应时代的发展，不断更新教育、教学理念，具备较高的政治素质和文化素养以及较强的组织能力
	专业延伸	以积极主动的心态寻找一切有用的教育资源，利用一切机会向书籍学习、向专家学习、向学生学习、向社会学习、向实践学习； 关注校内外的先进经验，举一反三，注意积累自己的实践历程并加以理论上的反思和提升，如语文老师热爱诗歌的，可开展古诗社团，英语老师可开展英语故事社团等
	专业创新	通过理论学习，不断提高研究和解决教学实际问题的能力，提高校本课程开发和建设的能力，把日常教学工作与教学研究、教师的专业成长融为一体，教师自觉参加学历进修，不断创新； 根据个人教学风格及本班学情，对教案进行再创造，不断更新教学观念，改善教学行为，提高教学水平，拥有调整教学策略的能力
兴趣培养	了解兴趣	注重对自我兴趣的培养，熟练掌握某个专业领域的特长，如运动项目、唱歌、跳舞、围棋、手工等
	兴趣激发	把自身的兴趣传递给周围学生，让学生知识体系更丰富，让班级更活跃
	兴趣感染	组织开展兴趣小组，如篮球、足球、唱歌、跳舞、手工等，满足不同学生的需求，培养学生终身学习的能力； 利用寒暑假组织学生参与生活实践活动，激发学生潜能，培养学生对生活的激情和热爱
艺术熏陶	艺术投入	自觉参与各类艺术活动，培养自己独特的气质，提升个人素养； 教师能够熟练掌握一种艺术形式，例如书法、绘画、戏曲、乐器等
	艺术欣赏	教师主动通过不同的艺术形式对学生进行艺术的培养和熏陶，让学生们受益
	激发艺术细胞	教师的艺术作品能在比赛中获得奖项，让更多周边人感受艺术之美

三、3.0 版本

随着课题研究的不断深入,根据职初教师的专业发展特征和心理发展的阶段性特点,参考了部分文献资料,我们把职初教师以任职5年为限,分为职初初期(入职1年)、职初中期(入职2~3年)、职初后期(入职4~5年)。这种划分是建立在我们对职初教师初期心理发展的阶段性特点的认识基础上,不同的阶段,职初教师的心理特点和对专业化的要求有较为明显的不同。

(一)育德能力

育德能力应该是教师教育工作中最重要的能力,它涉及了班级日常管理、班级文化建设、主题教育课设计、家校沟通、心理健康教育和德育活动等。这些能力,不是靠背诵教条和学习理论就能获得的,也不是靠一次两次的活动就能具有的,是需要在长期的实践和摸索过程中积累,逐步认识和把握相关教育规律,慢慢形成。我们根据这几年的培养模式改进了本图谱,根据教师的职初特点罗列的几级指标进行分期培养,让新教师循着扎扎实实打好基础。

在初期阶段,新教师在育德能力方面理论知识相对丰富,但缺乏实际的应用经验,方法会比较简单,缺乏针对性和技巧性,初期我们的培养指标就是多学习、多模仿,尝试有自己的想法。到了中期,各种育德能力有了快速发展,也积累了一定的经验,这时可以放手去解决班级问题,独立设计主题班队课和主持班级活动。到了后期,以发展个性化育德能力为主,创设有班级特色的班级文化,组织有特色的德育活动等。

职初初期教师要学会合理安排一年的班级事务,指定班级计划,编排座位，布置教室，形成班级文化，制定班规，挑选小干部，找对方法，学习控班能力，学生行为习惯、学习习惯的培养和引导。

从第二年开始，班主任教师逐步有能力挑选并培养小干部，明确小干部职责，培养学生自理能力，锻炼值日生打扫教室能力，做好家校沟通，学习家校沟通的艺术，注重学生的评价和反馈，学会按阶段进行主题教育（行规、性侵、校园霸凌等）。

（二）教学能力

1. 学生辅导

在职初初期，要随时掌握学情，及时查漏补缺，辅导形式多样、方法得当、措施有效；在职初中期，辅导对象具体、目的明确、指导具体，有详实的辅导记载；在职初后期，学科辅导有成效，学生在各级学科类竞赛中获奖。

2. 教学计划

在职初初期，按要求制定学科教学计划，并按时交学校教导处；在职初中期，学科教学计划的内容详实、具体，符合规定要求。担任两个学科以上的教师，其主要学科须制订详细计划，其他学科视情况而定；在职初后期，学科教学计划的内容详实、具体，符合规定要求。担任两个学科以上的教师，其主要学科须制订详细计划，其他学科视情况而定，围绕问题开展主题式教研活动。

3. 教学总结

在职初初期，做好计划后按要求开展各学科教学总结并按时交教导处；在职初中期，总结客观、具体，反思深刻，不用下载文章或论文等代替教学总结；在职初后期，不仅要总结客观、具体，反思深刻，不用下载文章或论文等代替教学总结，还要有下一阶段具体改进的措施。

4. 上课

在职初初期，严格按表上课，不自由调课，不随意挪课；在职初中期，按规定时间上课，不迟到，不中途离堂，不拖堂，站立讲课，精神饱满，仪容整洁，态度和蔼，用普通话教学，语言规范，课堂秩序良好，无体罚或变相体罚学生现象，板书工整、规范，设计合理；在职初后期，教学目标明确，教学重点突出，教学过程优化，教学方法合理有效，体现课改精神，教学效果好。

5. 备课

在职初初期，要严格执行备课"三不准"，备课与教学进度一致，且符合教学计划，应备节数按"周课时 × 周数 + 4"计算；在职初中期，教案格式正确，内容规范，承担 3 个及以上学科课程教学任务的，允许第三个以上学科备简案，教学目标、教学过程、教学方法等设计符合教学规律，体现课标新理念，无明显错误；在职初后期，坚持写教学反思，每个月至少 1 篇。

在教学中，教师要善于把备课、上课中出现的灵感，把课中学生特别喜欢和融入课堂学习的方法，或者感觉教学效果、气氛特别好的方面，及时记录下来，进行总结、归纳，深入挖掘它，或是把它上升到理论高度，与别人进行交流，通过不断地反思、学习、融合教育教学理念，以论文、课题等方式进行输出。这个过程就是教研过程。教师的教研来源于教学，教研结果促进教学的发展，所以教师教研能力的提升有助于教学能力的提升。

6. 作业布置、批改与设计

在职初初期，作业次数符合规定要求，作业布置科学、有效、针对性强，分量适当，形式多样，无机械重复作业和惩罚性作业，课内书面作业必须做到有发有收、有收必改、有改必评、有错必纠，有作业批改记录，作业批改认真及时，格式书写规范，无以"×"代改，只写"查""阅"或只批日期等现象，采用"等级＋评语"形式批改，评语具有激励性，没有发牢骚、泄怒气的评语；在职初中期，会根据教学目标制定相对应的作业目标；在职初后期，会根据作业目标、作业属性对作业进行分层设计。

7. 考试与质量分析

在职初初期，做好考试的一系列工作，监考工作依规、守时，杜绝迟到、中途离岗、不按规定时间开考和结束考试、考场秩序混乱、不按规定收取试卷、漏收试卷等违规现象，按要求认真、细致开展阅卷工作，无错判、漏改、误登等现象，期中、期末考试后，认真开展质量分析，客观撰写质量分析材料，按时交教导处，随堂进行的单元测试也应及时总结；在职初中期，安排课时作业及时分析得失，并在教案中呈现；在职初后期，学会单元作业中的典型错题分析且有改进措施。

（三）特长发展

在实施的过程中，我们发现同样都是职初教师，但是随着年龄的增长以及教龄的增长，老师们对于自身的要求都是不同的。所以在第二版图谱的基础上，我们增加了一列"阶段"，阶段涵盖了职初初期、职初中期及职初后期。以便于不同教龄的教师可以按照实际情况，对自身的个性特长的发展提出不同的要求。

在职初初期，教师能对自己的专业发展负责，自觉对过去、现在的状态进行反思，对未来的发展水平、发展方向与程度做出规划，并能遵循自己专业发展的目标、计划、途径，努力实践，成为自身专业发展的主人；能适应时代的发展，不断更新教育、教学理念，具备较高的政治素质和文化素养以及较强的组织能力；注重对自我兴趣的培养，熟练掌握某个专业领域的特长，如运动项目、唱歌、跳舞、围棋、手工等；自觉参与各类艺术活动，培养自己独特的气质，提升个人素养。

在职初中期，教师能以积极主动的心态寻找一切有用的教育资源，利用一切机会向书籍学习、向专家学习、向学生学习、向社会学习、向实践学习；能关注校内外的先进经验，举一反三，注意积累自己的实践历程并加以理论上的反思和提升，如语文老师热爱诗歌的，可开展古诗社团，英语老师可开展英语故事社团等，如此把自身的兴趣传递给周围学生，让学生知识体系更丰富，让班级更活跃；教师主动通过不同的艺术形式对学生进行艺术的培养和熏陶，让学生们受益。

在职初后期，通过理论学习，不断提高研究和解决教学实际问题的能力，提高校本课程开发和建设的能力，把日常教学工作与教学研究、教师的专业成长融为一体，教师自觉地参加学历进修，不断创新；根据个人教学风格及本班学情，对教案进行再创造，不断更新教学观念，改善教学行为，提高教学水平，拥有调整教学策略的能力；组织开展兴趣小组，如篮球、足球、唱歌、跳舞、手工等，满足不同学生的需求，培养学生终身学习的能力；组织学生参与生活实践活动，激发学生潜能，培养学生对生活的激情和热爱，让更多周边人感受艺术之美。

教师个人专业发展图谱见表3-3。

表 3-3　教师个人专业发展图谱 3.0

二级指标	三级指标	阶段	四级指标
班级管理	班主任工作手册的填写	职初初期	学习使用班主任工作手册； 模仿制订工作计划、撰写工作总结
		职初中期	规范使用班主任工作手册并填写具体内容； 学会分析班级现状并制定工作计划、撰写工作总结
		职初后期	班主任工作手册填写有针对性； 结合班级特色制定个性化的工作计划、撰写工作总结
	学生日常管理到位	职初初期	学习《小学生行为守则》，学习培养学生规范的行为习惯； 学习组织晨读、午休、课间活动，确保学生活动安全有序； 学习进行卫生安全教育、早操、眼保健操的监督和检查；学习指导学生有序就餐
		职初中期	加强行为规范养成教育，强化行为规范教育的检查、评比、量化措施； 组织好晨读、午休、课间活动，确保学生活动安全有序； 加强卫生安全教育，早操、眼保健操的监督和检查；培养学生文明就餐的意识、习惯
		职初后期	有针对性地进行行为规范教育，卫生、安全教育并进行教育成果的检查、评比、量化
	班干部的培养和教育	职初初期	物色挑选班队干部并尝试培养； 明确班、队干部岗位及职责
		职初中期	民主、规范地选举班队干部，有针对性地进行辅导、培养
		职初后期	依据学生自身特点、特长推选班干部，悉心指导，大胆任命
	积极撰写有关班队管理方面的论文	职初初期	学习优秀教育案例，积累日常教育案例
		职初中期	收集、整理教育案例，尝试撰写教育随笔
		职初后期	自觉进行教育研究并撰写教育随笔，收集案例并撰写相关论文
班级文化建设	创设舒适整洁的学习环境和设计个性化的布置	职初初期	按学校规定布置教室，有学习园地、公告栏等； 制定班规、班训并张贴上墙； 学习设计黑板报
		职初中期	有主题、有目的地进行班级布置，设置有绿化和图书角； 黑板报主题鲜明、设计精美；有学生作品展示版面并进行作品展示
		职初后期	进行有班级特色的个性化班级建设，形成独特的班级风貌和班级布置

(续表)

二级指标	三级指标	阶段	四级指标
班级文化建设	培育良好的班风	职初初期	学习与任课老师熟悉了解，与其他班级友好相处；学习培养队员团结意识
		职初中期	与任课老师协作配合，与其他班级互帮互助，逐渐形成积极向上的班风
		职初后期	与任课老师有工作默契，任课老师可以主动参与班级班风建设，班级班风积极向上、队员团结友爱
主题教育课设计	1. 主题的选择和确定；2. 制定和设计教育课的目标和实施过程；3. 课后反思和收获	职初初期	根据学校要求，参与主题教育课的培训，学习授课思路
		职初中期	有目的、有针对性地进行主题教育课的制定和设计，学会反思不足，加强课堂改进
		职初后期	设计的主题教育课参与校级以上比赛
家校沟通	1. 家校联系的有效途径；2. 家校联系的注意事项	职初初期	积极、主动联系家长，经常与家长沟通交流学生的教育问题；学习召开家长会，做好学生家访工作；根据学校要求邀请家长参与班级和学校活动；学习填写、利用家校联系手册
		职初中期	针对学生问题、特点与家长进行沟通、交流；家长会有主题、有目的；充分利用家校联系手册建立家校沟通；组建班级家委会
		职初后期	把家校沟通作为教育日常的一部分；学会换位思考，以宽容心理解和对待家长；发挥家委会的作用并充分利用家委会
心理健康教育	1. 加强心理健康教育的教研活动和课题研究；2. 建立学生档案，制定具体的措施；3. 实现社会、学校、家庭三方联动	职初初期	根据学校要求上心理主题教育课；逐渐在学科中渗透心理健康教育
		职初中期	根据班级实际，有针对性地上心理主题教育课；在学科中有针对性地渗透心理健康教育
		职初后期	关注学生个体的心理健康，结合全员导师制的落实建立学生帮教档案，制定有针对性的指导措施并做记录；鼓励学习心理健康方面内容，并鼓励教师考取心理健康相关证书

第三章 职初教师专业发展的内容

（续表）

二级指标	三级指标	阶段	四级指标
德育活动	1. 活动的选题； 2. 制订活动计划和方案； 3. 活动展示和实施； 4. 活动总结	职初初期	根据要求举行并落实德育活动，配合学校德育活动的开展
		职初中期	组织班级德育活动的开展，为学校德育活动建言献策
		职初后期	协助策划、组织学校大型德育活动
教学计划与总结	计划	职初初期	按要求制订学科教学计划，并按时交学校教导处
		职初中期	学科教学计划的内容翔实、具体，符合规定要求； 担任两个学科以上的教师，其主要学科须制订详细计划，其他学科视情况而定
		职初后期	学科教学计划的内容详实、具体，符合规定要求； 担任两个学科以上的教师，其主要学科须制订详细计划，其他学科视情况而定； 围绕问题开展主题式教研活动
	总结	职初初期	按要求开展各学科教学总结（计划与总结对应）并按时交教导处
		职初中期	总结客观、具体，反思深刻，不用下载文章或论文等代替教学总结
		职初后期	不仅要总结客观、具体，反思深刻，不用下载文章或论文等代替教学总结，还要有下一阶段具体改进的措施
备课	备课数量	职初初期	严格执行备课三不准； 备课与教学进度一致，且符合教学计划； 应备节数按"周课时 × 周数 +4"计算
	备课质量	职初中期	教案格式正确，内容规范，承担3个及以上学科课程教学任务的，允许第三个以上学科备简案； 教学目标、教学过程、教学方法等设计符合教学规律，体现课标新理念，无明显错误
	教学反思	职初后期	坚持写教学反思，每月至少1篇
上课	按表上课	职初初期	严格按表上课，不自由调课，不随意挪课

（续表）

二级指标	三级指标	阶段	四级指标
上课	课堂教学行为	职初中期	按规定时间上课，不迟到，不中途离堂，不拖堂； 站立讲课，精神饱满，仪容整洁，态度和蔼； 用普通话教学，语言规范； 课堂秩序良好，无体罚或变相体罚学生现象； 板书工整、规范，设计合理
	教学效果	职初后期	教学目标明确，教学重点突出，教学过程优化，教学方法合理有效，体现课改精神，教学效果好
作业布置、批改与设计	作业布置与批改	职初初期	作业次数符合规定要求； 作业布置科学、有效、针对性强，分量适当，形式多样；无机械重复作业和惩罚性作业； 课内书面作业必须做到有发有收、有收必改、有改必评、有错必纠，有作业批改记录； 作业批改认真及时，格式书写规范，无以"×"代改，只写"查""阅"或只批日期等现象； 采用"等级＋评语"形式批改，评语具有激励性，没有发牢骚、泄怒气的评语
	作业设计	职初中期	会根据教学目标制定相对应的作业目标
		职初后期	会根据作业目标、作业属性对作业进行分层设计
学生辅导	个别辅导	职初初期	随时掌握学情，及时查漏补缺，辅导形式多样，方法得当，措施有效
		职初中期	辅导对象具体，目的明确，指导具体，有翔实的辅导记载
	学生获奖	职初后期	学科辅导有成效，学生在各级学科类竞赛中获奖
考试与质量分析	监考与阅卷	职初初期	监考工作依规、守时。杜绝迟到、中途离岗、不按规定时间开考和结束考试、考场秩序混乱、不按规定收取试卷、漏收试卷等违规现象； 按要求认真、细致开展阅卷工作，无错判、漏改、误登等现象； 能够整理教师集错本，期末考试后，认真开展质量分析，客观撰写质量分析材料，按时交教导处
	质量分析	职初中期	课时作业及时分析得失，并在教案中呈现
	典型错题	职初后期	学会单元作业中的典型错题分析且有改进措施

(续表)

二级指标	三级指标	阶段	四级指标
教研与科研	教研	职初初期	积极参加学校间每周一次的教研活动，不迟到，不无故缺席； 主动承担教研任务，每学期主讲一次公开课（研讨课、展示课、示范课），由教导处相关人员参加或经教导处认定； 每次教研活动积极发言，担任主评人、中心发言人
	科研		能承担学校课题任务，积极参与课题研究； 每学期至少完成1篇教科研论文
	听课		坚持经常听课学习，听课数量符合规定要求，教师每个月不少于4节，每学期不少于20节； 听课笔记客观翔实，有实录，有评点
	教学成果		鼓励教师参加各级教育主管部门举办优质课、优秀论文、案例、课件等教学评比竞赛活动，在区级及以上获奖者按参赛级别和获奖等级评分
专业拓展	专业学习	职初初期	能对自己的专业发展负责，自觉对过去、现在的状态进行反思，对未来的发展水平、发展方向与程度做出规划，并能遵循自己专业发展的目标、计划、途径，努力实践，成为自身专业发展的主人； 能适应时代的发展，不断更新教育、教学理念，具备较高的政治素质和文化素养以及较强的组织能力
	专业延伸	职初中期	以积极主动的心态寻找一切有用的教育资源，利用一切机会向书籍学习、向专家学习、向学生学习、向社会学习、向实践学习； 关注校内外的先进经验，举一反三，注意积累自己的实践历程并加以理论上的反思和提升，如语文老师热爱诗歌的，可开展古诗社团，英语老师可开展英语故事社团等
	专业创新	职初后期	通过理论学习，不断提高研究和解决教学实际问题的能力，提高校本课程开发和建设的能力，把日常教学工作与教学研究、教师的专业成长融为一体，教师自觉地参加学历进修，不断创新； 根据个人教学风格及本班学情，对教案进行再创造，不断更新教学观念，改善教学行为，提高教学水平，拥有调整教学策略的能力
兴趣培养	了解兴趣	职初初期	注重对自我兴趣的培养，熟练掌握某个专业领域的特长，如运动项目、唱歌、跳舞、围棋、手工等
	兴趣激发	职初中期	把自身的兴趣传递给周围学生，让学生知识体系更丰富，让班级更活跃
	兴趣感染	职初后期	组织开展兴趣小组，如篮球、足球、唱歌、跳舞、手工等，满足不同学生的需求，培养学生终身学习的能力； 利用寒暑假组织学生参与生活实践活动，激发学生潜能，培养学生对生活的激情和热爱

(续表)

二级指标	三级指标	阶段	四级指标
艺术熏陶	艺术投入	职初初期	自觉参与各类艺术活动,培养自己独特的气质,提升个人素养;教师能够熟练掌握一种艺术形式,如书法、绘画、戏曲、乐器等
	艺术欣赏	职初中期	教师主动通过不同的艺术形式对学生进行艺术的培养和熏陶,让学生们受益
	激发艺术细胞	职初后期	教师的艺术作品能在比赛中获得奖项,让更多周边人感受艺术之美

3个图谱的设定是基于本课题的研究假设:如果我们能够遵循职初教师专业心理发展的基本规律(心理路向),形成并实施一整套校本化系统培养的措施,经过3~5年的努力,就能使职初教师的专业心理得到更快、更好、更全面的发展,为他们成为优秀教师打下扎实的专业心理基础。通过不断地反复地实践、总结、反思、再实践……探索职初教师专业心理发展的校本化系统培养的策略、方法与途径;创造新的成功经验,形成新的培养范式。

第四章
职初教师专业发展规划的制订

教师专业发展规划是将个人的需求、理想、愿望与个人实际能力等相结合做出规划并付诸实施的过程，是对教师职业生涯进行规划与经营的过程，也是教师自身发展的过程。体现了教师发展的主体性，是成长的起点，对教师专业的长远发展指明了方向，起到了促进与引领的作用。

教师的专业发展在不同的阶段有不同的发展任务，与教师进入学校任教的时间、年龄、人生阶段、职业阶段等都有着密切的联系。我校的职初教师专业发展规划按教师的三个时期进行划分，分别有不同的发展任务和目标。每一位教师需客观诊断自身的优势与不足，评估当前状态与目标状态的差距，从而确定自身专业发展的起点，促进自身的专业成长。

第一节
教师专业发展规划的流程

我校的职初教师专业发展规划旨在科学地促进教师快速成长，流程如图4-1所示。首先鼓励职初教师在明确自身现状的基础上制定3年规划总目标，再分解至每学年的目标，规划相关措施后进行实施。其次每学年结束后对于这一学年的目标达成度进行总结与评定，再修改、制定下一学年的目标及措施，以此类推进行循环，此规划满3年后进行规划总结，学校也随即进行评定。这一过程不断联系实际，总结反思，对规划进行调整与修正。各期教师的专业发展应注意理想与现实相观照、规划与实践相结合，让规划指导下的实践与实践调整中的规划一起发展。

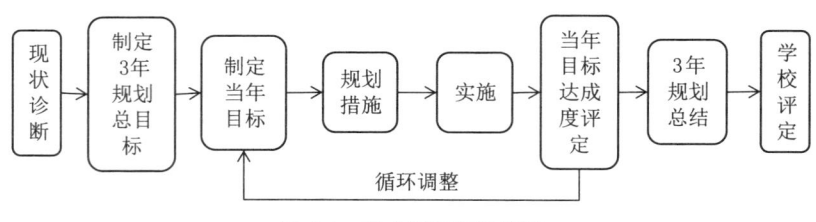

现状诊断 → 制定3年规划总目标 → 制定当年目标 → 规划措施 → 实施 → 当年目标达成度评定 → 3年规划总结 → 学校评定

循环调整

图4-1 专业发展规划流程

第二节
教师专业发展规划的内容

我校设计的职初教师个人专业发展规划书，具体内容有个人基本概况、年度设定目标、现状诊断（优势和劣势分析）、年度目标及评定表、目标达成度（优势和劣势分析）、个人 3 年发展规划总结、目标达成度描述及学校评价几个方面。

一、诊断评定，阶梯发展

职初各期教师在制定专业规划之前，都需要对自身的现状有一定的认知，只有真实地认识了自己，才能进行自我思辨、自我反思和自我更新，不仅仅要意识到自己的缺点并进行改正与提高，也要发现自己的优势并将优势面不断扩大。

现状诊断（优势和劣势分析）由自我分析，同伴分析及学校分析三个部分组成。对照专业标准要求，明确自己的优势与不足，针对短板提出相应的发展措施，填写每年度目标及评定表；每年学期结束时，进行目标达成度的评定，同样由自我评定组成，同伴评定和学校评定组成，进行客观分析优势、劣势，此时优势评定分析是针对前诊断中

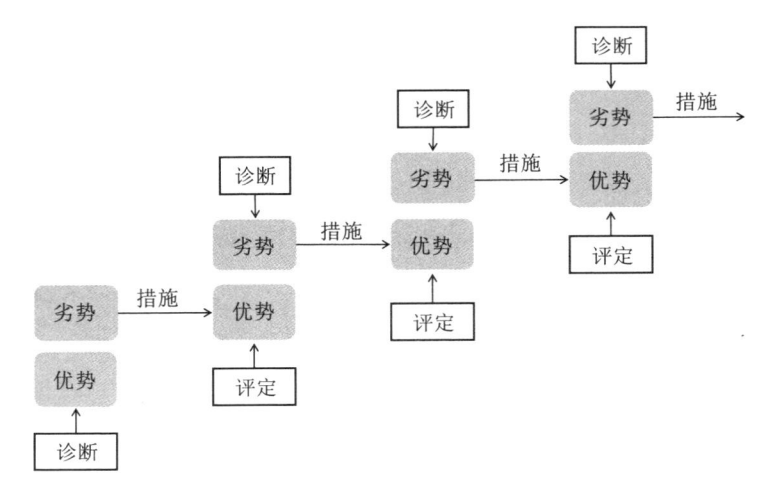

图 4-2　现状诊断循环流程

的劣势进行，看经过一年是不是改进了，然后再进一步分析诊断劣势，提出下一年的发展措施。这样，经过3年的循环，不断在短板上制订目标与措施，实施与改进，最终促成自己专业发展目标的达成。现状诊断循环流程如图4-2所示。

我校采用的这种不同角度、多元化的诊断来让处于职初各阶段的教师们都能全方位认知当下的自己。正确厘清现状，有利于职初教师针对现状诊断结果来树立明确、有效的目标，正式开启职业的新征程。

二、目标明确，合理分解

目标的设定是在学校提供的目标中选择，主要有市级、区级、校级及教师专业资格4类，如区级有骨干和学科带头人2类；校级有规范、骨干和阳光教师3类；教师专业资格有正高级、高级、一级、二级、初级5类。根据自己的实际情况，从选项中选择适合自己的发展目标（一项或几项），或在空格内填写自己确定的其他发展目标，明确3年后要达到的发展目标。如某教师选择校阳光教师和二级教师。

制定个人发展规划，要对自己的现状进行分析，现状诊断要依据个人的实际，理性分析自身的优缺点，更重要的是发现自己专业素质中存在的"短板"，从而突破制约专业发展水平的关键点。如某教师的现状诊断见表4-1。

在年度目标及评定表上，针对"短板"确定专业发展目标和措施，评定完成情况。由表4-1所示教师的发展目标和措施见表4-2。

职初教师通过客观认识自我，合理的目标定位，适宜的实施途径，

表 4-1　某教师的现状诊断

优势分析	师德修养	个性随和,待人亲切,善于与他人合作,能设身处地为他人着想; 了解教师的职责,有爱心、耐心、责任心,做事认真踏实,遵守教师职业道德规范
	专业能力	具备美术学科的基本知识,熟悉一二年级的教材内容,能在教学参考资料的引领下规范地设计教案; 普通话语音标准,语调自然,表达流畅; 信息技术水平扎实,能熟练运用各种办公软件,精心设计教学课件; 绘画能力强,爱好手工制作; 能积极参与学校课题的研究,不断提升自己,对教育教学中所遇到的问题能自主查找资料来解决
劣势分析	师德修养	求知欲与创新力不足,情绪自控力比较欠缺,遇事容易冲动急躁,不够沉着冷静; 尚未形成教师职业的工作习惯,缺乏经验
	教学能力	美术学科教育教学方面的理念缺乏系统的学习,对教材缺乏系统性的认识; 课堂的驾取能力比较欠缺,教学语言不够专业,偏于口语化,组织教学能力有待加强

表 4-2　某教师的发展目标和措施

项目	发展目标	措　　施
教材分析	能灵活、有效制定切实可行的教学目标	多钻研学科教材,明确所教年级的教学总目标、单元教学目标、单元教学重点
教学技能	每学年至少 2 节校级公开课	对教学语言重点观察记录和反思改进,备课时对教学的组织语言和教学环节精心设计,并加注; 注重随堂课的效率,积极参加学校组织的家校开放日及阳光教师展示活动; 每学期听课学习不少于 15 节

促进专业成长。一年度的目标达成度成为再次诊断分析、目标定位、实施措施的开始,保证规划目标在一步一步突破短板,发挥特色和特长中实现专业发展。

有了发展方向和目标，就得抓落实。在执行规划的实践中，每年我校定期组织集体活动，为教师搭建专业发展的平台，有广泛阅读、理论学习、师德讲座，家长开放日、公开课等，还有"三笔字"培训与比赛、教学设计及课堂教学等基本功比赛，职初教师可积极参加教研活动、主动听课评课、主动与同伴交流、积极参加见习期教师的培训、参加区教研活动，参加学校开展的"真我教师"评选等，充分利用一切资源，积极主动地提升自己，在"师徒带教"中主动向老教师学习，自主学习专业知识，有意识地把自己的所思所想所做记录下来，写出教学反思、读书心得、教育随笔和专题论文等，来促进自身专业成长。

职初教师通过设立明确的目标，确立专业发展方向，再合理分解目标，精细到为实现各方面所需要做出的安排和计划，这样可以让职初教师一直处于终身学习、不断解决问题的状态。

三、全面总结，延续发展

为了促进个人专业发展规划的落实，每一位职初教师都要坚持做专业发展总结，对这三年以来实施发展规划的过程和结果进行自我回顾，根据自己制定的目标来进行目标达成度描述，通过师德修养、专业能力等方面来进行全方位的客观总结。对于职初各期教师来说，这一过程既是对自己3年发展的全面总结，也是为制定新一轮的专业发展规划提供新的发展方向。

在职初教师完成全面总结之后，学校评价领导小组会对职初教师进行学校层面的评价。从学校的角度，分析回顾这三年以来该教师根据规划不断努力的过程，肯定其获得的荣誉和进步。职初教师能从学校的评价和总结中吸取经验，为今后发展奠定基础，激发职初教师不断进步的动力。

第三节
职初教师专业发展规划的区别

职初教师结合自身特点首先设定 3 年发展总目标，再进行客观诊断，最后细分到年度目标，递进式逐步实现总目标。这种 3 年发展目标的制定，能够使教师专业发展的目标更具体，实现的途径和策略也更清晰，时间节点更明确，所取得的成果也更显化。

一、优、劣势的区别

职初教师专业发展优、劣势的区别见表 4-3。

表 4-3　职初教师专业发展优、劣势的区别

职初各期	优　势	劣　势
第一年	教师都对教育事业充满了热情，他们对教师职业道德规范有着充分的认识，并能认真遵守； 对于学生，他们富有爱心、责任心	普遍缺乏教学经验，对学科知识的整体把握不够精准
第二年	教师在前一年的学校培养、校本化培训和专家指导的引领下，对于教材、课堂教学等都有了自己的理解	缺乏专业领域的研究，还不能体现有个人特色的教学风格； 论文撰写能力有待提高
第三年	教师则逐渐显现具有自我特色的教学风格，开始更多地关注学生个体的发展	缺少研究课题的经验，论文撰写能力有待优化

二、年度目标的区别

年度目标是职初教师根据自身的实际情况和个人职业发展规划进行制定的，不同时期职初教师目标设定的方向不同，发展的方向也不同，但形成了阶梯式的成长过程。

1. 第一年

刚参加工作的职初教师，开始进入一个崭新的工作环境，周边的一切都具有新鲜感，因此对工作充满热情。设定的目标大都是朝着规范教师努力，争取校级的荣誉，较注重于基本功、教材分析等方面，更注重于基础能力的提升，教师专业技术资格上的目标也大多都是成为优秀的二级教师。比如，第一年目标设定：师德修养考核合格，"三笔字"基本功需要加强，教材分析和练习设计能力需要钻研和学习，继续学习专业知识，能够自主撰写反思或案例。根据设定的目标，初期教师需要将措施落实在平时的教学工作中，通过观摩空中课堂、听评课、专家讲座、师傅带教等系统性培训成长。

2. 第二年

第二年的目标就要在第一年的基础上成长，更注重班级组织管理能力、教学技能等的提升。第二年的教师在教学水平、对学科知识的整体把握、学情分析等方面有一定的进步，成长平台、成长模式途径逐渐在变宽，大多数已经适应了学校工作环境，特别是在学校的要求和指导下，开始对自己的教育教学行为进行反思，能够调整自己的上课模式，从而提高教学效率。教师会向更高的方向努力，比如校级骨干教师、"真我教师"等。再比如，针对自己的发展情况，深入了解自身的优缺点，确定当年目标；课堂研究与练习的设计水平要提高，每学年至少两节校级公开课；继续学习专业知识，能自主撰写教学反思和案例；教材分析和练习设计能力都要求灵活运用，并能独立完成；家庭教育指导上要能独立与家长进行有效沟通等。

3. 第三年

这时期的教师要在前两年的基础上找到需要提升的方面，在自身的学科知识、教学语言、作业设计等方面均有更高的要求，成长出现一个加速发展期。目标设定的方向主要在教学成绩、教学展示、教学竞赛、论文发表或获奖等方面。他们已经有了一定的基础和经验，通过努力能在不同的舞台上展示自己，有的已经有课题研究任务。此时，大多数教师会考虑骨干教师评选，还要准备职称申报等，这些都需要公开课、论文发表、研究成果、获奖情况等硬指标作为依据。此阶段的教师需要将教学成绩、教学展示、教学竞赛、论文发表或获奖等方面成果定为发展目标，并将目标化为动力，促使自己加倍地努力。

某教师 3 年年度目标对比见表 4-4。

三、目标达成度的区别

某教师 3 年目标达成度对比见表 4-5。

表4-4　某教师3年年度目标对比

职初初期 2019年度目标（2019年9月—2020年6月）				职初中期 2020年度目标（2020年9月—2021年6月）	
项目	目标	措施	完成情况	项目	目标
师德修养	校师德考核优秀	为班级、学生和学校尽心尽责，踏实认真完成各项工作，不断反思改进	做好副班主任工作，协助班主任管理好班级，带领同学健康成长	师德修养	校师德考核优秀，争取"真我教师"称号
"三笔字"基本功	学校考核优秀	参加"三笔字"校本培训，利用空闲时间加强"三笔字"的训练	积极参加校毛笔字培训，并自主完成"三笔字"的练习	"三笔字"基本功	学校考核优秀
家庭教育指导	与家长进行有效沟通，解决学生的教育教学问题	通过晓黑板平台，与家长交流反馈学生的在校表现情况	通过钉钉平台，与学生互动交流，与家长沟通了解学生学习情况	教材分析	能灵活、有效制定切实可行的教学目标
教材分析	能灵活、有效制定符合本班学生的教学目标	多多钻研教材、教参，分析学生学情，明确教学目标及重难点	能根据本班学生的学情，及时调整教学方法，及时反思改进	练习设计	能够自主设计一份单元练习
练习设计	能够自主设计一份单元练习	平时多钻研、参与命题的设计	根据学生学情，进行分层练习设计	教学技能	每学年至少2节各级公开课 观摩组内研讨课15节
教学技能	每学年至少2节校级公开课	注重随堂课的课堂效果，积极参加学校的各类教研活动；及时反思改进	本学年执教了3节校级公开课，并根据评课内容，修改完善教案，撰写教后反思	家庭教育指导能力	与家长的沟通有针对性、有效
专业知识	数学学科专业素养方面有所提高	加强学习学科知识，多看一些相关书籍	看了一些数学相关的论文资料，增强自身的学科知识储备，为撰写论文奠定了基础	研究反思	能够自主撰写1篇教学或教育案例
专业进修和培训	积极参加各类培训及教研活动	积极参加校内外教研活动	积极参与区教研，线上教学培训等，并撰写心得体会		

第四章 职初教师专业发展规划的制订

职初中期 2020 年度目标 (2020 年 9 月—2021 年 6 月)		职初后期 2021 年度目标 (2021 年 9 月—2022 年 6 月)			
措　施	完成情况	项目	目标	措　施	完成情况
阅读一些关于师德修养的相关书籍	本学年度经常阅读师德修养相关书籍，荣获"真我教师"称号	师德修养	校师德考核优秀	阅读一本关于师德修养的书籍，不断反思与总结	师德考核优秀，阅读了《孩子把你的手给我》，并撰写反思
参加"三笔字"校本培训，利用空闲时间加强"三笔字"的训练	本学年度积极参加学校书法培训，充分利用工作之余练字	教学成绩	执教班级的成绩在校内领先	做好班级学生培优补缺工作，认真填写全员导师手册	课后帮助后进生补差补缺，做好记录，完成全员导师手册
多钻研学科教材，明确所教年级的教学总目标、单元教学目标、单元教学重点	本学年度，认真研读新课标、教材等教学材料，阅读相关教学案例	教学展示	执教 2 节校级公开课	积极参加学校组织的集体备课周活动展示、教研员指导课等	执教集体备课周展示课、教研员指导课《加法（添加）》，家长开放日执教《上中下左中右》
平时多钻研、参与命题的设计	整理错题，自主设计 3BM3U3Seasons 单元作业设计	教学竞赛	指导青年教师参加学区内教学竞赛	指导青年教师上好见习基地考评课	带教董老师获得见习教师优秀学员；数学本体性知识竞赛二等奖；校内飞象杯教学比赛三等奖
注重随堂课的质量，积极参加学校组织的家校开放日及"真我教师"展示活动观摩	执教 4BM1U2 How does it feel? 组内研讨课；区公开课；观摩英语研讨课 15 节	论文发表或获奖	撰写论文或案例	总结经验，撰写论文	撰写论文《关注兴趣培养，提高低年级学生数学学习专注力》
结合全员育人导师制，与家长沟通孩子校生活的方方面面	本学年，按时按量地完成全员育人导师制工作	课题研究	积极参与	学习并参与学校课题的研究	积极参加课题组活动
通过研究日常教学过程中所遇到的问题，反思、总结成功或失败的经验	本学年度已完成 1 篇教学案例	专业进修和培训	积极参加各类培训及教研活动	积极参加校内外教研活动及培训	参与特级教师、市教研员姚剑强老师讲座"聚焦解决问题教学，促进学生深度学习"；校内教研及培训参与度高
		指导青年教师情况	带教 1 名校内青年教师	校内带教，帮助青年教师成长，实现共同成长	带教董依丽获得见习教师考评课优秀

89

表 4-5 某教师 3 年目标达成度对比

	2019年度目标达成度		2020年度目标达成度		2021年度目标达成度
师德修养	个人性格随和，热爱教育事业，热爱学生，在工作上能够积极完成学校领导布置的各项任务，乐于助人善于与同事关系融洽，乐于助人，具备更强接受别人的不同意见和职责心	师德修养	有较强的求知欲和创新能力，为人谦逊和善，愿意与人合作与交流，做事认真踏实，尊重他人，遵守教师德规范，关心尊重他人，遵守教师职业道德友善，踏实做事，遵守教师职业道德规范	师德修养	热爱教育，关心爱护学生，做学生良师益友；以身作则，勤勉敬业，乐于奉献；严格遵守教师职业道德，注重与工作团体的合作、交流；且积极参与学校组织的活动，与同事和睦相处，赢得赞识
专业能力	平时在学科中能重视学生的思想、态度和品德培养；了解学生的个性特征，做到因材施教，能够对后进生进行有效辅导；认真钻研教材、教参，对教学目标以及教学重难点整体有把握，能够突出学生的主体作用和教师的指导作用；对现代的信息技术掌握比较熟练，能够结合课堂教学制作课件	专业能力	新课标、教材、教参等教学材料进行研读，逐渐具备对于其语学科教学体系的了解，教学环节设计合理，教态亲切，教学过程较为流畅自然；具有扎实的语文基本功，能激发学生的学习兴趣；珍惜每次公开级教研活动的机会，认真研学，提升业务；能熟练运用各种办公软件制作精美的课件	专业能力	教学基本功较为扎实，教学设计有自己的风格。具有准确立设计及练习单元的能力，对教材的把握准确到位，课堂用语规范；具有良好的思维能力，语言表达能力。学生的表达能力，认真参加各类培训及教研活动，积极线上教学经验，不断反思，及时改进，作为备课组长引领组内教师开展教研、研究恰当的教学方法，合理设计作业改革；课堂高问题设计的有效性，提高课堂效率。潜心做好撰论文，成功发表论文，积极参与学校课题研究
优势分析		优势分析			

第四章 职初教师专业发展规划的制订

（续表）

2019年度目标达成度		2020年度目标达成度		2021年度目标达成度	
劣势分析	学科教学	对教学中问题的设计还不精准，对学生认知能力与情感分析能力尚有不足，对教材的重难点把握能力稍有欠缺；对于如何集中学生注意力的方式方法仍需要教学习和提高	学科教学	教师不仅是授业解惑者，还是传道者，目前已具备授业解惑的能力，但传道的方式方法还需继续向各位有经验的优秀班主任学习；教师不仅是管理者，还是研究者，目前已具备管理学生的能力，但尚未具备研究学生的能力	学科教学	课堂教学中调动学生深度学习的能力方面还有待进一步提高，问题设计的有效性方面还有待继续提高
	研究管理	独立撰写教育或教学论文、案例的能力比较薄弱	个人修养	目前还未能从语言性、直观性教学方法向实践性、研究性教学方法突破	个性能力	研究课题的经验还尚少，课题的撰写能力有待提高，信息化技术应用能力要继续加强
	个性能力	需要多练习基本功，提高自身的书写能力，做到板书工整、有特色；个人兴趣爱好不广泛，缺乏个人特长				

91

第四节
专业发展规划的功能

一、专业发展规划对职初教师个人的功能

（一）激发职初教师的目标性动力

没有明确的目标，就很难取得相应的成果，因此，我校的职初教师个人专业发展规划首先引导教师确立目标，树立职业理想，促使他们把教师职业作为人生追求，只有不断坚定职业信仰，教师才能在育人的道路上越走越好，越走越远。目标的设定是职业发展的核心，代表了教师要做的事情，激发了教师前进的动力，朝着目标不断努力，有利于促进教师个人价值的实现，这种价值的实现又能反过来刺激教师不断调整目标，产生内在动力，实现更高层次的发展。

（二）促进职初教师的自主性成长

职初教师的自主性成长是指教师基于学校发展的基础上，结合自我发展的需求，确定专业发展规划，形成发展的内驱力，设计发展计划和策略，做出合理安排，逐步促成教师内在的自觉、主动的发展需求，并落实在行动上，最终实现教师的成长。教师的自主性成长有助于提高教师专业能力以及教学效能，并且逐渐形成教师正确的教育观和良好的工作态度，自然而然地增强教师工作的责任心。所以，不管是走上工作岗位没多久的职初第一年教师，还是第二年教师，或是处于发展成熟的第三年教师，都需要自主成长的推动力。

（三）推动职初教师的阶梯式发展

我校的教师专业发展规划是在总目标的前提下，分 3 年完成整体

规划，在实践过程中体现了一种"制定—实践—反思—调整—重建"的循环、持续的过程，也是促进教师阶梯式成长的必经之路。教师根据现状分析制定的总目标，进行第一年分目标的详细制定，并实施和落实规划中的措施，在实践中取得进步，实现自我提升，从而完成第一年发展目标。进而将自己原本的劣势变成了优势，再进行反思和调整，思考还有哪些发展的需求和不足，根据评定调整确定自己第二年的发展目标，再进行落实，这样经过三轮的阶梯发展，教师个人的能力得到了很大的成长，从而完成3年规划总目标。循环性还说明实行教师专业规划是具有督促作用的，一方面是自身根据设定目标的衡量，是否按照既定规划成长；另一方面学校管理部门根据规划内容进行督促，推动教师一步步成长。

（四）形成职初教师的良性竞争环境

教师是个体，也处于学校这个集体中，在个体纵向发展的同时还要关注横向的对比、竞争，形成良性竞争的氛围，让每个教师得到激励，实现成长的共同体。教师专业发展规划提供了自我评定的重要依据，教师可以根据自己的专业发展对目前取得的成绩进行评定，找出与目标的差距，与他人的差距，并调整自己的策略，通过自我评定、同伴评定和学校评定形成竞争，时常鞭策自己，从而推动专业成长，让职初第一年、第二年及第三年教师都能得到发展。

（五）实现职初教师的和谐性发展

教师的和谐性发展是指教师具有积极的心态和自我认同感，而不是处于被动状态，在外在力量的迫使下发展。有的教师把工作看作一份维系生活的职业，将荣誉和物质作为工作的全部目的；有的教师会

习惯于凭自己的经验教学，墨守成规，教育理念难以更新，这些都是教师发展的不和谐因素。教师的职业需要教师作为主体去构建，积极主动地参与到教育教学中去。专业发展规划的制定让教师成为主体，主动构建发展需求，主动思考，让教师在教育教学活动中体现价值和意义，体验到教师职业的幸福，也就意味着教师和谐性发展的实现。

二、专业发展规划对学校的功能

（一）为学校提供高质量的教师队伍

长期以来，教师沉浸在每日繁忙的教学工作中，真正为自身职业的规划做得甚少，容易让教师产生职业倦怠，很大程度上抹杀了他们的自主发展意识和愿望。通过对教师进行专业发展规划的制定，达到学校人力资源需求与教师发展需求之间的平衡，教师的专业发展具体化，目标清晰化，且有本可依，能让教师更好地实现自我价值，使教师体验到成就感和自我实现感。对学校而言，教师的专业得到了发展，也就说明了教师的整体水平提高了，就能为学校创造一个高质量的工作团队，同时形成了蓬勃发展的积极氛围。

（二）使学校人力资源得到有效开发

教师专业发展规划是组织实施学校人力资源开发的有力工具。通过制定教师专业发展规划可以使教师的个人兴趣和特长受到学校的重视，得到个性化的发展和延伸，提高了教师的积极性，挖掘了教师的潜能，同时发挥其专长，从而有效地开发学校的人力资源。

（三）与学校发展目标相统一

教师专业发展规划与管理的核心是将个人发展与学校发展相结合，最终目的是通过帮助教师的专业发展，实现学校的持续发展，达成学校发展的目标，实现教师个体目标与学校发展目标的高度统一。

以下为一份我校教师的专业发展规划。

三灶实验小学
教师个人专业发展规划书

（2019—2021年度）

年度　2019年9月—2022年6月

姓名　　　×××

日期　　　2019年9月

三灶实验小学　制

个人基本概况

姓　　名	××	性　别	女	出生年月	××	教龄	3
政治面貌	中共党员	担任职务	教师	工作单位	上海市浦东新区三灶实验小学		
何时何院校 何专业毕业	××	学历 （位）	本科	现从事专业	小学语文教育	年限	3
现有职称 及取得时间	2020年获得二级教师		个人 联系方式	住宅电话	××		
			^^	手机	××		
获奖情况 （近三年）	1. 2021年浦东新区教学基本功跟踪考评语文组三等奖 2. 2021年度宣桥镇传媒信息工作"优秀通讯员" 3. 2021年第二中心集团"我和我的学校"征文比赛一等奖 4. 2020年度三灶实验小学第一届"飞象杯"教学设计比赛一等奖 5. 2020年度三灶实验小学"真我教师"成长纪事征文评比一等奖 6. 三灶实验小学"讲党史故事　育时代新人"演讲比赛一等奖 7. 2020年度"真我家庭阅读"活动　优秀读书笔记评比一等奖 8. 2021年三灶实验小学暑期教师"三笔字"比赛　粉笔字一等奖 9. 2021年三灶实验小学暑期教师"三笔字"比赛　钢笔字一等奖 10. 2020年三灶实验小学"飞象杯"青年教师教学设计比赛二等奖 11. 2020年三灶实验小学"飞象杯"青年教师本体性知识比赛三等奖 12. 2021年度三灶实验小学"真我教师"——师德标兵						

2019—2021年度目标设定

请根据自己的实际情况，从下列选项中选择适合自己的发展目标（一项或几项），或在空格内填写自己确定的其他发展目标，然后在相应的□中打"√"。

　　□ A1 市级：上海市特级教师
　　☑ A2 区级：
　　　　□ 学科带头人
　　　　□ 骨干教师
　　　　☑ 真我教师
　　☑ A3 校级：
　　　　□ 规范教师
　　　　□ 骨干教师
　　　　☑ 真我教师
　　☑ A4 教师专业技术资格：
　　　　□ 正高级教师
　　　　□ 高级教师
　　　　□ 一级教师
　　　　☑ 二级教师
　　　　□ 初级教师

第四章 职初教师专业发展规划的制订

现状诊断（优势、劣势分析）

自我分析	同伴分析	学校分析
优势分析 1. 师德修养 本人性格开朗，热情自信，对待同事来切友善，能为他人着想。我了解工作的责任和义务，能够爱岗敬业，做好本职工作，对教师职业道德规范的相关规定，能自觉遵守，在传道授业解惑者的道路上不断积累经验。 2. 专业能力 ①对班级的组织和管理能力有一些自己的想法，经常和家长保持沟通，有效解决学生的教育问题。在组织能力上能够受化教室，进行有主题的教育活动，认真听他人传授教学经验，并将学到的经验落实在课堂教学中。 ②积极参加学校和区级的教研风采展示活动，认真听他人传授教学经验，并将学到的经验落实在课堂教学中。 **劣势分析** 1. 个性能力 我在情绪的控制和管理方面比较欠缺，对待学生没有充分的耐心，面对嘈杂的环境容易愤怒。作为一名新教师，还未形成自己的工作习惯，缺乏一定的教学经验，在教学设计、教法运用能力方面有所欠缺，对于学生的心理辅导能力，全面评价能力有所不足。 2. 专业能力 语文学科本体知识有待提高，课堂上用语中用语还不够精炼、严谨，对学生课堂评价方面能力有所欠缺。	**优势分析** 1. 师德修养 ××老师虽然只是一位工作一年的新教师，但严格遵守教师职业道德规范，做好本职工作，以做好学生教育为中心，对待学生热情支持，与家长沟通工作，是学生的良师益友。 2. 专业能力 ①××老师工作踏实，具有强烈的事业心和责任心，在工作上能积极完成学校领导布置的各项任务，积极参加评课活动，不断提高自己的教学水平。 ②××老师在班级管理方面，经常和学生和家长保持沟通，有效解决共同教育学生的教育问题，能够根据学生的发展和实际进行有针对性的评价，在班级文化布置方面有自己的想法。 **劣势分析** 1. 教学能力 作为一名新教师，缺乏教学经验，在教学设计、教学方法方面有所欠缺，课堂上还缺少一定的调度能力和应变能力，没有形成鲜明的个人教学风格。 2. 德育能力 班级管理能力还需要加强锤炼。 3. 教育科研 对课题等方面的能力有所欠缺，缺少经验，对课题设计能力不能够及时总结有效经验，研究能力缺乏钻研和探索，不能有机地对问题进行归纳。	**优势分析** 1. 师德修养 ××老师作为新入职的年轻教师，能自觉遵守教师职业道德规范，为人和善，热情自信，善于合作协调，设身处地为他人着想。遵纪守法，情绪自控，虚心学习，团结合作，通人师表，爱岗敬业，敬爱学生，与老师们团结合作。积极参与学校布置的各项工作。 2. 专业能力 ①班主任工作认真负责，善于在班级文化布置上有创新。在班级管理方面，能经常和家长保持良好沟通，及时有效解决学生教育问题，工作踏实，具有强烈的事业心和责任心，能积极完成学校布置的各项任务。 ②教学主动乐于任聆听课活动，不断提高自己的教学水平。 **劣势分析** 1. 教学能力 ××老师由于年轻入职，她的实施能力比较欠缺，尤其是对教学的驾驭能力不够，由于涉入课程研究不深，缺乏对教学过程、教学方法和教学目标的潜心研究，缺乏对内容的改进，缺乏理论联系实际的融会贯通。 2. 德育能力 班级管理能力还需要加强培养，加强教学反思和整理案例的能力。 3. 教育科研 缺乏教育学的经验，对课题研究缺乏钻研和探索。

97

2019年度目标及评定表（2019年9月—2020年6月）

项　　目	目　　标	措　　施	完成情况
师德修养	形成自己的工作习惯，积累一定经验	向资深的教师学习，培养自己好的习惯	养成了较好的工作习惯，撰写了2篇心得
班级组织管理能力	培养一支班干部队伍，帮助管理和起到榜样作用	谨慎挑选班干部，制定明确的职责，细化班干部权利与义务	挑选同学担任"八小员"，但是在培养班干部管理能力方面仍有所欠缺
学生心理辅导	善于观察学生的心理变化，进行有效的辅导	学习小学生心理学方面的书刊，定期进行心理辅导	能及时发现学生的心理起伏，适时地给予心理辅导；听讲座2次
教学设计能力	上课前对教学目标、教学内容、教学方法、教学策略等各要素进行最优化组合	认真研读教本，教参，针对班级特点制定教学方法；积极参加校公开课展示	能根据教学目标制定适合本班学生的教学内容和教学方式；执教校公开课《比尾巴》
教学反馈能力	能做出主客观分析，查找具体原因	每堂课后进行课后反思，并做好反思的记录	课后可以发现自己教学过程中存在的问题，能及时请教有经验的老师
组织教学能力	善于启发诱导，激发学生学习兴趣，集中学生注意力，善于机智地处理偶发事件	丰富课堂内容，注重课堂把控，加快课堂节奏，运用通俗易懂的知识激发学习兴趣	目前能较好地引导学生进行自主学习，课堂上能通过口令吸引学生注意力
"三笔字"水平	字体结构合理、规范、大方	每天练硬笔字一面，注重每节课中粉笔字的书写，勤去书法室加强毛笔书写训练	硬笔字完成两本字帖；粉笔字和毛笔字水平逐渐提高
人际融合	人格性格好，热情自信，善于合作协调，设身处地为他人着想	友爱同事，关心同事，学会与人合作	可以与同事们融洽相处，互帮互助

第四章 职初教师专业发展规划的制订

（续表）

	自我评定	同伴评定	学校评定
目标达成度	优势分析 1. 师德修养 　本人性格开朗，待人友善。尊重他人，善于合作。热爱教学工作，对待学校布置的任务都能认真完成。在教学中，能够关心爱护学生，不断虚心求教，努力提升自己。了解教师职责，能遵守教师职业道德规范的相关规定。 2. 专业能力 　① 具备一定语文学科的基本知识，能根据学科要求和教学参考书规范地设计教案，找准教学目标，通过精心设计课件等，将学习要点落实到教学过程中。 　② 在班级组织能力上能够根据主题和个性自主装扮教室。同时也能根据同学的个性采取不同的管理方式。普通话语音标准，语调自然，表达流畅。 　③ 能珍惜每次外出学习听课的机会，向有经验的老师虚心求教并有所收获。 劣势分析 1. 学科教学 　在语文学科教学中对于教材的理解不够全面，在课堂中的教学用语不够童趣，对于学生的回答评价语较为匮乏且单一，不能全面的评价同学，控班能力也有待提高。 2. 个性能力 　个人性格方面不够自信，容易紧张，面对压力容易烦躁。个人特长方面比较匮乏。对于调皮和后进学生不够有耐心地引导。 　　　　　评定人：×× 　　　　2020年6月21日	优势分析 1. 师德修养 　×× 老师为人友善，待人热情。善于与人合作，能设身处地为他人着想。热爱教育事业，对教师工作认真对待，对学生有强烈的责任心和爱心。爱岗敬业，能严格遵守教师职业规范。 2. 专业能力 　① ×× 老师工作踏实，具有强烈的事业心和责任心。普通话语音标准，语调自然，表达流畅。能够熟练运用各种办公软件，精心设计教学课件。能积极参与学校课题的研究，对教育教学中所遇到的问题能自主查找资料解决，也能虚心求教，不断提升自己的各项能力。 　② 对班级有一定的组织管理能力，能够关心爱护学生，及时发现班级中存在的一些问题，并予以沟通和指正。对学生的各方面发展能够进行针对性的评价，并且及时地和家长进行有效沟通，帮助学生更好地养成学习习惯。 劣势分析 1. 学科教学 　×× 老师缺乏教学经验，对于教育教学的各种理念了解和理解较为片面，教学方面的理念缺乏系统的学习，对教材缺乏系统性的认识。 2. 研究管理 　对课题的研究、规划设计能力有所欠缺，缺少经验，对课堂中生成的问题不能够及时总结积累后反思，对研究管理欠缺钻研和探索，不能有机地对问题进行归纳。 　　　　　评定人：××× 　　　　2020年6月21日	优势分析 1. 师德修养 　×× 老师遵守教师职业道德规范的相关规定，爱岗敬业，以积极的态度参与学校组织的各类活动。忠诚并献身于教育事业，热爱学生，全面关心学生的成长。 2. 专业能力 　① ×× 老师班主任工作认真负责，与家长沟通及时有效，及时解决学生的教育问题。温馨教室环境的布置有主题有内容。能根据学生的发展和实际进行全面评价，语言表达有针对性、激励性。 　② 能钻研教材教参，根据班级学生现状设计教学，开展课堂互动，将学习要点落实到教学过程中。 　③ 能积极参加课题研究，正在培养收集和整理案例习惯。 劣势分析 1. 教学能力 　教学资历较浅，对于部分教材、章节的处理，没有从整体到局部逐步深入的过程，因为对学生的认知水平还不够，有时设定的教学目标过大而无法达成。上课过程中，还不能有效地根据学生的发展和实际进行全面评价。 2. 德育能力 　班级管理能力还需进一步加强，缺少培养小干部的能力，与学生和家长的沟通还需锤炼。 3. 教育科研 　缺乏课后反思和收集整理教学案例的意识和能力，有待提高研究和撰写教学论文的能力。 　　　　评定人：评价领导小组 　　　　2020年6月30日

99

2020年度目标及评定表（2020年9月—2021年6月）

项　　目	目　　标	措　　施	完成情况
师德修养	校师德考核优秀	认真聆听师德方面的讲座并撰写心得	撰写了2篇心得
班级组织管理能力	在班里评选出"八小员"，切实落实班干部职责	谨慎挑选班干部，制定明确的职责，细化班干部责任	班级成绩稳定，学生学习习惯较好；八小员逐渐可以帮助老师管理班级
学生心理辅导	及时发现学生的心理变化，进行有效的辅导	定期对学生进行心理健康教育，落实全员导师	能敏锐察觉学生心理变化并作出一定的教育引导；认真填写《全员导师手册》
教学展示能力	执教2节校级公开课	积极参加教研组活动和区级教研讨论，认真学习	执教教研员听评课《寒号鸟》《枫树上的喜鹊》
组织教学能力	能在课堂上激发学生学习兴趣，集中学生注意力，提高课堂质量	丰富课堂内容，注重课堂把控，抓住低年级学生的心理特点，设计趣味性环节，激发学习兴趣	课堂把控能力有了显著提升，课堂质量逐步提高
"三笔字"水平	书写美观，并能布局排版设计	每天根据字帖练字，注重粉笔字的书写，加强毛笔书写训练	硬笔书法水平有所提高，粉笔字可以写得端正
人际融合	热情自信，善于合作协调，能主动参与活动	友爱同事，学会与人合作，及时给予帮助	可以友爱同事，及时为同事提供力所能及的帮助
教材分析能力	制定切实且符合学生实际的教学目标	认真学习教参和新课标	可以学习教参，从而进行教学设计
研究反思	每节课后教学反思	每节课后认真进行反思总结，积累经验	认真撰写《寒号鸟》《枫树上的喜鹊》执教反思

(续表)

	自我评定	同伴评定	学校评定
目标达成度	优势分析 1. 师德修养 　　善于与他人合作协调，能设身处地为他人着想。懂礼仪礼节，关心尊重他人，真挚友善有感染力，遵守教师职业道德规范。热爱教育事业，热爱学生，在工作上能够积极完成学校领导布置的各项任务；与同事关系融洽，能接受别人的意见，虚心学习。 2. 专业能力 　　基本具备语文学科需要的相关知识，熟悉低年级的教材内容，能落实每课的教学目标及重难点，并且能够根据班级情况进行因材施教。能观察学生的心理变化，关心每一位学生。能不断学习提升自我语文素养，积极参与观摩课并进行说课、评课。有自己的教学风格，对于教材学习到位，教风独特。 劣势分析 1. 班级管理 　　平时要加强学生思想、态度、身体、心理、个性、人格、品德的全方位培养。在各项活动中要促使学生积极参与，培养学生较强的班级荣誉感。树立学生的自信心，鼓励学生参与各类比赛。 2. 师德修养 　　求知欲与创新力不足，尚未形成教师职业化的工作习惯，缺乏经验，缺少具有创造性、研究性的行为。 3. 育德能力 　　缺乏教育经验，无法及时关注到学生的心理变化，对此进行有效的辅导。与家长沟通上缺乏艺术性和专业性。 评定人：×× 2021年6月10日	优势分析 1. 师德修养 　　××老师在教育教学中，始终抱着一颗热爱学生，热爱工作的心，工作踏实努力，具有强烈的事业心和责任心，在工作上能够积极完成学校领导布置的各项任务。善于学习，能够虚心向他人请教，并进一步研究反思。 2. 专业能力 ①作为少先队辅导员，坚持学习理论知识，热爱少先队工作，热爱学生，全面抓好少先队常规工作，认真组织好各项教育活动，为学生提供发展平台。 ②能结合教育教学理念、新课标、教材、教参、教学资料等按全书、各部分教材、章节等层次进行分析，将学习要点落实到教学过程中。 ③能积极参加课题研究，培养收集和整理案例习惯。 劣势分析 1. 教学能力 　　根据课程标准要求教师改变学生的学习方式，把课堂真正还给学生这方面工作实施不够，由于缺乏经验，引导学生主动探究的能力尚待提高。 2. 德育能力 　　对于先进教育理念的学习不够系统、全面，理论知识欠缺，用理论与实践相结合的能力需要提高。 3. 教育科研 　　因为缺少教育教学的经历和经验，反思和整理案例的能力还需提高，对课题等欠缺钻研和探索。 评定人：××× 2021年6月25日	优势分析 1. 师德修养 　　××老师在平时教育教学中，注重从学生出发，以孩子为主体。对待教学工作认真严谨。对待学校领导布置的各项任务都能积极高效地完成。和同事之间相处融洽，可以虚心接受他人的意见。 2. 专业能力 　　作为新任的少先队辅导员，××老师积极参与培训，认真撰写文章。学校里的每一次活动都举办得有声有色，给予了孩子们发展和展示的平台。 　　在教学方面，××老师积极学习新知识、新的教学方法，并融合运用在自己的课堂上。××老师的课堂学生积极举手发言，认真思考，老师的教学用语亲切，评价伴随课堂。 劣势分析 1. 教学能力 　　××老师在平时的教学设计时，缺少对问题链的设计。由于经验的缺乏在课堂上对于学生的回答缺乏引导性的用语。 2. 德育能力 　　由于年纪比较轻，缺乏教育的经验，对于学生的心理变化的变化缺乏关注。对于行为偏生的转化能力和方式有待加强。 3. 教育科研 　　由于教龄不长，所以缺乏对于教学案例的经验积累。对于钻研教科研方面仍需加强摸索和研究。 评定人：评价领导小组 2021年7月9日

2021 年度目标及评定表（2021 年 9 月—2022 年 6 月）

项 目	目 标	措 施	完成情况
师德修养	校师德考核优秀	阅读一些关于师德修养的相关书籍； 认真聆听师德方面的讲座	阅读《教海漫记》，并撰写随笔； 荣获"真我教师"——师德标兵
基本功"三笔字"	学校考核优良	参加"三笔字"校本培训，利用空闲时间加强"三笔字"的训练	2021 年三灶实验小学暑期教师"三笔字"比赛粉笔字一等奖、钢笔字一等奖
教材分析	能灵活、有效制定切实可行的教学目标	多钻研学科教材，明确所教年级的教学总目标、单元教学目标、单元教学重点	2021 年浦东新区教学基本功跟踪考评语文组三等奖
练习设计	能够自主设计一份单元练习	平时多钻研、参与命题的设计	复习的时候积极参与复习命题工作
教学技能	每学年至少 2 节校级公开课	注重随堂课的质量，积极参加学校组织的每次活动	2021 年教研员听评课《在牛肚子里旅行》，展示课 1 节
专业知识	语文学科专业素养方面有所提高	通过各种渠道加强学习，特别是多看语文教学方面的书籍提升自己的语文学科专业素养	阅读有关语文教学方面的书籍，观看学习教学视频，并适当地运用到自己的教学中
研究反思	能够自主撰写 1 篇教学相关论文或教学案例	通过研究日常教学过程中所遇到的问题，反思、总结成功或失败的经验	完成撰写语文学科论文，参加"惠南学区 2022 年优秀教育教学论文评比"活动，获得"学区论文交流证明"

(续表)

	自我评定	同伴评定	学校评定
目标达成度	优势分析 1. 师德修养 严格遵守教师职业道德规范，懂得尊重领导、友爱同事、关心学生。能在他人需要的时候，提供力所能及的帮助。热爱教育事业，始终牢记育人初心，不忘育人使命。在积极主动完成本职工作的同时，为学校的德育、少先队工作设计特色活动，提高学生的课余生活。 2. 专业能力 基本具备语文学科需要的相关知识，熟悉三年级的教材内容，能落实每课的教学目标及重难点，并且能够根据班级情况进行有针对性教学设计。能仔细观察学生的心理变化，敏锐地发现学生的异常，并提供有针对性的指导。 劣势分析 1. 班级管理 平时要加强学生思想、态度、身体、心理、个性、人格、品德的全方位培养。要更加注重小干部的培养及职责的明确，让小干部能够在自己的岗位上出色地工作，锻炼能力，提高水平。 2. 教学能力 语文教学上缺乏创新思维，对语文要素的把握能力有待提高，课堂用语稍微有些啰唆。 评定人：×× 2021年6月10日	优势分析 1. 师德修养 遇事理智，情绪自控，虚心学习，团结合作。已初步形成自己的工作习惯，积累丰富经验，具有创造性、研究性的行为。热情自信，善于合作协调，设身处地为他人着想。善于待人接物，关心尊重他人，真挚友善有感染力。 2. 专业能力 ① 作为少先队辅导员，热爱少先队工作，热爱学生，全面抓好少先队常规工作，积极组织落实好各项教育活动，为学生提供发展平台。 ② 善于观察学生的心理变化，进行有效的辅导。 ③ "三笔字"的字体结构合理、规范、大方，布局安排清晰、美观。 劣势分析 1. 教学能力 尚未形成自己的工作习惯，缺乏经验，缺乏创造性和研究性。缺乏事业心、求知欲、创新力。 2. 个性能力 教育教学技能有待强化，自我教育教学修养有待提高，不能在教育教学实践中尽早发现问题、解决问题并总结经验，还未初步形成自己的教育教学特色。 评定人：××× 2021年6月25日	优势分析 1. 师德修养 热爱教育，热爱学生，诲人不倦，全面关心学生的成长，对学生严格要求又尊重信任学生。对待同事理解、团结、谦让。与家长坦诚沟通，以积极的态度参与学校组织的各类活动。 2. 专业能力 ① 在控班方面有了一定的经验，善于观察学生，善于培养学生良好的学习惯和行为习惯，特别是自理能力。在和家长沟通时能站在家长的立场提出建设性的意见，多次妥善解决家长和老师之间、家长和家长间的矛盾，得到家长们的认同。 ② 教学基本功扎实，课堂用语规范，具有较强的课堂组织能力和控班能力。能独立设计课堂练习、单元练习。 劣势分析 1. 教学能力 运用先进的教育教学理念改进教育教学行为的能力有所进步，对学困生的辅导需要加强方法的引导；对教材的研究不够到位，缺少课堂研究、反思能力。 2. 研究管理 教育教学研究能力不足，在课题研究方面缺少经验。 评定人：评价领导小组 2021年7月9日

教师个人三年发展规划总结：
对照自己的"三年发展规划"，总结如下：
一、学习与提升
本人热爱教师本职工作，忠诚于党的教育事业，时刻以党员教师的高标准要求自我，在工作中注重自身的师德修养与业务学习，力求做到"学高为师，身正为范"。
1. 作为教师，积极参加学校组织的校本培训活动、参加区级的语文教研活动。在各类活动中学习知识，积累经验，取长补短，尽可能提升自己的语文教学水平。
2. 作为大队辅导员，能围绕"战疫""四史"等年度关键词，创新、灵活地开展学校各项少先队活动。在工作中，注重少先队的阵地建设，除了认真抓好各项常规工作外，还以学校微信公众号为窗口，精心制作，及时宣传学校少先队活动。其中不少内容被"小学教育指导中心""萌动上海"等官方平台予以转载，扩大了学校少先队的影响力。
二、实践与研究
1. 教育方面
作为一名任课教师，本着教书育人的理念，关心每位学生的身心健康。加强教育技能培养，提高班级管理能力，强化自我修养。学会在教育教学实践中发现问题、分析问题、总结经验，使教育教学质量得到最优化。
2. 教学工作
为了适应新时期教育工作的要求，悉心学习习近平总书记关于教育工作的讲话精神，在工作中虚心接受同事们的批评，注意在实践中改正自己的缺点。无论是参加教师政治学习，还是聆听专家的报告，总会认真做好笔记，撰写学习心得。
3. 学校德育工作
积极探索新时代育人路线，认真学习《小学德育工作指南》《关于全面加强新时代大中小学劳动教育的意见》等德育相关书籍，提升自己的育德能力。组织开展系列德育教育活动，贯彻"以德育人"的策略，全心全意地培育"德智体美劳"五育并举的新时代好少年。
4. 教科研方面
参与学校区级课题建设，同时积极申报青年教师教育教学研究课题，坚定不移走"科研兴校"路线，努力成为会做科研，懂研究、会研究、乐于研究的新时代教育工作者。
三、总结与展望
通过3年的工作和经验积累，比较顺利地完成了自己所定的计划，自身教育教学技能有待强化，自我教育教学修养有待提高。经过不断的学习，也将在做好自身教学工作的同时，探索学校德育特色建设。

目标达成度描述：
1. 师德修养
热爱教育事业，始终践行着人民教师的职责，忠于教育事业，爱岗敬业，关心集体，乐于助人。在工作上兢兢业业，能遵守教师职业道德。凭借自己的勤勤恳恳和独特的教学风格，赢得家长的信任、学生、同事的尊敬和领导的赏识。
2. 专业能力
① 能够对新课标、教材、教参等教学材料进行研读，逐渐具备对于语文学科教学体系的整体了解。具备独立撰写教学案例的能力。

② 具备最新的教育教学思想观念，勇于创新，推进和探索新教育理念下的新型课程、教育模式，以学生为本，构建自主、合作探究的学习方式，激发学生学习的积极性，并树立正确的教育质量观。

③ 责任心强，积极参加各级各类的公开教学和研讨活动，结合学校要求，积极参加各级各类培训，重视教研组工作，认真参加好每一次教研活动，认真提高自身教育教学能力，提高自身语文学科专业素养，落实到每一次集体教学和研讨活动中。不断提高自身英语学科方面的专业知识与专业素养，以及教育教学方面的专业知识及专业素养。

④ 认真参与区、市级少先队辅导员培训、少先队辅导员工作室活动，参与区级德育主任培训。在各项培训中认真学习，积累经验，参与各种活动提升自己的育德能力。具备撰写论文、案例和课题的能力。

学校评价：
××老师以饱满的热情诚恳的态度投入到这3年的教育教学工作中。

1. 思想上忠于人民的教育事业，教书育人，尽职尽责，用心奉献，出色地完成了本职岗位承担的工作量和工作任务。循循善诱、诲人不倦，经常深入到学生当中去，除了做好学科辅导外，还细致地了解学生，与学生建立了民主平等和谐的师生关系。

2. 工作中谦虚谨慎、礼貌待人、以身作则、严于律己。教学态度认真，治学严谨。精心备课，教学资料充实丰富，能吸收学科新知识新成果，不断更新教学资料，理论联系实际，贴合教学大纲要求；能根据课程特点选择恰当的教学形式方法和手段，实行启发式教学，做到因材施教。

评价人：评价领导小组
评价日期：2022年6月30日

第五章

职初教师校本化培养的目标

教师是学生学习的指导者，是学生行为规范的示范者；是学生心理健康的辅导者，是班级集体活动的领导者；教师又是开展教育科研的研究者。要扮演好教师这个角色，就应当全面履行这五个方面的社会职责。

新教师入职后的0~5年，即职初期，是初步形成自我教学理念、完整掌握课堂教学办法、掌握并熟练运用育德方法、逐渐形成个人风格的关键时期。从"走出校门"到"走进校门"，职初教师要面对的不仅是个人身份的转变，更重要的是内在心理上的转变。一个人从接受教育的学生变成"传道受业解惑"的教师，要想又快又好地完成这一转变是非常不容易的，这一角色的转变所带来的心理冲击和矛盾对任何人来说都十分剧烈。

作为一名教师，我们时常会问自己：我希望我的学生成为怎样的人？我该怎样教育他们、帮助他们？我们也会对自己的职业生涯作出规划：我想成为一名怎样的教师？我该如何一步一步地完成我给自己设定的目标？而作为学校，如果我们能够遵循职初教师专业心理发展的基本规律（心理路向），制定一系列系统、合理的培养目标，形成并实施一整套校本化系统培养的措施，经过3~5年的努力，就能使职初教师的专业心理得到更快、更好、更全面的发展，继而也就能为每一位职初教师成为优秀教师打下扎实的专业心理基础。

第一节　教学能力培养目标

在教与学的双边互动中，教师是教学的组织者与引导者，为学生的学习与发展服务。新教师要想站稳讲台，快速提高自身的教学能力是最首要，也是最紧要的。教学能力包含了教师在教学活动中所表现的认识能力，如了解学生学习情况和个性特点的观察能力、预测学生发展动态的思维能力等；以及教师从事具体教学活动的专门能力，如把握教材、运用教法的教学操作能力和教学监控能力等。

一位教师教学能力的高低是上述诸多能力的综合反映，其表现出明显的系统性和结构性的特征。为了帮助职初教师快速、全面成长，我校在教学方面制定了具体的分阶段培养目标，见表5-1。

学校对职初教师教学能力培养的帮助是不遗余力的。除了每学期都会邀请专家来校做讲座外，学校还营造出浓厚的教研氛围，每一位职初教师都能在听课、磨课、研讨的过程中提升自己，让职初教师获得更快、更好、更全面的发展。

表 5-1 教学方面分阶段培养目标

培养目标	阶段	阶 段 目 标
具有现代教育观念以及扎实的专业知识	初期	教师应牢固树立符合教育客观规律以及学生认知发展规律的教学观,坚持学生的学习主体地位,在日常教学中应当给予学生充分练习、运用所学知识的机会,杜绝教师"一言堂"现象; 坚持全面发展的教育理念,不以学习成绩为唯一衡量标准,而是鼓励学生德、智、体、美、劳全面发展
	中期	教师应发挥学生学习的引导者和帮助者的作用,将更多的学习主动权交给学生; 激发学生的学习内驱力,并鼓励学生积极探索自己的兴趣与特长,同时给予适当的帮助或指导
	后期	教师应树立"授之以鱼不如授之以渔"的思想,传授知识的同时教授方法,鼓励学生运用所学方法举一反三,鼓励学生质疑、思考、合作、探究
具有良好的教学设计及课堂组织能力	初期	教师应在课标、教参等专业书籍的帮助下正确理解教学内容,明确教学重点与难点,确定教学方法,积极查找可用的教学资源,在参考借鉴的基础上完成详细的教学设计; 在落实教学设计、组织课堂活动的时候,能做到把控课堂纪律,尊重学生学习主体地位,一步步将纸上的设计在课堂上实践
	中期	教师应树立"单元"意识,明确单元的学习要素,在解读教学内容和教学设计时做到"瞻前顾后",有意识地为学生搭建"知识链"; 教师应具备初步的独立进行教学设计的能力,能选择更为合适的教学方法和教学资源; 在落实教学设计、组织课堂活动的时候,能做到掌握课堂节奏,可以初步应对教学过程中的突发事件,尊重学生的学习体验
	后期	教师应对教学内容有初步的、全面的了解,在横向和纵向上对教学重点与难点有较为清晰的认知,应具有独立完成教学设计的能力,教学目标、教学过程、教学方法等设计符合教学规律,体现课标新理念; 在落实教学设计、组织课堂活动的时候,最大程度地将课堂还给学生,在民主、有序的课堂纪律前提下让学生充分地进行练习、思考和交流,重视并善于运用课堂生成,让每一个迸发的小火花激发学生的学习兴趣
具有独立设计作业的能力	初期	教师应严格落实"双减"政策,根据教学内容和班级学生实际情况布置科学、有效、针对性强的作业,同时应注意分量适当,尽力做到形式多样,并且不布置机械重复作业和惩罚性作业; 作业的目的是对课堂所学进行练习巩固以及适当的拓展和提高,不盲目拔高作业要求

第五章 职初教师校本化培养的目标

（续表）

培养目标	阶段	阶 段 目 标
具有独立设计作业的能力	中期	教师应具备初步的独立设计作业的能力，能根据课时教学目标确定相应的作业目标，结合学生实际学习情况布置相应的分层作业，并且做到形式多样，提高作业效果
	后期	教师应具备独立设计作业的能力，做到针对不同层次的学生布置不同层次的作业，探索多样化的作业形式； 鼓励学生积极合作完成拓展作业，提高作业对课堂的辅助提升作用，用作业激励学生的学习热情和学习动力，提高学习效率
具有针对学生个别培优辅差的能力	初期	部分教师在课堂纪律和课堂节奏把控等方面能力有所欠缺，导致部分学生因学习能力和学习习惯等因素导致学习效果有所折扣，此时教师应关注学生的整体学习情况，重点关注学困生，可以在课上进行个别教学，以及课后针对课堂教学内容进行单独辅导，做到不让一名学生掉队
	中期	教师应在关注学生整体学习的基础上，正确分析学生学情，结合学生实际学习情况，关注学生学习的差异性，在辅导学困生的基础上关注学有余力的学生，课堂上教学活动的设计也应针对不同学习能力的学生进行初步的分层教学； 课后鼓励并指导学有余力的学生积极思考提高和拓展作业
	后期	教师应充分考虑学生实际情况展开教学，进行分层教学的设计与实施，布置分层作业； 鼓励学生结对互助形成学习共同体，营造良好的学习氛围； 辅导学生在各级学科类竞赛中获奖，让学生学有所成、学有所得
具有教研和科研的能力	初期	教师应积极参与校内外各级教研活动，观摩学习、思考交流，将他人的优秀方法和经验融入自己的课堂教学中； 主动承担教研任务，积极听取专家、同事的意见和建议并进行反思改进； 平时积极储备理论知识和教学经验，为教科研打下理论和实践基础
	中期	教师应在观摩学习的基础上学会评课，乐于交流分享自己的看法，积极主动承担教研任务，并对本学科的教研主题有初步的理解； 在科研方面仍是要储备理论知识，能初步用自己的教学实际去印证理论，并尝试用先进的理论来指导自己的教学
	后期	教师对本学科的教研主题有自己独立的见解与想法，能围绕主题进行评课与交流，积极主动承担教研任务，进行主题式的教学展示； 科研方面可以针对自己的教学实际中碰到的问题、总结的经验方法，结合积累的理论知识，积极撰写论文，争取发表，还应当积极参与学校的课题研究，提升自己的理论知识水平

第二节
育德能力培养目标

育德能力是教师为完成育德任务、顺利开展育德活动而必须具备的能力,是一种建立在一般能力基础上的特殊教育能力,这种能力是一种综合性能力。职初教师的育德能力发展与他们是否担任班主任有着密切的关系。

现如今"全员导师制"环境下"人人都是德育工作者",所以每一位教师的育德能力发展都十分重要且必要,我校在职初教师育德能力发展方面制定了具体的分阶段培养目标,见表 5-2。

表 5-2　育德能力发展方面分阶段目标

培养目标	阶段	阶　段　目　标
具有了解学生与开展心理辅导能力	初期	教师应借助家访、班队会以及个别谈话等形式快速地基本了解班级中学生的情况,并在日常教学中关注学生心理发展状况; 能运用合适的方式与学生交流,正确引导学生思想发展
	中期	教师应动态地掌握学生心理发展状况,日常能主动与学生个别交流、谈话,运用合适的方法正确引导学生,帮助学生健康成长
	后期	教师应动态、全面地掌握学生心理发展情况,尝试用自身的人格魅力以身作则,影响并引导学生的思想、行为表现; 能主动对学生进行个别教育,也能让学生主动与教师交流
具有班级的组织领导能力	初期	教师应具备初步的班级管理能力,重点关注学生行为规范、学习习惯和卫生习惯的养成; 能与班级其他任课老师友好协作,共同教育学生; 能鼓励、组织学生积极参与校内外各级活动和比赛
	中期	教师应有意识地培养班级积极向上的班风和学风,培养小干部,明确班干部岗位和职责,让小干部参与管理班级; 积极探索班级管理的多样化形式,用理论指导实践,从实践中总结经验

第五章
职初教师校本化培养的目标

（续表）

培养目标	阶段	阶 段 目 标
具有班级的组织领导能力	后期	教师应对班级有全面、长远的规划，尝试打造"班级品牌"； 让小干部管理班级的同时，引导学生树立班级主人翁意识，将每一位学生纳入班级管理工作中来； 鼓励学生积极参与校内外各级活动和比赛，激发学生的集体荣誉感和竞争意识
具有集体活动的设计能力	初期	教师应安全、有序地组织好班级参与集体活动，如运动会、艺术节、劳动技能大闯关等，对学生进行安全文明教育
	中期	教师应安全、有序地组织学生开展假日小队活动，探寻红色基地，学习先烈事迹，并鼓励学生讲述或记录学习体会与收获
	后期	教师应具备主动设计班集体活动的意识与能力，结合校园文化建设和班级文化建设，积极开展主题队会、假日小队等活动，培养学生集体意识和集体荣誉感
具有育德方法的运用和协调能力	初期	教师应初步掌握基本的育德方法并合理地使用，公平对待每一位学生，协调、平衡好生生、师生间的关系； 面对突发、偶发事件能沉着应对，正确处理
	中期	教师应基于对学生情况的了解的基础上，选择合适的育德方法，协调处理生生、师生关系； 能利用班队课进行集体教育，也要针对学生进行个别教育
	后期	教师能根据实际情况，针对不同的学生、不同的问题，灵活运用不同的育德方法，甚至多种方法结合使用，最大作用地达到育人目的
具有家教指导的能力	初期	教师应与学生家长保持有效、友好沟通，适度交流学生学习、生活情况，不必事无巨细，也不可冷漠以对
	中期	教师能与家长保持有效、友好的沟通，交流学生学习、生活情况，并适当提出要求，获得家长的理解与配合，充分运用家庭教育合力，帮助孩子成长
	后期	教师能保持家校有效、友好交流，能提出要求得到家长理解与配合，也能适当指导学生的家庭教育，将家校教育合力尽可能发挥到最大，让学生得到更全面的发展
具有教育评价的能力	初期	教师能对学生积极进行各种形式的评价，包括口头评价、过程性评价、期末总结性评价等，做到科学、准确、有的放矢
	中期	教师应针对不同学生的特点并根据学生实际表现给出积极、恰当的评价，帮助学生正确认识自己，并激励学生不断进步
	后期	教师应重视评价的指导作用，在对学生的表现进行评价的同时给出指导意见或提出进一步的要求，让学生了解自身情况的同时激发学生的学习动力，帮助他们进一步成长

学校每月一次的班主任研讨能有效帮助职初期的班主任提升自己的班级组织领导能力、育德方法运用能力、家教指导以及教育评价的能力,在每一次的"头脑风暴"中,职初教师都能收获成长,在自己管理班级、处理突发事件、与家长沟通时能更加细致全面、游刃有余。

第三节
教育科研能力培养目标

学校教育科研是有计划有目的地探寻未知的教育规律,将其纳入教育科学体系,指导教育实践的过程。探寻未知的教育规律是学校教育科研的根本任务。教师要学习掌握已知的教育规律(教育理论),探寻未知的教育规律(教育科研),遵循教育规律,按教育规律搞好自己的教育教学工作。教育是有规律的,按教育规律搞教育,就能事半功倍,盲目地搞教育,就会事倍功半,而违背教育规律就会受到惩罚。这是我们开展学校教育科研的根本出发点。

以教师为主体的群众性教育科研是上海教育领先于全国的标志。经过上海群众性教育科研40年的发展,现在,教师的教育科研能力已经和教学能力、育德能力并列为三大能力之一。教师的教育科研能力对于促进教育改革,促进教育质量提升,促进教师自身的专业发展,都有重要作用。

目前,对教师的教育科研能力培养,上海市和浦东新区每年都举办骨干教师培训班,但是,面对如此庞大的教师队伍,一般职初教师无法接受这种培训，需要学校专门组织校本培训。

本校根据职初教师专业成长的基本规律，把教师教育科研能力培养的要求分为三个阶段，见表5-3。

表5-3 教师教育科研能力培养的要求

阶 段	要 求
职初初期（入职1年）	学会工作经验总结，即能够做教学反思
职初中期（入职2～3年）	学会专题教研，即围绕工作中的某一个问题进行连续的实践与反思，形成经验总结性文章
职初后期（入职4～5年）	学会教育科研，即进行系统的课题研究，取得科研成果

本校对职初初期和职初中期教师的教育科研培训，放在教学、德育能力培养的过程中一并进行，下面的教育科研能力培养目标，主要是针对职初后期教师进行专门培养的目标要求。

一、掌握必备的教育理论

教育理论是教师开展教育科研的理论基础。尤其是针对自己研究的课题，需要掌握相关的教育理论，职初教师，尤其是非师范毕业的教师，更需要补上师范教育的教育理论课。解决的办法是结合自己的教育教学实践，特别是结合课题研究，自学有关的师范教育课程。如语文教师需要学习《小学语文教学法（教学论）》《小学语文教学心理学》等。

二、系统掌握教育科研方法论

教育科研方法论是教师进行教育科研课题研究的方法基础，只有系统掌握了教育科研方法论，开展课题研究才有方向，才有方法指导，就容易取得成功。本校这方面的培训需要借助专家的力量。

三、形成教育科研能力

教师要完成一项课题研究，取得科研成果，需要具备如下能力。

1. 选题能力

选题是课题研究的第一步，也是很困难的一步。教师必须具备选题能力。这就需要理解教育改革的要求，掌握本学科发展的趋势与前沿，学会寻找自己工作中亟待解决的专业难题，学会选题的过程，把工作中的难题转化成为课题。

2. 课题设计能力

选题和好的课题设计是成功的一半。教师要学习对整个课题研究做通盘考虑、整体谋划，形成课题研究方案。因此要通晓探寻教育规律的一般过程，掌握各种科研方法的准确运用，如观察法、调查法、实验法、案例研究法等的运用，并且形成完整的课题研究方案。学会根据课题设计，填写《浦东新区教育科研课题申报书》。

3. 组织实施能力

根据课题研究方案，在自己的教育教学中组织实施，收集实证资料，这方面对于职初后期教师，应当不会太难，但是要按课题研究的设计要求进行教学，还是有一定难度的，如教育实验研究，在自己的班级里面开展教育实验，如何把握好"自变量的操纵、因变量的测定、无关变量的控制"，需要认真思考。

4. 收集、整理研究资料的能力

在教育教学实践中，往往需要根据研究方案收集研究资料，并对研究资料进行整理、甄别真伪、做好分类这部分工作通常不会太难，如教学案例、考试成绩等自然生成的资料，一般教师都可以胜任，但是对一些根据研究需要，专门收集的资料，还是需要花一些时间精力的，如调查问卷、学生访谈等。

5. 辩证思维能力

辩证思维能力是遵循辩证思维规律进行思维的能力。它是透过现象寻找本质，揭示教育规律所必备的能力，包括分析、综合、抽象、概括、归纳、演绎、论证、反驳等一系列辩证思维活动的能力。这是比逻辑思维能力更高层次的思维能力。对于教育科研的初学者来说特别缺乏，而职初教师尤其感到困难，需要通过课题研究，特别是科研报告的撰写，进行专门的训练。

6. 表达能力

表达能力分为口头表达能力和书面表达能力两方面。表达能力对于一般职初后期教师而言都不是太难的。某些教师对课题研究结果表达不出来，仔细了解后即可发现，其实不是表达的问题，而是思维的问题，对课题研究的结果没有整理，没有科学抽象，没有条理化。"肚里没货"，表达也就无从说起了。

上述六种能力，作为教育科研能力的构成要素，彼此之间不是孤立的，只有按照一定的顺序在教育科研课题研究的过程中组合起来，有效展开，发挥综合效应，以保证课题研究活动的顺利进行，最终完成课题研究，取得科研成果。这才是完整的教育科研能力。而这些都需要教师独立完成一个课题研究以后，才能完整形成。

第四节
个性特长发展目标

每一个学生都是特别的，每一位教师也都是独一无二的。每位教师在职初期的个人成长规划不同，经过3~5年全方位的学校共性培养，再结合有针对性的个性支持计划，最终每位教师都能收获自己的成长，进而初步形成独特的教学风格。教学风格是教师的教育思想、个性特点、教育技巧在教育过程中独特的、和谐的结合和经常性的表现。教师的教学必须是立足学科、扎根课堂的，教学风格的形成与业务水平息息相关。

教学风格的形成是一个教师在教学艺术上趋于成熟的标志，我校在教师个性特长发展方面制定了具体的分阶段培养目标，见表5-4。

表5-4 个性特长方面分阶段培养目标

培养目标	阶段	阶 段 目 标
具有专业上积极拓展、勇于创新的能力	初期	教师应通过理论学习将自己的专业知识充分应用到教学中，结合校内外学习到的成功经验和先进理论，不断提升自己的教学水平
	中期	教师应在夯实基础的前提下，注重实践积累，关注校内外的先进经验，举一反三，不断提高研究和解决教学实际问题的能力，把日常教学工作与教学研究、教师的专业成长融为一体； 应注重反思提炼，不断充实、提升自己的教学水平
	后期	教师应积极主动地探索教学的无限可能性，在组织材料上不断优化，在教学方法和策略上不断创新，以提升自己的业务能力，也提高课堂的时效性，以期形成自己的教学风格
具有兴趣上乐于探索、主动学习的能力	初期	教师应立足学科，除了不断夯实专业知识，也要注重自我对兴趣的培养，从广度和深度上拓展对本学科的认知与理解，更好地服务于课堂教学
	中期	教师应初步掌握学科某领域的特长，或钻研本学科的兴趣知识，能有意识地将本学科的课外资源运用到课堂教学中，丰富教学内容，激发学生学习兴趣

（续表）

培养目标	阶段	阶 段 目 标
具有兴趣上乐于探索、主动学习的能力	后期	教师应熟练掌握本学科某领域的兴趣特长，能熟练运用课外资源加深课堂容量、拓宽课堂边际，提高课堂效率的同时能以自身的学习经历激励学生积极探索，激发学生的学习热情
具有艺术上自觉参与、传播热爱的能力	初期	教师应是充满了热情与干劲的，教学上兢兢业业、德育上以身作则、教研上积极参与，同时，教师应树立终身学习的理念，自觉参与各类艺术文体活动，不断提升个人素养
	中期	经历了头两年的学习与积累，教师应逐渐培养出自己独特的气质，此时应尝试将自己的个人特质与课堂教学方法和策略相结合
	后期	教师应当摸索出自己擅长并合适的教学方法，初步形成自己的教学风格，以身作则将自己对本学科的热爱与认知传播给学生

学校对职初教师的个性特长发展十分重视，开展了"插花""烘焙""书法"等活动，在教育教学的间隙，让职初教师陶冶艺术，发展特长。教无定法，相信在学校培养、专家引领、教师的主动学习中，我们的职初教师都能获得更好、更快的发展，并形成自己独特的教育教学风格。

第六章
职初教师校本化培养的策略

第一节
职初教师专业发展的要求与需求

我们通常把入职 0~5 年的教师称为"职初教师"。职业初期是教师发展的起始阶段,是其职业生涯中非常重要的一个时期,对教师后续发展起着极其重要的作用。

教师能否顺利渡过入职初期,并在这一阶段达到相应的专业发展水平,对其未来的职业发展会产生重大影响。如果我们能够遵循职初教师专业发展的基本要求,形成并且实施一整套校本化系统培训的措施,那么经过 3~5 年的努力,职初教师的专业水平就能得到更快、更好、更全面的发展,为他们成为优秀教师打下扎实的专业基础。

职初教师培训应当遵循职初教师专业心理发展的特点,形成并且实施一整套校本化系统培养的措施和对策。校本培训是促进新教师专业化发展的有效途径，学校要利用各种资源，引导职初教师走专业化成长之路，丰富和提升教育教学理论，提高教育教学技能，跟上教育改革和发展的形势。

一、职初教师的阶段要求

职初教师的阶段要求见表 6-1。

表 6-1 职初教师的阶段要求

阶段	要　　求
初期	教师应尽快适应教育教学岗位工作，掌握教育教学规律，增强教育教学技能，成为懂规范、能教学的合格教师，也就是说初期的基本要求是能上好自己的课成为合格教师，同时还应了解所在学校的办学理念、教学思路，能够在骨干教师的帮助下完成教学任务，能够认真学习相关学科教育理论文章，能够使用计算机等现代信息技术辅助教学，能够协助班主任做好学生工作
中期	教师能熟悉学生和教材，要在学科教学中处于主导地位； 能把所在学校的办学理念和教学思路贯穿到教学中去，选读教育学、心理学著作，能够针对学生的差异，选取适当的教育教学方法，能够运用计算机制作课件； 积极参加各类研修班培训，对教育教学逐渐形成自己的观点，能够写出有一定理论水平的文章，能够创造性地进行教学设计，学会反思和研究问题
后期	教师应熟悉教材和学科体系，成为教学能手； 对本职工作进行深入的反思，熟悉教育家或者心理学家的学说，胜任教学工作并在指导学科竞赛方面有成绩，积极参加学术活动并发表自己的观点，能够熟练地运用多媒体，担当一定的社会工作

二、职初教师的培训需求

近年来的调查表明，教师最希望得到培训的是教育教学技能、学科专业知识及科研能力。调查还显示，工作前 3 年的教师最关注的是熟悉钻研教材，把教材内容准确地呈现给学生，从而获得教学的快乐和成就感；工作 2～5 年的教师最关心的是思考自己的教学与其他教师的不同，尝试总结经验，形成风格；工作 5 年以上的教师则更加关注如何根据学生特点组织教学，自我反思，自主发展。由此可见，职初教师培训应当根据教师专业发展阶段性关注点的变化，制定培训内容。

第二节
职初教师校本化培养的对策

一、健全机制，优化环境

职初教师培训是一项继续教育的系统工程，需要学校提供有力保障。作为学校管理层，如何制定一系列相关的新教师入职培训制度、政策，有利于职初教师更好更快地健康成长，帮助他们走专业化发展道路，已经成为当务之急。

（一）入职培训

学校制定职初教师入职各项培训，如《对职初教师进行爱岗敬业培训》《对职初教师进行师德修养培训》《对职初教师进行业务能力培训》等。

（二）"三级带教"活动

建立"三级带教"活动制度，做到"两个明确、一个建立"，即明确指导教师的功能、明确职初教师的履职，以及建立激励机制。指导教师要求及职初教师要求分别见表6-2和表6-3。

表6-2 指导教师要求

职初	对职初教师的工作进行全面指导（包含教案、导学案、上课、研究性学习、学生管理及教研科研工作等），要有指导记录； 在培养职初教师全面发展的同时，着力培养职初教师健康、快速地专业化发展； 每周听职初初期教师的课，有上课人的签名
中期	指导职初中期教师积极参加各类素质与技能等方面的竞赛活动
后期	指导职初后期教师参加优秀案例、论文比赛、课题研究等，力争获取较好成绩

表 6-3　职初教师要求

职初	每周至少听同学科教师的课两节，其中一节必须是指导教师的课，听课记录本上有上课教师的签名； 积极主动地争取指导教师的指导点评，有相应的指导记录； 职初初期教师的教案提前请指导教师审阅、签字后，方能用于辅助课堂教学
中期	每次上完课，要善于总结，并在备课本上体现教学反思；积极参加各项素质与技能方面的竞赛活动，服从安排，力争取得佳绩；撰写 1 篇教育教学案例并在教研组活动上交流
后期	撰写 1 篇教科研或德育论文，积极参与课题研究

职初教师每学年开展"三个一"主题活动：初期教师需读一本教育教学理论书籍，上一节研讨课，职初期所有教师均需完成一份培训活动总结。

指导教师按期完成指导任务，指导效果好，经学校教导处检查合格的，按指导人数发放一定的指导费；指导职初教师参加竞赛活动，根据获奖等级发给相应的奖励经费。职初教师按时完成任务，教学与管理效果好的，学校每学年评出校园"阳光教师"，发放奖励经费，并作为学科骨干教师的培养对象。

通过"三级带教"活动的开展，让职初教师尽快进入角色，适应讲台，熟悉业务，提升能力。

（三）相关学习

学校立足于提高教师育德的基本素质，引导教师学习《中小学教师职业道德规范》以提高职业道德素质，学习《教育法》以提高法律素质，学习《教育心理学》以提升心理素质等直接对教育实效产生影响的相关素质。

（四）搭建成长平台

1. 专题读书活动

每学年组织开展一次专题读书学习活动，学校为职初初期教师推荐相关书目，在规定时间段内自主学习，阅读完毕后撰写 1 篇读书心得体会，在学校企业微信上交流。学校针对教师的学习以及读后感的完成情况组织专项考核评价。

学校开放图书室、电子阅览室，为职初初期教师搭建读书平台，落实阅读时间。创新读书形式，积极开展灵活多样的读书活动，在学习方法上做到集中学习与自主学习相结合、精读与通读相结合，做到阅读与摘抄、写心得体会相结合。倡导有效利用学习时间、节假日开展读书活动。积极开展"三个一"的读书学习活动，即每天自学一小时、每月读一本教育专著、每学期写 1 篇学习心得。阅读时要作好批注，写好读书笔记。学校可以向教师推荐读书书目，如《陶行知教育文集》《核心素养导向的作业设计》《教育的理想和信念》《新教育之梦》《论语》《论语译注》《中国的智慧》《当代教育学》《爱心与教育》《教师的境界与教育》《教育十大基本问题》《中国著名班主任德育思想录》《教师不可不知的教育心理效应》《活着就是幸福——生命读本》《班主任工作十讲》《做学生欢迎的班主任》等，鼓励教师广泛阅读。同时学校定期召开读书活动动员会，统一认识，明确目的。引导教师结合自己教育教学工作实际，选择阅读推荐书目，或自己另选阅读内容，但一定要与教育或本专业教学内容紧密相关，教师要制定出个人的读书计划。

2. 建班育人主题研讨活动

组织教师读案例、分析问题、寻求解决路径。每期活动会针对不同阶段的教师，设置各具针对性的研讨主题。在对案例分析学习的过程中，解决了教师对于建班育人的困惑，同时为他们积累各自的案例素材提供思路。

3. 反思与改进

职初中期的教师可根据教学实际制定切实可行的改进计划，结合课堂教学加以研究、反思、总结，及时上传案例及参与教学研讨活动等记载。学校结合学科诊断性听课情况，检查改进实效，每学期期中对职初教师课堂教学改进情况进行阶段检查，期末进行考核评价，评价结果纳入教师业务考核。

4. 技能训练

职初教师的基本技能包括撰写教案、讲课、教法与做学生思想工作的方法；说标准普通话；写一手好字等。基本技能是职初教师快速成长的基础，提高职初教师的基本技能，除了必要的指导与培训，自我修炼是根本途径。学校学期初都会就某一项具体内容（如毛笔字）提出要求，规定教师加强练习，并定期以作业批改、集中展示的形式进行检查。

5. 教学竞赛

以赛促教是快速提升职初教师教学水平的有效手段之一。学校有面向职初教师的教学比武和教学设计大赛，以及面向全体教师的本体性知识大赛这三大活动每年进行。每次比赛，学校都提出明确的主题，为职初教师指明努力的方向，引导他们更多地关注和了解最新的教育理念和教育教学的现状，对教学进行新的思考，潜移默化地培养职初教师的责任意识、创新意识和学习意识。通过一系列的校内竞赛

活动，促使一批不同阶段的职初教师在浦东新区公开教学展示中崭露头角。

6. 专题研究

与课题研究不同，专题研究不强调前瞻性，更强调实用性，学校要求职初教师围绕教育教学实践发现问题，开展深入思考与研究，并提出具体措施加以解决，这是职初中后期教师补足短板、快速成长的有效途径。教师自主确定内容进行研究，成果和案例在教研组进行交流。

二、校本培训，共性培养

（一）专家讲座

学校根据教师专业发展需要，每个学期都至少聘请一位知名专家来校开设主题讲座，进行教师全员培训。讲座内容或是政策宣讲，或是教育教学改革的前沿问题、热点问题，以开拓教师的视野。每次培训后，学校都要求参训教师撰写好培训体会，年级组进行交流，并组织专项考核。

（二）育德专题讲座

学校为引导教师学习最新的、最前沿的教育理念。每学期至少邀请两类专家为教师做教育类讲座，一类是对教育有所研究的科研类专家，以专业的角度剖析最新教育观念，帮助教师理解最新育德政策，提升专业知识储备；另一类是在教育第一线的经验类专家，他们不仅有丰富的育德经验，也历经了几次的教育教学理念更新。两类专家的引领就是理论与实践的结合，新的育德理念和真实的育德案例相结合，得以有效提升教师育德能力。

（三）教科研系列培训

课题研究、论文撰写是限制教师发展的一大瓶颈。学校邀请区教科室的专家定期来校，指导课题组开展活动。同时，也邀请专家对职初教师进行案例、论文撰写的系列指导培训，从选题到架构框架再到文章撰写，逐步推进。学校要求教师将成果在教研组进行交流，同时开展论文评选，对于优秀论文推荐发表。

（四）校本教材开发运用

学校组织教师积极开发育德类校本教材，如二十四节气系列校本内容。该内容囊括了对一年中24个节气的认识、了解和运用，教师在挖掘、制作和整改校本材料的过程中，汲取了丰富的育德资源。结合对学生开展专题教育，教师在课程实践的过程中，充分利用校本资源，有效提升育德能力。

（五）社会实践能力培养

以教师为主体，组织班级进行系列假日小队活动、依托区级资源开展研学旅行。学生扮演解说员诉说历史，厚植学生知史爱党、知史爱国的爱国主义情怀，教师在指导讲解、陪同讲解的过程中积累社会实践的经验，学习、学会将活动与育人目标相结合，与学校发展相匹配。

（六）心理健康教育能力培养

加强心理健康教育的教研活动和课题研究；关注学生个体的心理健康，结合全员导师制的落实建立学生帮教档案，制定有针对性的指导措施并做记录；鼓励学习心理健康方面内容，并鼓励教师考心理健康相关证书；实现社会、学校、家庭三方联动。

（七）教师随笔的撰写与交流

学校学期初制定计划，设定若干研究主题，要求教师每月围绕主题撰写随笔，利用教研组进行交流，每月月末根据完成时间、完成质量进行专项考核，结果向教师反馈。同时建立资源库，保存好电子文稿。

（八）校际联动

校际联动旨在通过与其他学校联手开展活动，实现相互借鉴，资源共享，共同提高的目的。学校每学期都与南汇外国语小学进行联合活动，涵盖语、数、英等多门学科，形式包括教学展示、互动交流、经验分享、聆听讲座等，活动结束，教师需完成相关作业，学校进行专项考核。

三、激发动力，个性支持

学校和职初教师共同商定个人发展规划，收集每一位教师的发展需求，形成"需求一览表"。结合每位新教师的工作特长，为职初教师铺垫成功之路，增强专业成长的可持续发展。做到发展目标明确，措施有的放矢。同时考虑学科区别与教师个性化特点，激发每一位职初教师专业发展的内生动力，引导他们对自身发展趋势进行理性分析，坚定职业意向，对照教师核心素养的结构框架，寻找提高核心素养的切入点，培养学科专业修为，形成追求卓越、团结奋进、共同进步的学校文化氛围。

（一）主题式教研

每学期结束阶段，教研组长面向组员征集教学中所遇到的亟须解决的具体问题，按照主题从中筛选、提炼出一些具有共性的问题确定为研究主题，新学期中，学科团队在组长的带领下，围绕这个主题开展，包括理论学习、本体性知识培训、集体备课、课堂观摩、听课评课、案例分析交流研讨在内的一系列实践研究活动，内容涵盖理论、应用、操作各个层面，不仅让教师知道了"是什么"和"为什么"，也知道了"怎样做"和"做到什么程度"，提高了教师的理解和实践能力。学校每月对教研组活动情况进行汇总，资料及时归档。

主题式教研为不同阶段的职初教师解决实际问题，促进他们快速成长，学校在日常的教研活动中开展主题式教研，聚焦教学实践难点，提高教研活动实效。比如，我校的教研组活动设置好文推荐、反思交流、备课评课、问题探讨4个固定教研项目，每个项目均设有中心发言人，聚焦问题，轮流承担课题研究任务，教师参与度高，实效性强。通过教研组团队赛课、常态教研展示等，实现教研组考核、团队捆绑、团队协作、共同发展。

成立研修工作室，这是不同阶段职初教师协同发展的一个好地方。研修主题的选定可以根据当前教育教学热点并结合学校实际设置。比如，我校正在进行的"识字教学""故事情境教学中教师语言技巧的运用和探索"的研究等，力求在课型建设、课程资源包研发等方面有所创新与突破。学校选拔区、校级骨干教师或有特别专长的教师担任工作室的主持人，将能吃苦、有理想、有干劲、乐奉献的职初教师纳为成员。主题研修工作室的定位是引领成长、专题研修、打造特色、辐射带动。每个工作室必须拟定3~5年的规划，在课程建设、课堂变革方面加大研究的力度。研修工作室将学校的发展、课题的研究和课程的建设有机结合，带动职初教师的专业成长与个性化发展。

学校组织职初教师开展主题式微论坛活动,这样可以唤醒职初教师自主发展的意识,实现专业对话,激发自我反思,创新职初教师自主发展路径,激发职初教师专业自觉,让职初教师的专业发展成为教师个人自主的行为,促进教师专业持续健康成长。

(二)梯队带教

学校根据教师发展情况组建三个梯队,由不同层面的导师带教,学校注重考核和管理,督促被带教师珍惜机会,并积极参与,切实提高学习效果。对见习教师和两年期教师,学校制定具体方案,有序推进。学校每月对三个梯队的活动资料进行收集、整理、归档,根据实际情况进行考核评价。

师徒带教是增强校本培训实效性的重要载体。学校把骨干教师与职初教师"结合"到一起,将这种帮扶指导活动作为加速职初教师成长的法宝。依据学校实际,由校级骨干教师与职初教师自主结对,明确师徒双方享有的义务和权利。学校制定骨干教师带教制度,要求骨干教师与职初教师签订帮扶协议,形成帮扶伙伴,开展帮扶活动,并不定期进行抽查,掌握职初教师发展状况,期末进行职初教师汇报总结。实践证明,骨干帮扶,大大提高了职初教师自主发展能力。

为充分发挥校长、骨干教师的辐射作用,学校采取跟踪指导的方式,对教育教学中发现的问题及时进行反思和整改。由职初教师和教研组内骨干教师开展集体备课活动,集体备课采取人人准备,集体商议,择优保留的办法。重视课后指导交流,交流后职初教师要认真填写课堂教学成长记录,写下上课体会、听课评价及课后反思。

还应开展好师徒课例引领活动。骨干教师上一节观摩课,职初教师上一节提高课，然后相互评课。

师徒带教有职业情感的传授、有备课的精心辅导、有课堂的虚心学习、有学后的模仿练习、有学期的汇报交流等方面。同时与教研组团队协作，骨干帮扶相结合，共同磨课，促进了职初教师自主发展。这样职初教师能够从模仿骨干教师基本教学行为和技能中领悟先进教学理念，从模仿骨干教师解决问题的方法中体会他们的教学思维，逐渐形成个性化的教学风格。

（三）个别化辅导

学校每学期都邀请区教研员来校，以听评课的形式对职初教师问诊把脉或案例点评，进行一对一的指导。指导活动基本是全面铺开，涉及各个学科、年级。

学校定期邀请学科专家到校进行课堂教学质量评估，一对一把脉课堂，问题会诊，提供支持策略，改进课堂教学。在专家指导中，主要环节是"听—诊—改"。学校还充分发挥兄弟学校优势教育教学资源的作用，进行校际名师的指导交流，针对职初教师的课堂教学和教师行为给予诊断和指导。

（四）案例梳理及撰写

通过听专家讲座积累教育理念和学习经验并实施求证；要求教师阐述对新的教育理念的理解，分享自己在育德过程中的问题和解决的措施，交流自己成功的经验和失败的原因；逐步具备积累自己的案例的能力。要求教师每一学期挑选一件有针对性的教育实事进行案例阐述，并分析自己在此过程中教育理念的运用是否有效，前人的经验是否有帮助，自己总结出了什么观点。

（五）个性化培训

学校每学期为教师准备形式多样的培训，注重教师兴趣的培养，让教师在培训中尝试多领域的发展。

1. 书法培训

邀请书法专家莅临我校进行书法主题的讲座以及相应的教学与指导，一次次精彩的书法培训，既丰富了教师们的文化生活，又培养了教师们的书法兴趣和爱好。教师们也在培训中感受到了书法给人带来的身心愉悦，对传承、弘扬中华优秀传统文化，提高教师规范汉字书写质量起到了积极作用。

2. 花艺培训

学校开展以"提升素养，以花育人"为主题的插花活动，以此来丰富教师的文化生活和艺术修养，陶冶教师情操，借用花木来抒发教师们的高雅情怀，以花感人，以花育人。

3. 歌唱培训

学校鼓励青年教师在音乐老师的组织下组成合唱队，并利用课余时间积极排练，将对祖国、对教育的深情热爱化在歌声里。我校合唱队在区、镇歌唱比赛中都获得了较好名次，亦荣获"十佳歌队"称号。

4. 信息技术培训

为提升教师们信息技术的运用，丰富课堂教学，学校多次为教师提供学习的平台，邀请上海市浦东教育发展研究院信息中心阮青芳老师进行指导，内容包括 PPT 课件的制作、微课的录制、Excel 表格的操作以及 Word 的运用等。通过培训，教师们获益良多，得以发挥出个人的信息技术特长，并能将此特长运用到平时的课堂教学中，既拓展了自身的多媒体特长技术，又丰富了学生的课堂。

上述培训策略及实施，由学校课题领导小组具体负责。各职能部门积极配合做好活动的出勤记录与完整的过程记录。确保职初教师专业心理发展的校本化培训扎实有效，落地生辉。

第三节 职初教师校本化培养的途径

为缩短职初教师的成长周期，努力使学校成为百姓家门口的好学校，结合新学校的实际情况，扎实开展 5 年内职初教师的培养工作，引导职初教师走专业化成长之路，丰富和提升教育教学理论，提高教育教学技能，跟上教育改革和发展的形势，力争建设一支师德高尚、意识超前、业务精良、创新实干的青年教师队伍，学校在培养职初教师的育德、教学、个性发展等能力方面做了大量的工作。职初教师研修内容、路径及方式见表 6-4。

表 6-4 职初教师研修内容、路径及方式

	研修内容	研修路径	研修方式
教学能力	1. 教师成长与专业发展主题； 2. 学科知识与教学技能主题	自主学习	专题读书活动，反思与改进，技能训练，专题研究，教学竞赛
		专家指导	专家讲座，教科研系列培训，个别化辅导
		同伴互助	主题式教研，梯队带教
		校际联动	教学展示，互动交流，经验分享，聆听讲座
		网络平台	完成《浦东新区"十三五"教师继续教育实施意见》，完成平台必修课程、选修课程和研修课程的学习； 积极参与"浦东教师研修社区专网"研修活动； 教师随笔的撰写与交流

（续表）

	研修内容	研修路径	研修方式
育德能力	1. 职业感悟与师德修养方面； 2. 班级管理与育德能力方面	自主学习	专题读书活动整理教育案例，撰写教育随笔
		专家指导	专家讲座
教育科研能力	1. 教学科研能力； 2. 德育科研能力	对职初初期和职初中期教师的培养	能够做教学反思；围绕工作中的某一个问题进行连续的实践与反思，形成经验总结性文章
		对职初后期教师的培养	学校举办教育科研骨干培训班，进行为期一年的专门培训
个性化	1. 教师专业拓展主题； 2. 教师兴趣培养主题； 3. 教师艺术熏陶主题	自主学习	"三笔字"训练、真我家庭阅读活动、开创精品社团
		专家指导	专家讲座、花艺培训、红十字急救培训
		同伴互助	红歌合唱比赛
		网络平台	线上信息技术培训、各类 App 软件运用

一、教学能力

（一）研修内容

1. 教师成长与专业发展主题

主要包括教育法规与政策、教师职业道德、教师职业理想与专业发展规划、教师心理调适与情绪调控、现代教育理论、教育教学评价、现代教育技术与应用、教育科研方法、教学艺术与教学风格等内容。

2. 学科知识与教学技能主题

主要包括学科教学研究的最新动态与成果、课程标准与教材研究、三维教学目标的设计与实现、课程实施与评价、校本学习资源包的研究与开发、课堂教学的基本组织形式与组织策略、课堂教学设计与案例研究、研究性学习及综合实践活动的理论与实践等内容。

（二）研修路径

1. 自主学习

（1）专题读书活动。见本章第二节一（四）1。

（2）反思与改进。每位教师根据教学实际制定切实可行的改进计划，结合课堂教学加以研究、反思、总结，及时上传案例及参与教学研讨活动等记载。学校结合学科诊断性听课情况，检查改进实效，每学期期中对职初教师课堂教学改进情况进行阶段检查，期末进行考核评价，评价结果纳入教师业务考核。

（3）技能训练。职初教师的基本技能包括撰写教案、讲课、教法与做学生思想工作的方法；说标准普通话；写一手好字等。基本技能是职初教师快速成长的基础，提高职初教师的基本技能，除了必要的指导与培训，自我修炼是根本途径。学校学期初都会就某一项具体内容（如毛笔字）提出要求，规定教师加强练习，并定期以作业批改、集中展示的形式进行检查。

（4）专题研究。见本章第二节一（四）6。

（5）教学竞赛。见本章第二节一（四）5。

2. 基于专家指导的研究

（1）专家讲座。学校根据教师专业发展需要，每个学期都至少聘请一位知名专家来校开设主题讲座，进行教师全员培训。讲座内容或是政策宣讲，或是教育教学改革的前沿问题、热点问题，以开拓教师的视野。每次培训后，学校都要求参训教师撰写好培训体会，年级组进行交流，并组织专项考核。

（2）教科研系列培训。课题研究、论文撰写是限制教师发展的一大瓶颈。学校邀请区教科室的专家定期来校，指导课题组开展活动。同时，也邀请专家对职初教师进行案例、论文撰写的系列指导培训，从选题到架构框架再到文章撰写，逐步推进。学校要求教师将成果在教研组进行交流，同时开展论文评选，对于优秀论文推荐发表。

（3）个别化辅导。学校每学期都邀请区教研员来校，以听评课的形式对职初教师问诊把脉或案例点评，进行一对一的指导。指导活动基本是全面铺开，涉及各个学科、年级。

3. 基于同伴互助的研究

（1）主题式教研。见本章第二节三（一）部分。

（2）梯队带教。见本章第二节三（二）部分。

4. 基于校际联动的研究

校际联动旨在通过与其他学校联手开展活动，实现相互借鉴，资源共享，共同提高的目的。学校每学期都与惠南学区及二中心集团小学进行联合活动，涵盖语、数、英等多门学科，形式包括教学展示、互动交流、经验分享、聆听讲座等，活动结束，教师需完成相关作业，学校进行专项考核。

5. 基于网络平台的研修

（1）根据《浦东新区"十三五"教师继续教育实施意见》，组织教师积极参加必修课程、选修课程和研修课程的学习，完成"360、540"的学时要求，配合上级部门及时做好宣传、组织、考核等工作，激发教师发展的内驱力，督促教师完成规定的培训。

（2）积极参与"浦东教师研修社区专网"研修活动。要求教师经常浏览网页，学习优秀的教学方法，并能不断运用于教学实际中。参与相应的专题讨论、互动,努力提高专业水平。

（3）教师随笔的撰写与交流。学校学期初制定计划,设定若干研究主题,要求教师每月围绕主题撰写随笔,利用教研组进行交流,每月月末根据完成时间、完成质量进行专项考核,结果向教师反馈。同时建立资源库,保存好电子文稿。

二、育德能力

（一）研修内容

1. 职业感悟与师德修养方面

开展《新时代中小学教师职业行为十项准则》等培训、个人五年发展规划的制定、读书笔记及读书心得的撰写、"三笔字"的书写训练、职业生涯体验随笔的撰写等。

2. 班级管理与育德能力方面

班主任工作手册和学生评语的填写、学生日常管理、班干部的培养和教育、班级文化建设和良好班风建设、雏鹰假日活动的开展、主题教育课主题的选择和确定、制定和设计教育课的目标和实施过程、课后反思和收获、家校联系的有效途径、与家长交流的艺术,建立学生心理档案,制定具体的帮教措施,实现社会、学校、家庭三方联动,加强心理健康教育的教研活动和课题研究等。

（二）研修路径

1. 自主学习

通过职初教师的自主学习,提升教师师德素养和育德能力。

（1）专题读书活动。

（2）整理教育案例,撰写教育随笔。每学期期末要求职初教师结

合自己的教育教学工作，整理教育案例，撰写教育随笔，在新学期组织交流研讨。

2. 聆听专家讲座

通过聆听专家的讲座和优秀德育教师的经验分享，促进职初教师职业素养的提升。

（1）积极组织职初教师参加学区专题讲座和交流，写好学习体会。

（2）邀请教育专家来校开展讲座。

3. 梯队带教

通过梯队带教，在定期评价和考核中促使职初教师更好更快成长。

班主任工作指导教师按班集体形成与建设工作的时序，有针对性地指导见习教师学习班主任工作计划的制订、班集体建设、学生干部培养、家访、主题班会、主题活动、社会实践、学生谈心、家长会召开、评语撰写与科任教师协调沟通等。指导教师的育德能力指导"课程化"，通过系列培训，对新教师的每项班主任工作先指导，教育过程中点评引导，使新教师在实践与反思中提高对班主任工作的感悟与能力。

（1）见习期教师除了见习基地的班主任带教导师，学校指定优秀教师作为新教师指导教师，按照新教师规范化培训内容中提出的18个要点制订带教计划，履行带教职责，按照计划开展指导工作。关注新教师实践，注重案例教学，注重在教育教学实践中培养学员的能力。使新入职教师在优秀培训团队的浸润和导师的引领下，正确认识与迅速适应教师角色，形成良好的教育教学行为规范，强化教育教学实践能力，尽快胜任教育教学工作，为成长为有理想信念、有道德情操、有扎实学识、有仁爱之心的"四有"好老师奠定良好基础。并确立了强化师德、注重实践、自主提升、文化浸润等专业发展的几项基本原则。

（2）学校注重考核和管理，督促职初教师珍惜机会，积极参与，切实提高学习效果。学校每月对职初教师的班级管理工作进行考核评价。

4. 班主任工作研讨交流

通过定期的班主任工作研讨交流，进行个体诊断，在分析和交流中不断改进育德能力。

班主任工作是学校德育的重要阵地，也是教师育德的必备能力。深入实施中小学班主任教师培训计划，建立健全班主任培训制度，针对班主任工作中的实际问题，加强班主任工作基本规范、班级管理、未成年人思想道德教育、学生心理健康教育、安全教育等专题培训，不断增强班主任教师的专业素养和教书育人的本领。

（1）每周一次的班主任例会。

（2）每月一次的班主任"头脑风暴"主题研讨活动。该主题研讨活动"，应力求做到"有主题、有思考、有实践"。通过案例分析、经验分享、事例谈论三个方面，引导班主任老师增强班级凝聚力，培养优秀小干部，同时引导教师学会家校沟通的技巧，有效促进家校联系，共育学生，提高班主任老师的班级管理能力和德育工作能力。此外，在讨论过程中学习他人长处，共同规避不规范行为，也可使学校班主任队伍更规范。

（3）每学期邀请资深班主任老师莅临指导。

5. 校外协作共进

通过市区级校级等各类活动的策划参与,在协作共进中取长补短。

以师德教育为重点,增强教师教书育人的责任感和能力水平。大力加强师德教育。重视教师职业理想和职业道德教育,将师德教育作为教师培训的重要内容。学习贯彻《中小学教师职业道德规范》。创新师德教育的方式方法,增强师德教育的实效性。开展丰富多彩的师德教育活动,广泛宣传模范教师先进事迹,弘扬人民教师高尚师德。将师德表现作为教师考核的重要内容,并与教师资格定期登记紧密挂钩,形成师德教育和师德建设的长效机制。

(1)积极参加主题教育活动和主题教育课。

(2)主持每学期一次的家长会。

(3)举行主题(教育)班队课比赛。

(4)积极鼓励职初教师参加学校、学区级及以上的教育评比活动。

(5)真我教师评比。

三、教育科研能力

学校对职初教师的教育科研能力培养分两条途径展开。

1. 对职初初期和职初中期教师的培养

本校对职初初期和职初中期教师的教育科研能力培养,是放在教学、德育能力培养的过程中一并进行的。对于入职1年的职初初期教师,要求教师学会工作经验总结,即能够做教学反思;对于入职2~3年的职初中期教师,要求教师学会专题教研,即围绕工作中的某一个问题进行连续的实践与反思,形成经验总结性文章。本书后面的教师研究成果就是这方面的反映。

2. 对职初后期教师的培养

职初后期教师已经有了一定的教学经验，同时根据学校职初初期、中期的培养要求，对教育科研有了一定的前期基础。在此基础上，学校举办教育科研骨干培训班，进行为期一年的专门培训。具体培训计划如下。

让教师学会教育科研
——教师教育科研校本培训

一、培养目标

通过教育科研方法论的理论学习和导师一对一的课题研究指导，使一线教师学会教育科研，提升科研能力，为他们今后的专业发展奠定教育科研的基础。

二、培训内容与安排

第一讲　学校教育科研的选题

一对一指导教师确立研究课题

第二讲　教育科研的课题设计

第三讲　教育实验研究

1. 一对一指导教师制定课题研究计划

2. 一对一指导教师课题实践研究

3. 一对一指导教师课题的实践研究

4. 课题研究的交流与集体辅导

第四讲　教育科研报告的撰写

1. 教师课题研究报告提纲一对一指导

2. 教师课题研究报告初稿一对一修改指导（网上）

三、教材选取

《现代教师——走近教育科研》,张民生、金宝诚主编,教育科学出版社出版。

四、组织实施

每届学员由学校组织选取不超过 10 名中青年骨干教师组成。

聘请上海市首批教育科研专业正高级教师、上海市特级教师、上海市教育科研名师培养基地专家组组长、徐汇区教育科研名师工作室主持人、徐汇区教育学院教育科学研究室原主任张才龙老师到校进行面授、指导;每次讲课或指导时间为半天。每月 1 次,每届 11 次;培训时间为 1 年。

由学校的教育科研负责人担任助教,与张才龙老师联系,组织开展各项科研培训活动。

2022 年 6 月 15 日

根据上述校本培训计划,本校第一期教育科研骨干培训班经教师自愿报名,学校组织批准,由 10 位教师组成,并且于 2022 年 9 月 26 日下午正式开班,施洪青校长做开班动员,向指导教师颁发聘书,下发培训教材。教师们的选题情况如下。

邱欢:小学二年级"导读单"指导下的有声绘本阅读教学实验研究。

严文:基于信息技术的小学三年级语文作业反馈与个性化指导的实验研究。

汤熠然:小学四年级语文"课前两分钟专题演讲"的指导策略研究。

杨晓婧：将"有声绘本"引入小学低年级英语教学案例研究。

陆杰：小学五年级"自命题作文"的教学实验研究。

曹燕：小学四年级语文"语段改写"的教学实验研究。

郑钧文：小学五年级英语作文"过程性指导"的实验研究。

陆绿茵子：小学一年级课内外结合的美术素养培养的案例研究。

卫思意："游戏教学法"在小学一年级语文教学中分类应用的实验研究。

倪建雯：小学一年级"模仿学习"指导的教学案例研究。

四、个性发展

（一）研修内容

1. 教师专业拓展主题

教师专业学习、专业延伸、专业创新等。

2. 教师兴趣培养主题

让教师了解兴趣、兴趣激发、兴趣感染等。

3. 教师艺术熏陶主题

对教师的艺术投入、艺术欣赏、激发教师的艺术细胞等。

（二）研修路径

1. 基于自主学习的研究

（1）"三笔字"训练。"三笔字"是教师教学基本功训练的重要内容之一，教师的字对学生起着潜移默化的影响，学生写字水平高低，与教师平时的写字有着必然的联系。因此，每学期学校都会号召教师重视写字训练，在假期自主练习，扎扎实实练好"三笔字"，进一步提高教学基本功。每位教师认真练习，完成规定的作业要求，学期初将教师作品交到学校进行评比。

（2）真我家庭阅读活动。为提高教师的专业素养和综合能力，让读书成为一种习惯，我校举办了"真我家庭阅读活动"，活动历时一月有余，教师们积极参与、按时打卡，并分享了自己喜欢的好书，写下一篇篇高质量的读书笔记。有道是"活到老，学到老"，该活动增强了教师读书的意识，武装了自己的大脑，也让他们更能有效利用好课余时间以及生活中的碎片时间，进而能更好地提升自己的专业知识和业务水平。

（3）开创精品社团。为了进一步丰富学生的校园文化生活，推动学校教育的良性发展，学校也充分挖掘了教师们的特长，为同学们精心打造了合唱队、舞蹈队、篮球社、书法社等精品社团。为了上好一个小时的社团课，教师们主动探索、认真备课，保质保量地上好一堂课并且做好课后反思与交流。这不仅是授业，更是教师自身素养和能力提高的路径。

2. 基于专家指导的研究

（1）专家讲座。为了提高教师业务水平和专业素养，锻炼教师书写技能，提升我校教育品质，学校每学期都会邀请书法专家、区学科带头人倪国清老师莅临我校进行书法主题的讲座以及相应的教学与指导。一次次精彩的书法培训，既丰富了老师们的文化生活，又培养了老师们的书法兴趣和爱好。教师们也在培训中感受到了书法给人带来的身心愉悦，对传承、弘扬中华优秀传统文化，提高教师规范汉字书写质量起到了积极作用。

（2）花艺培训。为丰富我校教师的文化生活和艺术修养，陶冶教师情操，借用花木来抒发教师们的高雅情怀，以花感人，以花育人，学校特开展了以"提升素养，以花育人"为主题的插花活动。活动以花草为媒介，用田园风格的插花作品来增光添彩，让大家在怡人的阵阵花香中放松心情，用心感受美好、创造美好。

（3）红十字急救培训。作为一名小学教师，掌握急救知识及操作步骤是非常有必要的。学校为教师们邀请了宣桥镇红十字会缪卫平老师进行指导。缪老师的培训主要包括红十字运动的起源、组成和基本原则、应急救护的目的和施救程序、心脏复苏操作、外伤包扎等方面。救护课程非常实用，贴近我们生活实际，也让教师们发现了以前很多的错误认知。过程中缪老师细心、耐心地一步一步地教学，教师们也一遍一遍的练习，从最初的生涩到后来的流畅自然，每个人都有了一种悄然的变化，仿佛就是一个个"战地护士"。大家积极踊跃，畅所欲言，激发了思维、开阔了眼界、启迪了理念。这样的培训不光拓展了教师专业外的知识，能够学以致用，也激发了教师们对于红十字急救的兴趣。

3. 基于同伴互助的研究

参加红歌合唱比赛。2019年，在中华人民共和国成立70周年之际，我校教师在音乐老师的组织下，齐唱《我和我的祖国》，教师们将对祖国的深情热爱化在歌声里，在区、镇红歌比赛中都获得较好名次。2021年，恰逢建党一百周年，我校青年教师在瞿境炫老师和张煜老师的组织下组成合唱队，参加了区教育系统"青春向党 歌声飞扬"主题歌会以及镇七一红歌比赛，均获二等奖。教师们利用课余时间积极排练，踊跃提出改进意见，用歌声唱响对祖国、对党的热爱与赞美。

4. 基于网络平台的研究

（1）线上信息技术培训。信息素养是终身学习者具有的特征。在信息社会，一名高素质的教师应具有现代化的教育思想、教学观念，掌握现代化的教学方法和教学手段，熟练运用信息工具（网络、电脑）对信息资源进行有效的收集、组织、运用。这些素质的养成就要求教师不断地学习，才能满足现代化教学的需要。信息素养是终身学习的必备素质之一。

为提升教师们信息技术的运用，丰富课堂教学，学校多次为老师们提供学习的平台，邀请浦东教发院信息中心阮青芳老师进行指导，内容包括 PPT 课件的制作、微课的录制、Excel 表格的操作以及 Word 的运用等。通过培训，教师们获益良多，得以发挥出个人的信息技术特长，并能将此特长运用到平时的课堂教学中，既拓展了自身的多媒体特长技术，又丰富了学生的课堂。

（2）各类 App 运用。经历了突发的疫情后，网络平台是一个连接教师与教师、教师与家长、教师与学校的非常重要的桥梁。教师们发挥出了自身对于 App 运用的特长，将网络平台优势运用到位，别出心裁地将教学与网络相融合。疫情期间，我校教师主要运用了"晓黑板""腾讯会议"这两款 App，自主学习晓黑板中线上授课直播操作，并通过软件操作开展了线上讨论、线上活动、线上打卡等教学活动，教师们充分展示了自身的软件运用能力，确保了学生的课堂教学。另外，在运用过程中，教师将图片、视频等直接运用到软件中，丰富了多媒体的呈现。这不仅培养了教师的创新能力，同时也提升了教师们在网络软件运用的技术。

通过一系列的职初教师专业心理发展校本化培训，树立为每一位学生终身发展奠基的共同价值观，激发每一位职初教师专业心理发展的内生动力，建立职初教师自我发展共同体，引导他们树立正确的教师角色心理、动机心理、威信心理和学校人际关系心理，形成团结奋进，共同进步的学校文化氛围。

第七章
职初教师校本化培养的运行机制

为全面提高我校教师队伍的整体素质，适应当前基础教育改革发展和全面推进素质教育的需要，提高青年教师素养，优化教师队伍群体结构。根据我校青年教师队伍的现状和存在的问题，结合新形势下教育改革发展对我校教师能力、素质的新要求，构建我校青年教师培养的运行机制。

第一节
建立青年教师培养的领导机制

成立由校长任组长，书记、教导主任任副组长，分管领导、教研组长为组员的"学校青年教师培养工作领导小组"，做好青年教师培养工作学校顶层设计，加强对学校青年教师培养工作的领导。学校每年进行

0~5 年教龄的青年教师教学比武和教学设计大赛，以及全体教师参与的本体性知识大赛，开展演讲比赛、微课评比、错题讲解、专题读书活动、朗诵比赛、"三笔字"比赛等活动，落实活动领导包靠制度，确保每项活动按时、有序开展。青年教师培养的领导机制如图 7-1 所示。

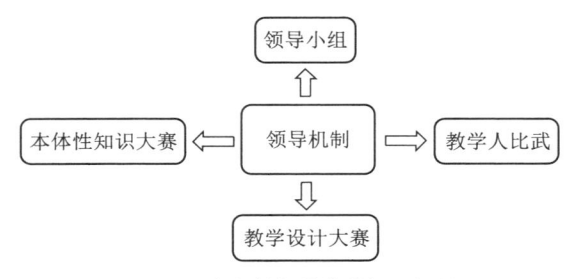

图 7-1 青年教师培养的领导机制

第二节
科学规划青年教师综合能力培养机制

一、岗前培训机制

为尽快让青年教师熟悉学校情况，尽快适应新岗位，开学前夕，学校组织邀请区内专家、校内骨干教师开展岗前培训。一是进行爱岗敬业师德教育，为人师表，立德在先，认真学习学校的规章制度，增强青年教师的事业心和责任感，树立甘于平凡、脚踏实地的工作信念和以生为本的教育理念；二是传授教学技法，为青年教师上好课奠定基础；三是传授班主任工作技巧，传授学生日常行为管理的方法，做学生健康成长的引路人。

二、职初教师教学五常规制度

（一）备课

备课是上好课的前提和保证，是提高教学质量的关键环节，每个教师都应认真执行教研室关于《小学教师备课的几点要求》，结合学校、学科和学生实际，精心编写每堂课的教案，要求用语用词规范、准确无误。具体要求如下。

1. 类型齐全，内容完整

备课有学期备课（即教学计划）、单元备课和课时备课（即教案）、复习计划等。

（1）教学计划。各科教师要认真学习教学大纲、教学文件和分年级教学要求。学期初要先通读全册教材内容、熟悉各单元、各课在全册教材中的地位，明确重点章节和重点内容，教材上的习题自己都应做一遍，教材内容与习题的相互配合做到心中有数，从而制订好切实可行的教学计划。教学计划应包括班级学生实际情况分析、全册教材概貌、思想品德要求、基础教学要求、教学重点和难点、提高教学质量的措施，以及教学进度和课时安排等（详见备课要求）。要求用语用词规范、准确无误。

（2）单元备课。有关学科教师在对每单元教材认真钻研的基础上备好单元课，主要包括单元教学内容、教学目标、教学重点难点、课时划分等。

（3）课时备课（教案）。各科教师要根据不同类型、不同年级的教材、不同班级的学生在熟悉钻研教材的基础上备有不同的教案。教案主要包括课题或教学内容、教学目标、教学重点、难点、关键、教具准备、教学过程、教后随笔等部分。其中教学过程一般有复习、引入、新授、巩固、练习、小结、作业的布置等常规环节，也可以在研究的基础上确立新颖环节，如自学、尝试、看书、讨论、操作、实验、演示、质疑等。

（4）复习计划。期中、期末各科教师要根据本学期教学目标和教学实际，有针对性地制订好复习计划。语、数、英学科要有详细的复习计划。复习计划一般包括本学期主要教学目标、班级学生学习达标情况、存在的主要缺陷，复习具体内容安排，教时划分，复习阶段措施等。

（5）准备充分，符合标准。

1）备课要备教材、备学生，从实际出发，不照抄参考教案。

2）教案应视不同的教学内容备有不同类型的课，如语文有讲读课、阅读课、说话课、写字课、作文指导课、作文评讲课、基础课等；数学、英语有新授课、练习课、复习课等。

3）教学目标要具体集中，符合分年级要求，切合教材和学生实际，写明知识传授、能力培养、思想教育等方面的要求。

4）重点难点分析确切，并有突出重点、突破难点的措施或方法。

5）教学过程各环节层次清楚，每一环节之间写明启示性、过渡性或归结性的语言。

6）要根据学科的特点、教材与学生的实际，选择恰当的教学方法和教学手段。动用的主要教学方法和教学手段在教案上要有所体现，重视教具、学具和现代化教学媒体的运用。

7）重视规律性知识的揭示和学法指导。

8）教学过程中的提问、例题、习题等要有准确的答案，实验要写出操作过程。

9）精心选择和设计练习，练习设计、提问设计要围绕目标有坡度，要面向全体学生，抓好两头。

10）板书设计要美观大方、语言准确精炼，英语学科的板书设计要体现一定的语义功能。教案量足，按教学进度中安排的分教时、课时数备。备课一般超前一周左右。

（6）管理得当，措施到位。

1）教学计划、单元备课、课时备课、复习计划的检查采取分级管理、分科负责的办法，由课程教学部组织人员抽查，抽查结果做好记载并反馈。其中教学计划为期初检查；复习计划为期中、期末检查；单元备课为课时备课，每学期抽查2～3次。

2）教研组建立集体备课制度和经常交流教案的制度，加强组内备课笔记的自查。

3）期末每人交一份教案或进行备课本展评。

（二）上课

1. 关注过程，提高效率

上课是整个教学工作的中心环节，要提高教学质量就必须上好课。每个教师要认真执行市教委《当前改进小学各学科课堂教学的意见》。具体要求如下。

（1）教师上课要带齐教材、教案及所需教具、仪器等，精神饱满，仪态大方。

（2）打预备铃后，教师必须到达教室门口等候上课，不得迟到。

（3）重视组织教学与学习习惯的培养，包括课堂纪律、举手发言、听课注意力、读写姿势等。

（4）坚持讲普通话，语言规范、精练、生动，语气亲切，具有启发性，条理清楚，符合逻辑，不说与课程无关或对学生不良影响的话。

（5）严格实施既定的教学目标，注意信息反馈，适时点拨，及时应变，发挥教师的主导作用。

（6）充分调动学生学习的积极性，发挥学生的主体作用，因材施教，分类指导，兼顾两头，保证练习时间，课堂教学效率高。

（7）课堂结构严密，每个环节都要紧紧围绕教学目标进行，突出重点，抓住关键，突破难点。

（8）教具选择合理，运用恰当，操作熟练规范，努力运用现代化教学设备。

2. 加强管理，注重反馈

（1）教研组建立听课评课制度。

（2）学校领导经常听随堂课，并及时反馈。

（3）学校考评小组组织教研组长、学科教师，每学期有计划地听取教师的随堂课、公开课，听课情况记入业务档案。

（4）学校根据阶段听课情况提出改进教学的要求与措施。

（5）开展各种形式的教学观摩、教学评比活动。

（三）作业

作业是课堂教学的延伸和补充，是教师了解教学目标的落实情况以及学生知识和技能掌握情况的一种重要手段，是巩固、掌握和深化课堂所学知识必不可少的手段，是培养学生综合运用知识能力的有效

途径。作业布置是"基于课程标准"的一个重要的"评价"手段，每位教师在教学过程中，应根据不同的教学目的，布置合理并多样化的作业，使学生通过体验、感知、思考、实践、讨论、合作和探究等方式更好地掌握综合运用知识的技能。为此，特制定《三灶实验小学作业布置及批改规范要求》。

1. 作业布置要求

（1）目的明确。教师要认真研读教材，明确作业布置的目标。其一要根据当天或前段时间学生的学习状况布置作业；其二要针对学习目标、学习重点和难点布置作业；其三要针对课程标准和教材要求布置有助于巩固和加深理解与拓宽知识提高学习能力的作业。

（2）导向清晰。应布置针对教学主要内容的作业，不布置非重点知识且目前阶段不需要识记或掌握的作业，以免误导学生和家长，增加学生学业负担。

（3）总量适宜。教师布置的作业量应适中，精选习题。每次作业应控制总量，题型量也应在控制范围。杜绝偏难偏怪或繁琐杂乱作业，杜绝一味布置重复性、机械性作业。课堂作业量应控制在 2/3 以上且学生能在课内当堂完成，控制课堂作业的数量，提高课堂作业的质量。午休时间教师不留书面中午作业，组织学生参加各种活动，可为少量学习有困难的学生进行补缺补差。同时应根据不同年级布置不同量的回家作业：高年级不超过 1 小时，中年级不超过 45 分钟，低年级不超过 30 分钟（根据上级规定，低年级不布置书面回家作业）。

（4）适当分层。根据每个学生的智力水平和接受能力水平，既应注重作业的全体性，又要注重作业的层次性，克服随意性，注重针对性。作业布置尽可能满足优等生更高的求知欲，减轻中等生心理压力，保证后进生按时完成作业。可布置A、B、C三级作业。具体如下。

1）A级作业。面对优秀生，他们完成基本技能训练之后，再力争完成综合性广、概括性强、灵活性大的练习。

2）B级作业。面对中等生，在他们完成基本技能训练后，再练习一般综合题。

3）C级作业。面对后进生，重点布置与教材相关的基础知识和基本技能训练，并适当减少数量，降低难度，对基本题进行强化训练。

2. 形式多样

根据各学科的学习特点，可相应布置听、说、读、写、背、默等六个方面的作业，以使得学生诸项学习技能的均衡提高和发展。同时在注重书面作业外，还应根据学习实际，布置操作、演绎、实验、搜索探寻式的作业，以体现作业布置的多形式、多内容和多要求，体现作业的趣味性。也可以根据不同学科的特点和教学内容，适当布置一些创作类作业、实践性作业、探究性作业、开放性作业和综合性作业，以此引导学生把书本上学到的知识和技能应用到实际生活中去解决问题。

3. 作业管理措施

（1）学期初课程教学部列出各科、各年级作业簿本一览表。教研组组织学习《三灶实验小学作业布置与批改要求》，结合各学科的作业布置与要求在教学中贯彻执行。

（2）每学期由课程教学部和教研组长、备课组长检查作业2~3次。各科教师按要求如期交齐任教班级学生的有关作业本（课程教学部会列出作业检查清单）；按学号叠齐，不得缺交，特殊情况须预先作说明。

（3）每学期举行1~2次校级优秀作业展评等活动。

（4）分管领导，课程教学部与教研组长、备课组长要深入班级了解作业情况，及时提高改进意见。

（四）辅导

1. 辅导形式

辅导是使教学适应学生个别差异，贯彻因材施教原则的一个重要措施，也是教学流程中一个不可缺少的环节。

辅导的目的要明确，态度要耐心，方法要因人而异，富有启发性，有利于学生知识的巩固提高与能力的培养。

在教学过程中，学习困难学生是客观存在的。针对这种客观现实，我们提出的口号是：决不放弃任何一个学生！因此，每学期初，语数英学科老师人手一份《三灶实验小学学生帮教手册》，内含学生行为习惯；学习习惯等简要分析；帮教时间、地点、内容、即时效果；一学期帮教结果；课程教学部作学期评价等项目。要求教师们在开学初尽早了解自己的学生，对学习、行为困难学生作理性的分析其落后的原因。日常教学过程中，不仅要帮助这些学生及时做好补缺补差，解决学习上的疑难问题，而且更要帮助他们解决思想问题，争取不让一个学生掉队。

2. 管理措施

（1）学期初，由学科教师（主要是语文、数学、英语）提出学困生名单，制订帮教计划，交课程教学部备案。帮教计划包括学生情况分析、帮教目标、针对性措施等。期末简要地写出辅导一个学生转化工作的成效，（包括学习态度、学习习惯、学习成绩、思想品德等）并在小组中交流。课程教学部期初列出学习困难生名单，期末统计学生转化率。

（2）统计各项竞赛得奖情况。

（五）评价与考核

1. 考核要求

考核是进行教学评价的主要手段，是对教学过程进行调节控制，掌握教学平衡的一个重要环节。

（1）考核应有计划地进行，并注意平时与集中、单项与综合、口头与笔试相结合。平时练习严格按教学计划中的预定次数完成，不随意增减。

（2）考查内容应遵照大纲要求。考题严格依据教材和年级要求，突出教学重点，做到难易适度，分量适当，形式多样。重视学生实际学习能力和动手操作能力的考查，力求使命题科学化。

（3）每次考查要及时做好成绩统计，质量分析，重视考后讲评及补缺补差工作，使学生掌握知识做到"阶段清"，同时明确改进教学的方向。

2. 管理措施

（1）教研组要开展命题研究工作。

（2）阶段测试与期中练习由教研组负责实施，课程教学部备案。

（3）期末语文、数学、英语、科学、道德与法治、社会由教研组讨论写出一份范卷交课程教学部；其他学科写出考查计划交课程教学部，内容包括学期教学目标、学生达标情况、考核内容、考核方法、评分标准及考核时间等。课程教学部对此做出定性评价。期末考试或考查均由课程教学部核准后实施。

（4）期末各科教师交一份考试或考查质量分析，并做好成绩统计工作。课程教学部对"质量分析"做出定性评价，并及时汇总统计成绩。

三、职初教师教研、科研管理制度

开展教研、科研活动可以认识和揭示教学规律，掌握和运用教学规律，正确自理教学中的矛盾和问题，找到提高教学质量的途径和方法，使教学工作不断前进，逐步提高教学质量。

每个教研组（或每个教师）每学年都要有明确的研究专题，并根据专题执教研究课。教研组期初有计划，期末有小结，活动正常，做到"六定"，即定时间、定地点、定目的、定内容、定人员、定方式。活动切实讲究实效。每个教师应积极参加每次教研活动，认真积极地完成教研组分配的任务，并按认定的专题在日常教学中悉心探索，提高教学质量，期末写出专题小结。重视积累和合理使用各种教学资料，自制教具。每个教师要有科研意识，骨干教师能主持或协助进行教科研课题的研究工作，并取得一定成果。

四、职初教师班主任工作管理制度

三灶实验小学班主任考核制度如下。

（一）班主任岗位职责

为了符合教育形势的发展和学校管理规范化的要求，为了进一步提升班主任队伍整体素质，本着"以学生发展为本"的原则，特对三灶实验小学班主任的岗位职责作如下修订完善。

1. 总体目标

班主任在学校德育部的领导下，发挥好班主任的建班育人作用，并不断加强自身的专业素养，不断提高班级管理的能力。

2. 负责做好各项班级开学工作

（1）清点、签发学生的书簿，做好教室布置。

（2）完成学生的各类收费工作（包括平时突击性收费）。

（3）做好流生苗子的动员工作及有关特殊学生的家校联系工作。

（4）填写学生各类登记表册等。

3. 负责填写《班主任工作手册》

（1）开学初填写好"学生概况、班级情况分析"等栏目，并制订好班级工作计划。

（2）平时按要求作好各项工作的记录。

（3）每学期至少完成教育随笔1篇；班团队活动教案至少4篇。

（4）期末撰写好班级工作总结。

4. 负责备好、上好德育课程

（1）每天晨会（或午会）课要专时专用。

（2）班队会课要专时专用。

（3）每学年至少一次组内德育研讨课。

5. 负责培养学生良好的习惯

（1）安排好班级的学生早读或早锻炼。

（2）做好一年级新生的眼保健操的指导工作。

（3）安排好班级值日生工作。

（4）落实好班级早操、眼保健操、午餐、午锻、放学交接、课间等非正课时段的管理要求。

（5）做好学生日常行为规范教育，用好《三灶实验小学学生一日行规"三字歌"》。

6. 负责创建良好的班风班貌

（1）指导学生按时出好每月一期的黑板报和学习园地。

（2）做好学生行为规范的评比工作，及时填写《学生行规、红领巾争章评比表》，每月一次评比、展示学生行为规范"真我少年"。

（3）指导学生开展"十分钟队会""雏鹰假日小队"等活动。

（4）指导小辅导员开展友谊班活动（指四、五年级）。

（5）开展"红领巾争章"活动，指导学生使用并记载好《争章手册》。

7. 负责培养学生干部的能力

（1）每月至少进行1次班队干部培训或会议，开展班队干部岗位竞选活动，在《班主任工作手册》做好记录。

（2）落实本班"行规督查员"，并做好班级行规督查的辅导工作。

（3）配合大队部组建"国旗护卫队""行为规范督查队"等学生队伍的推荐、选拔、组建工作。

8. 负责后进生转化帮教工作

（1）耐心做好行偏生、学困生的个别教育，并作好记录。

（2）开展班内学生结对帮扶工作，并做好帮教记录。

（3）对心理特殊生进行疏导帮助，并做好心理辅导记录。

9. 负责做好家校联系工作

（1）做好学生家长的电话联系或上门家访工作。

（2）组织并协同任课老师召开好班级家长会。

（3）做好学校家委会委员代表推荐和班级家委会组织引导工作，组织、指导好学生、家长开展文明博客活动。

（4）配合学校向家长做好有关的宣传教育工作。

（5）做好对班级特殊（贫困、重病）学生的上门探望与慰问工作。

10. 负责做好学生的安全教育

（1）有序组织好学生社会实践、观看影剧、体育竞赛、大扫除等集体活动，活动前必须对学生进行相关的安全教育。

（2）活动中加强管理、尽心尽责，及时处理偶发事件。

（3）执行《校园防范杜绝伤害事故发生的若干规定》《学生饮食卫生工作职责》《三灶实验小学突发公共事件专项应急预案》等条例中的班主任职责。

（4）了解、掌握班内特异体质、特殊心理的学生情况，期初向卫生室专职教师上报，向相关学科教师作好通报说明，保持与家长的沟通联系，同时注意必要的隐私保密。

（5）一旦班内学生发生意外伤害事故，班主任主动协同有关老师及时处理，有必要的必须及时送医，并当天上门家访，及时作好与家长的沟通协调，对整个过程做好妥善处理，并做好有关的情况记录说明。

11. 支持并协调班内学科教学工作

（1）关注班内各科教育教学日常秩序，及时上报异常情况，必要时做到及时补位。

（2）支持各科教师正常开展课堂教学，确保教学专时专用，学生专课专学。

（3）协调好班内语文、数学、英语三科作业量，并对各科教师培优、补差工作做好协调。

（4）支持并输送学生参加学校组织的各类兴趣组、社团、运动队的集训、参赛等活动。

（5）在班级集体教育、集体活动中邀请相关学科教师参与并协调好相应任务。

12. 负责做好学生的素质评价

（1）填写好《学生学籍卡》。

（2）撰写学生品德评语。

（3）填写《学生成长手册》，并组织学生进行素质评价"自评、互评"工作。

13. 负责做好寒暑假各项工作

（1）进行假期安全、行规、法制等教育。

（2）组织学生的返校日活动。

（3）指导学生完成假期作业和组织有关假期集体活动等。

（4）乐意接受学校安排的"假期社区辅导员"工作（含夏、冬令营活动的组织辅导）。

（5）做好假期有关活动资料的收集、上交工作。

14. 其他

完成学校布置的其他突击任务。

（二）班主任综合考核

每学期学校对班主任进行综合考核，考核优秀、良好者作相应的奖励，考核"不合格"者予以警示，连续两次考核"不合格"者作"停聘班主任"处理。

五、三级带教机制

（一）导师带教

学校遵循青年教师的成长规律，根据对青年的诊断，制定青年教

第七章
职初教师校本化培养的运行机制

师培养方案，为青年教师选择责任心强、功底扎实、乐于奉献的校内骨干教师作为导师，与青年教师结成对子，签署带教协议。师徒分别填写相关手册，明确导师职责，共同制定培养计划。青年教师应虚心好学，跟班听课；导师则应发挥示范引领作用，在业务上指导青年教师，随机推门听课，指导汇报课、展示课，深入青年教师的课堂，课后与青年教师共同探讨教学得失，指导教学五常规工作技能等，使青年教师站在较高的起点上从事教育教学工作。

职初教师教案修改前后对比示例分别如图 7-2 和图 7-3 所示。

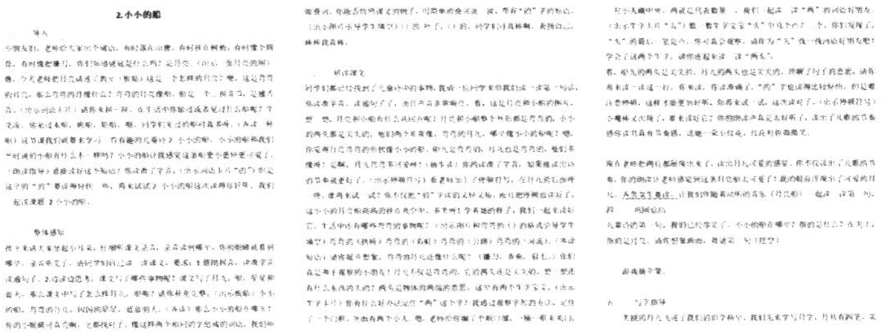

修改前

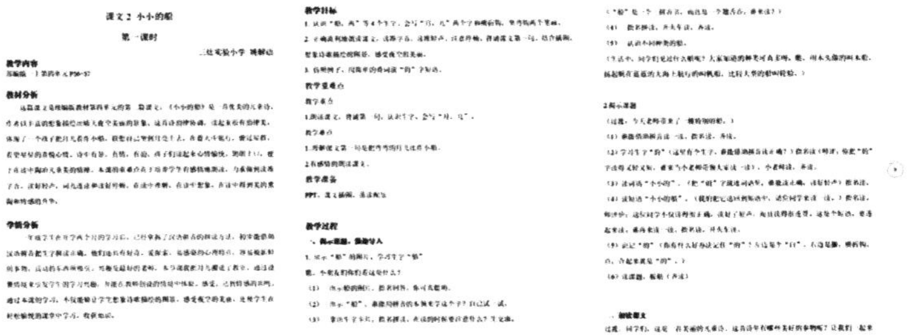

修改后

图 7-2　职初教师教案修改前后对比（语文）

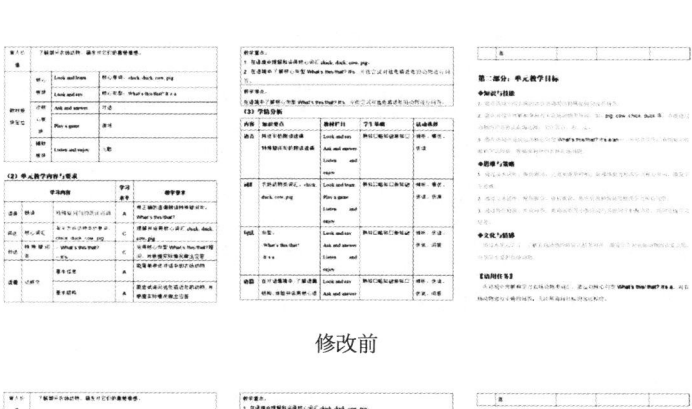

修改前

修改后

图 7-3　职初教师教案修改前后对比（英语）

（二）团队共研

校本化的教研不仅是一种教师的专业发展活动，也是一种经验的理论提升过程，更是立足于团队共同成长。团队按纵向划分为各学科教研组团队（细化到备课组），横向划分为各年级组团队，还包括班主任团队等。各团队按计划开展专项教研，一起观课、评课、磨课，组织学习理论知识、撰写反思及感悟，开展交流、研讨等，形成共同学习、共同成长的氛围，教师可以博采众长、兼收并蓄，提升自己的教育教学能力。

（三）专家引领

学校为青年教师的成长搭建专家指导平台，如图 7-4 所示。每学期聘请专家开展听评课活动、教师发展专业讲座、教育教学能力理论培训，区级专家指导公开课、带教优秀青年教师，选择青年教师参与专家工作坊等，以此充分发挥专家的辐射带动作用，青年教师在此平台上得到了专业的把脉和指导，在互相学习和交流中快速成长。

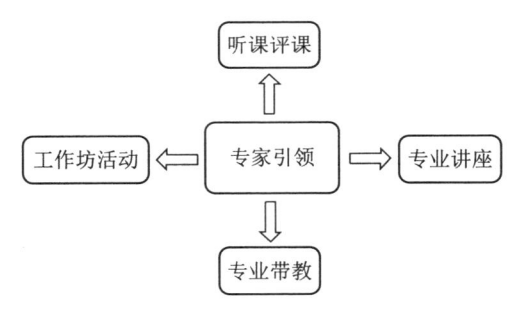

图 7-4　青年教师培养的专家指导平台

六、分层培养机制

按职初初期、职初中期、职初后期的教师类型进行分层培养，如图 7-5 所示。从实际出发，选择走多条路径的方式来培养不同的教师，

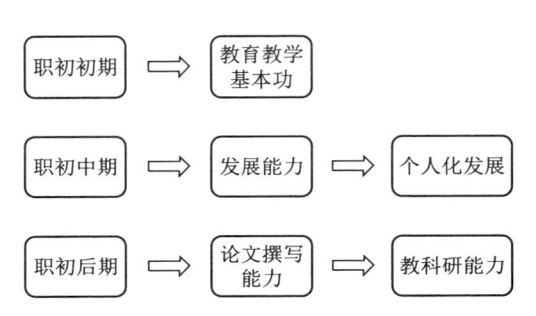

图 7-5　青年教师的分层培养机制

对于职初初期教师侧重于教育教学的基本功能力培养,创造平台,鼓励青年教师展示自我,激励初期教师迅速成长;对于职初中期教师侧重于帮助他们发挥无限潜能,提供更多进修、学习交流的机会,能够充分展示自己的才能和技能专业能力的提升,提高设计拓展课、探究课的能力,鼓励个性化发展;对于职初后期的教师则侧重于论文撰写能力和教科研能力的培养,鼓励参与专业化培训和学校的课题研究,挖掘他们潜在的能力。

第三节
增强青年教师内在发展动力的激励机制

有效的激励机制是青年教师健康成长的保障。根据本校的实际情况,以目标的达成情况为考评的重要依据,学期末对照目标达成情况,由教师进行自我评定,目的是要让青年教师不断自我矫正、自我完善。在此基础上,学校成立评价领导小组,以过程性评价与终结性评价相结合的方式,分析教学成果、师德修养、教学展示、教科研情况等方面对目标达成度进行量化评价,并实施分层奖励。最终建立一套以证明激励为主导,注重精神激励,以物质奖励为辅的青年教师专业发展的培养机制。

三灶实验小学第三届"真我教师"评优方案(试行稿)

一、指导思想

新时代对广大教师落实立德树人根本任务提出新的更高要求,根据教育部印发的《新时代中小学教师职业行为十项准则（2018年修订）》和浦东新区教育局《关于进一步做好师德师风建设工作的通知》（浦教人〔2020〕10号）等要求，为进一步增强我校教师的责任感、使命感、荣誉感，规范教师职业行为，明确师德底线，树立一批弘扬崇高师德风范的先进教师典型，引导广大教师坚定理想信念、厚植爱国情怀、涵养高尚师德，以为党育人、为国育才的优异成绩庆祝中国共产党百年华诞，特制订《三灶实验小学2021年度"真我教师"评选方案》。

二、评优对象

全体在编教职员工。

三、评优称号

（1）三灶实验小学"真我教师"之——师德标兵。

（2）三灶实验小学"真我教师"之——优秀班主任。

（3）三灶实验小学"真我教师"之——教学骨干。

四、评优条件

（1）符合《三灶实验小学教师形象标准》所提出的"正义形象、文明形象、乐观形象、诚信形象、亲和形象、协作形象、奉献形象、进取形象、创新形象、廉洁形象"等具体形象标准要求。

（2）在学校争创文明校园工作中以身作则，表现突出。

（3）在疫情防控等校园安全工作中忠于职守、敢于担当、勇于奉献，表现突出。

（4）符合三灶实验小学"真我教师"——师德标兵、优秀班主任、教学骨干评优条件。

五、评优名额

三灶实验小学"真我教师"名额定为 10 名,具体分配为师德标兵 2 名、优秀班主任 3 名、教学骨干 5 名。

六、评优程序

(一)第一阶段(3—5 月)

(1)成立三灶实验小学评优工作领导小组和工作小组。其中领导小组组长唐忠华、施洪青,组员顾英;工作小组组长顾英,组员范文俊、汤熠然、顾逸群、杨心怡、杨晓婧、董依丽、孙怡、胡晓燕。

(2)讨论、修订"评优方案"与"各类评优条件"。

(3)召开教师座谈会,征求评优意见。

(二)第二阶段(6 月)

(1)向教师公示"评优方案"与"评优条件"。

(2)以年级组为单位在全校范围内开展推荐,并填写推荐表。

(3)线上向学生、家长宣传并发送推荐表,动员学生、家长积极推荐学年度心目中三灶实验小学"真我教师"。

(4)评优工作小组在个人推荐、学生及学生家长推荐的基础上,注重实绩、尊重民意、兼顾年段学科,讨论、审议推荐人选。

(5)评优领导小组讨论决定最终人选。

(6)公示。

(三)第三阶段(9 月)

(1)"真我教师"事迹介绍并进行表彰。

(2)总结、归档。

七、表彰与奖励

（1）被评为三灶实验小学"真我教师"的对象，学校将在教师节予以表彰，颁发证书并给予一定奖励，其事迹将给予宣传报道。

（2）若三灶实验小学"真我教师"同时又被评为区、镇其他荣誉称号，则奖金就高不就低，不再重复享受。

注：区、镇各级各类先进个人原则上在三灶实验小学"真我教师"的10人中推送。

八、三灶实验小学"真我教师"义务

（1）每学年一次课堂教学风采展示（班主任上主题教育课或班会课）。

（2）承担校级公开课，为备课组说课。

（3）每学期至少组织一次单元教材分析。

（4）一学年至少有一篇教学经验（或班级管理经验）总结文章。

（5）勇挑重担，服从学校安排。

九、工作要求

（1）加强组织领导，精心组织，科学谋划，确保取得实效。

（2）坚持公平公正原则，接受群众监督，得到社会认同。

（3）坚持以师德表现、工作实绩与贡献作为衡量标准。

十、其他

其他未尽事宜，由评优领导小组和工作小组集体讨论裁定。

思想上引导青年教师爱岗敬业，树立正确的人生观、价值观，促进青年教师主动发展。充分认识教学工作是教师的本职，做好教学工作是教师的天职。入职之初先求站稳讲台，做一名称职的、合格的教师，再不断加强教学能力的培养、教师道德的修养，善于从其他教师身上学习先进的教学方法与经验，分析自己教学上的不足，在分析、比较和尝试中，掌握更好的教学方法，明白自己努力的方向，并逐步形成自己独具特色的教学风格。激励青年教师教学相长，积极促进教学能力的提升。

第八章
职初教师校本化培养的评价

第一节
职初教师校本化培养评价的基本理念与思考

一、建立职初教师的积极心理

职初教师在第一年成为教师时首先要建立积极的教育教学心态，就是一份积极的教育积极心理，助力年轻教师可持续的心理建设和理念。积极心理学倡导心理学的积极取向，研究的重点是"职初教师"的积极心理品质，关注"职初教师"的健康、幸福与和谐发展。可见，积极心理学是一门探究使个体生命更有价值和更有意义的实践心理学，旨在关注人的积极力量和幸福，而作为教师更需要保持这份积极心理来影响教育教学工作。

积极心理学涉及的主题包括积极的主观体验，如幸福、感激、成就等；积极的个人特质，如个性力量、天分、兴趣等；积极的机构，包括家庭、学校、社区等。积极心理学的幸福观和积极自我理论在促进教师发展，包括维护教师的自尊，提升教师的效能感、教师自我评价和自我调节等方面具有一定的指导作用和现实意义。

二、突出职初教师的"自我实现"论

自我实现即"成为你自己"，它具有两层含义，即完满人性的实现（友爱、合作、求知、审美、创造等）和个人潜能的自我实现。自我实现理论来自马斯洛提出的自我实现心理学，它的核心观点是需求层次论（Need Hierarchy Theory），包括基本需求（又称缺失性需要）和成长需求（生长性需要）。马斯洛需要层次理论模型如图 8-1 所示。

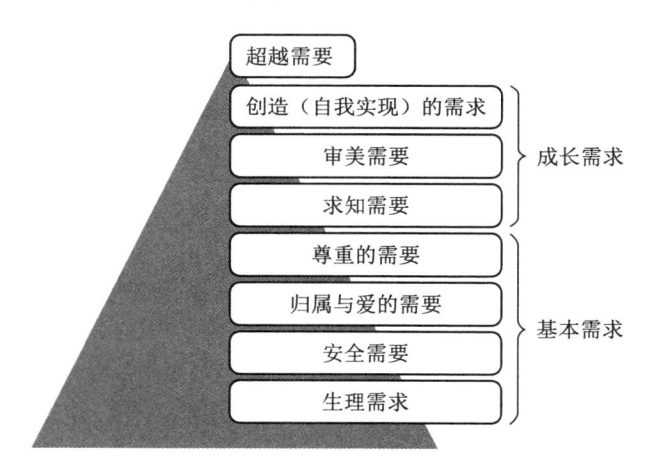

图 8-1 马斯洛需要层次理论模型

三、倡导职初教师的自主发展论

这一部分主要参阅、借鉴的是金美福提出的"教师自主发展论"。该理论围绕"教师自主发展的发生原理"这一核心问题，对古今中外教师发展现象案例的相关资料加以分析，使这一理论获得基本的事实依据，并使理论研究直面现实，由此提出建构基于事实的教师自主发展论。

首先，在职初教师评价中，教师自主发展始于提升自我的认知意识。职初教师不仅要认识到自我角色和认知在教师评价中的重要性，还应意识到自己在评价中享有的基本权利和履行的义务。职初教师的自我意识还体现在与他者的合作过程与关怀关系中，即相互的自主性。相互自主性是在给予合作者关怀的基础上形成的，它对教师自身提出更高的要求，即教师须提升自己的责任意识，包括对学校领导、同事和学生等多方评价人员以及学校发展的负责。

其次，提升自我意识是职初教师自主发展的基础和前提，而职初教师自主发展的关键在于提升教师的自主性。由于教师的职业生活是教师整个人生的重要组成部分，因此教师的自主性主要表现为教学自主性，侧重教师内在的自主。教师的教学自主性通常包括教师的教学表现、教师的自我反思与自评等方面，主要通过教师的教、学与科研三者之间的互动关系体现出来。因此，职初教师教学自主性的提升是增强教师评价效果的关键要素。

再次，职初教师自主发展的终极目标是对"自我实现"的追寻。一是指教师须秉持自我超越的理念，从基于功利主义的"生存型"教师过渡到超功利的"发展型"教师，在满足自身基本需要的前提下，努力实现自我完善、服务他人与社会的目标；二是指教师应勇于自我创新，主要体现在职初教师对教育理念、教学知识和教学方法与技术等专业层面的创造和革新。职初教师教育观念的更新和教育智慧的体现是教师自我创新的前提。职初教师的职责不只是传递知识，而是创造知识、化知为智。职初教师的自主发展是一种自我超越,是一种精神层面的升华。当职初教师实现自我超越和创新之时,就会享受人生"高峰体验",即瞬时感受到的豁达、完美的体验。它是马斯洛自我实现心理学的一个重要概念,是自我实现者的重要特征和途径。

综上所述,对于教师的自主发展而言,教师的自我(认知、合作)意识是前提、自我表现(自主性发挥)是关键、自我实现(自我超越和创新)是终极目标,这三个要素处于循环发展的互动模式,彼此之间相互制约、互相影响。教师自主发展循环模式如图8-2所示。

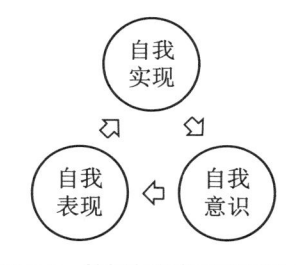

图 8-2 教师自主发展循环模式

第二节
职初教师校本化培养评价的评价框架与方式

一、评价导向

(一)执爱怀真——教师的育德标准

我校秉承"执爱怀真"的校风,对教师的评价导向也遵循这一原则。教育根植于爱,执爱即爱岗与爱生。

1. 爱岗敬业，夯实业务

教师是道德的引路人，是品行的示范者，强烈的敬业意识和忠诚自己本职工作的事业心应当放于首位。爱岗敬业既是人民教师应遵循的最基本的道德要求，也是社会主义师德体系的灵魂。教师，必须忠诚和献身于人民的教育事业，把自己的全部心血和精力融入教育教学，用自己的激情与能力育好一代又一代的新人，为教育事业的辉煌奉献自己的一切，把学校教育工作的发展、国家教育事业的兴旺和自己命运紧密联系在一起，兢兢业业，勤于奉献，默默地耕耘在三尺讲台之上。

爱岗敬业同样要求刻苦钻研业务。能具有扎实的语言素养，认真研究教学目标、教学内容、教学方法、教学策略等。能自主对教材进行较灵活的处理，有自己的教学思路，能够运用现代信息技术，并灵活有效地为教学服务，充分备课，内容完整；认真上课，提高效率；合理布置多样化作业，注重反馈；耐心辅导，因人而异，富有启发性，有利于学生知识的巩固提高与能力的培养。

此外，教师要不断地充实自己，提高自己，才能跟上时代的步伐。积极争取参加各级、各类教研、观摩等活动，虚心向他人学习，不断提高教学水平，积累实践经验，在业务上精益求精。职初教师每学期听课至少20节，并做好详实的分析与记录。平时经常阅读有关教育教学的报刊，掌握教育信息；每学期至少读一本教育理论方面的书籍，提高自身的理论素养；同时要博览群书，不断增长与更新知识，开阔眼界。

职初教师，应当孜孜不倦的学习，积极进取，开辟新教法，并且要做到严谨治学，诲人不倦、精益求精。

2. 热爱学生，真情育人

教学中无论是知识的掌握，还是品德的培养，都同学生的情感体验相联系。"师爱"就是开启学生心灵的钥匙，是通往学生内心世界的桥梁。教师，精心教学，潜心育人，要把所有的爱献给学生，用师爱铸就崇高的师魂。当教师对学生怀有赤诚之心，内心阳光，心中装满学生，满怀热情地去爱我们的学生，学生能通过自己的观察和体验看出教师的善意和对自己真诚爱护时，便会产生对教师的亲近感，就会敞开自己的心扉，乐意听从教师的教诲。

师爱是尊重、关爱每一位学生。每一位学生都渴望得到老师的理解和尊重。我们要与学生平等相待，不给自己的学生划等级，要把爱的种子撒向每个学生，给予他们学习上、生活上无微不至的关怀与支持。作为学生，可能期望课堂上被提问，可能他做出的一点小小的努力都希望得到老师的认可，可能他的忧愁希望被老师察觉，可能他的过失需要被老师包容……教师的爱就是能够看见学生的期待与渴望，困惑与迷思，失落与哀伤。多询问学习的困难，耐心地讲解难题，给予学习建议和方法，多沟通交流，了解学生心中所想，在点滴小事中寄予老师对他们的深切关爱，让学生时刻感受到师爱的存在。

师爱是耐心、鼓励每一位学生。在教学过程中，教师应施以学生爱的教育，只有有了爱，学困生、行偏生也能良好转化。他们更加需要教师的理解与关心，教师应耐心、细致地跟他们沟通、交流，用爱点亮他们的心灯。在生活中，教师应主动了解每一个学生的性格特点，争取得到与学生之间良好沟通的机会；应信任每一个学生，对其充满爱的期待；应对学生严格要求，并施之以爱的教育。上课时，提一些简单的问题让他们答一答，增强他们的自信心；下课了，拍一拍他们的肩膀、整一整他们的衣领，让他们感受到老师的关爱；生日时，在班上组织学生给他们唱一首生日歌，让他们感受到老师并没有对他们另眼相看，拉近与他们的距离。

"师爱"在实践中的表现就是晓之以理，动之以情，导之以行，持之以恒，以爱动其心，以严导其行，以情育人。师爱是师德的核心，也是教育的一种责任。教师，应以爱为底色，做有温度的教育。以高尚的人格、渊博的学识、博大无私的爱去感染学生，成为学生心中的楷模。

（二）欣赏鼓励——教师的成长需求

教师专业成长的根本动力来自教师内心的自我需要。个体的自我实现是一种心理上的超越性需求，需要在人性关爱的基础上得到更多的积极赏识。在教师评价中，评价者对教师积极力量的欣赏，包括教师的积极心理、真我品质和教师的职业幸福感、教师专业能力的欣赏。

在教师评价中，评价者尤其要关注教师的态度、情感与认知，激发教师的积极力量和潜能，赏识教师的个性与教学特色。职初教师处于教师生涯发展的初始阶段，不仅处于所学理论知识向教学实践经验的过渡时期，同时面临个人角色、校园环境以及人际关系等不同方面的转变。对学科知识的彻悟，教学语言的建立，教学设计与教法运用缺乏经验，业务和心理上均表现出不成熟的特征，例如，自身缺乏足够的信心和教学灵活性，容易职业敏感，但又过于依赖学校权威，因而从经验型教师处获取教育教学的方法是提升业务能力的有效途径。当教师在评价者的引导、鼓励和关爱中获得基本需求时，产生愉悦感和幸福感，职初教师通过自身努力去追求知、美等更高层次的成长需要的可能性就会增加，有助于教师挖掘自身潜能、弥补自身短板、早日形成自己的教学风格。职初教师是一个具有广阔发展空间的队伍，是需要得到校方的专业支持与帮助、渴求更多认可与关爱的特殊群体，他们在乎自己的工作能力是否得到他人的认可和赏识，并努力通过别人的评价来调整自己的教育教学行为，以便更好地融入教研组的大家庭中。当他人的公正评价被理解和接受时，他们就会内化为自我意识，并且产生能够进行自我调节和激励的心理动力。因此，在教师评价中，评价者应该给予新教师更多的关爱，缓解新教师内心的矛盾与冲突，用客观公正但激励性评价语言，以激发新教师的潜能和信心，最大限度地发挥自身的教学自主性，努力寻求自主发展。

此外，评价还关注教师的各类特长的培训和发展，学校定期积极组织各类校内的特长技能培训、比赛，拓展青年教师的个性发展，提高教师的生活乐趣和职业幸福感，努力培养职初教师成为一名业务精湛、锐意进取、厚积薄发的人民教师。

二、评价方式

职初教师评价体系如图 8-3 所示。

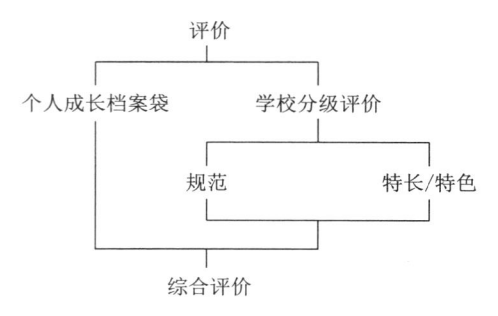

图 8-3 职初教师评价体系

（一）建立职初教师的个人成长档案袋

学校建立职初教师专业心理发展的成长档案，收集职初教师心理路向培养目标、职初教师基本情况、职初教师发展规划，收集过程性原始材料，通过对五年内职初教师的教育活动记录、教学活动记录、专业发展成果和工作小结，对职初教师完成系统的记录与评价，并贯穿于教师专业发展的全过程。每学年一个轮回，进行总结和反馈调整，每学年在自我评价和相对评价的基础上，展开基于事实的客观评价。具体评价如下。

职初教师的自我评价

以学年为单位，引导职初教师展开目标参照评价。职初教师对于自己的现状进行自我分析，分别有优势评价和劣势评价，其中包含了师德修养、专业能力、育德能力、专业能力等，教师的对照自己计划的发展目标，进行达成度评价。

（1）结合学校的相关考评制度，作团队相对评价。建立学校职初教师的管理制度和达标要求（合格教师、真我教师等）及评价；教研组内进行同伴互评，评价双方都要以真诚的态度参与评价。正向的评价能有利于促进评价对象培养自我意识，能促进评价的双方培养健全人格品质和提高交流合作能力。评价者要对他人的学习能力乃至表现作出符合客观实际的分析，不能用有色眼镜看人；被评价者也要虚心听取别人的意见，认清长处，正视不足。评价者要提出有价值的看法和建议，必须在平时的学习生活中关心学生，多方留意他人的日常表现。对被评价者的师德修养、育德能力、专业能力等方面进行检验，以平等、差异、互补的评价模式，在此过程中，取长补短，共同

进步。

学校根据教师专业发展评价内容、评价标准及评价方式的需要，也会构建起一个满足评价需要、赢得教师认同的考评小组，完成科学民主、公平公正公开的学校评价。教师专业发展评价结果的能激发教师专业发展的动力，调动教师专业发展的积极性，并确保教师专业发展评价的可持续性。

教师校内评价依托自我、同伴、学校三级对教师进行浸润式分析，但教育无法脱离于家校之间的联系，每学期使用问卷星进行每一位教师的全员导师制（育人能力）和班级任课教师（教学能力）满意度调查，完成由教师及家长、学生对职初教师做出综合性、完整性评价。

（2）进行职初教师专业心理发展的成长档案袋评价。建立职初教师专业心理发展的成长档案，收集过程性原始材料，每学年作为自我评价和相对评价的基础，完成每学年的目标及评定表，包括师德修养、"三笔字"基本功、教学展示、教学成绩、教学成绩、课题研究、论文发表或获奖等，以教师所取得的各项显性成果展开基于事实的客观评价。

（二）学校分级评价

1. 建立职初教师"规范"评价体系

（1）建立职初教师五项常规管理工作评价。教学流程包括备课、上课、作业布置与批改、辅导与听评课。根据上级有关要求，从我校实际出发，提出教学流程各环节的具体要求与评价方式。

① 备课。备课是上好课的前提和保证，是提高教学质量的关键环节，结合学校、学科和学生实际，精心编写每堂课的教案，要求用

语用词规范、准确无误。认真理解和掌握课程标准和教材要求，结合本校的学生实际和教学实际，按学期制定切实可行的教学计划和进度，开学一周内交教导处，此计划由教研组长安排人员负责，年级科目组成员讨论完成。备课有学期备课（即教学计划）、单元备课和课时备课（即教案）、复习计划等。采用备课本备课的教师必须将其中所有环节填写完整，备课内容应充分体现教与学的主要过程。提倡集体备课，5年以上教龄教师可采用电子备课，但不得照搬，必须根据本班学生的实际情况修改，不得用课件代替教案。不同的课型都得有备课教案。规定一课时一案。不管采取何种形式备课，必须留有课后反思。反思的书写形式可根据不同的备课方式确定，可在相应栏目中反映，可另外附注，字数不少于30字。此外，每学期进行多种形式的备课检查，如组内互查、定期检查、抽查等，并及时填写备课检查表，见表8-1。

表8-1 三灶实验小学____学年第____学期备课检查记载

教师	学科	班级	应备数	实备数	教学进度表	教学计划	单元计划	板书（次数）	随笔（次数）	其他说明	得分-10

检查者_____ ___年___月___日

② 上课。上课是整个教学工作的中心环节,要提高教学质量就必须上好课。教师需关注过程,提高效率,认真组织教学,严肃课堂纪律。上课要精神饱满,自觉践行新课改理念,教师要大胆尝试新教学方法的运用。在课堂教学中要努力掌握现代化教学技术,熟练使用多媒体教学手段,提高教学效率。教师要精心选择习题,举一反三。每节新授课必须有适量时间训练,消化、巩固所学知识,强化双基训练。教师必须当堂对学生的训练进行选择性讲评,做到有练必评,对发现的共性、个性问题及时讲解。此外,教研组建立听课评课制度。学校领导经常听随堂课,并及时反馈。学校考评小组组织教研组组长、学科教师,每学期有计划地听取教师的随堂课、公开课,并将听课情况记入业务档案。学校根据阶段听课情况提出改进教学的要求与措施,并开展各种形式的教学观摩、教学评比活动。

③ 作业布置与批改。作业是课堂教学的延伸和补充,是教师了解教学目标的落实情况以及学生知识和技能掌握情况的一种重要手段,是巩固、掌握和深化课堂所学知识必不可少的手段,是培养学生综合运用知识能力的有效途径。作业布置时,教师要认真研读教材,明确作业布置的目标。根据当天或前段时间学生的学习状况、学习目标、学习重点和难点布置、针对课程标准和教材要求布置。做到导向清晰、总量适宜、适当分层。作业批改时,要求做到正确、严格、及时、规范和统一。批语用词确切,语言规范,以正面鼓励为主;作业的书写格式、使用符号、解题过程等,都应按规范严格要求;及时批阅作业,对不符合作业规范的,要及时纠正;批改作业一律用红笔,等第可自行选择(如百分制、打星、评优制等);教研组要统一作业批改方式,

规范批改符号，批改有日期。

对于作业质量和批改情况的检查，期初课程教学部列出各科、各年级作业簿本一览表。教研组组织学习《三灶实验小学作业布置与批改要求》，结合各学科的作业布置与要求在教学中贯彻执行。教导处定时、不定时检查学生作业本；各科教师按要求如期交齐任教班级学生的有关作业本，每学期由教导处和教研组长、备课组长检查作业2~3次，并及时填写好作业检查记载表，见表8-2。

表8-2 三灶实验小学____学年第____学期作业检查记载

教师	学科	班级	作业种类	作业量	作业日期	格式规范	学生书写	批改符号	批改日期	学生订正	得分（10分）

检查者_____　　____年____月____日

④ 辅导。辅导是使教学适应学生个别差异，贯彻因材施教原则的一个重要措施，也是教学流程中一个不可缺少的环节。辅导的目的要明确，态度要耐心，方法要因人而异，富有启发性，有利于学生知识的巩固提高与能力的培养。要求教师们在开学初尽早了解自己的学生，对学习、行为困难学生（简称"学困生"）理性地分析其落后的原因。日常教学过程中，不仅要帮助这些学生及时做好补缺补差，解决学习上的疑难问题，而且更要帮助他们解决思想问题，争取不让一个学生掉队。贯彻"因材施教"原则，加强对不同层次学生的辅导，积极参加"培优补差"工作，积极关心学困生。认真填写帮教手册，制定培

优补差辅导计划，明确辅导任务，抓实辅导过程，确保辅导效果，要有过程，有记录，有实效。学期初，由学科教师（主要是语、数、英）提出学困生名单，制订帮教计划，交课程教学部备案。帮教计划包括学生情况分析、帮教目标、针对性措施等。期末简要地写出辅导一个学生转化工作的成效，（包括学习态度、学习习惯、学习成绩、思想品德等）并在小组中交流。学校教导处将会每月定期检查《帮教手册》。

⑤ 听评课。学校为教师提供了很多听评课的平台，比如教研组内听评课活动、专家指导听评课以及区级听评课活动等。教研组内要求教师间互相听课、评课，并有认真的听课记录。课程教学部、德育活动部成员每学期听课至少 25 节；教研、备课组组长每学期听课至少 15 节；教师每学期听课至少 10 节；工作未满 3 年的新教师，每学期听课至少 20 节，并要求每位教师做好详实的分析与记录，见表 8-3。

表 8-3 教师听课笔记检查记载

教师	学科	听课节数（包括具体学科及节数）	听课记录（详或略）	意见或建议	总结评价	教研员等评价记录	得分（10 分）

检查者_____　　____年___月___日

新教师要虚心向有经验的教师学习，不断提高教学水平，积累实践经验。每位教师在业务上要精益求精。各组师徒结对教师要严格按照学校规章制度积极开展师徒带教活动。专家指导听评课内容丰富，鼓励教师跨学科多听课、多学习，为各个老师提供了发展的空间。学校还会组织教师进行区级听评课，由教研组组长带领，备课组组长组织组内教师一同观看，并在观看完后进行探讨与总结，学校也会对教师一学期的听评课做出相应评价。

（2）建立职初教师"全员导师制"的评价。我校还建立了职初教师"全员导师制"的评价，成立全员育人导师制实施领导小组，全面负责全员育人导师制工作的领导、实施、评估工作。学校教导处和各个年级组负责全员育人导师制工作实施的日常工作，做到领导到位、分工到位、责任到位。我校全体教师以及年级家委会成员组成导师团。每班安排2~3名导师：班主任、学科教师或家委会委员，以1∶15左右的比例固定辅导的学生。由学校领导小组统筹、协助相关工作。

教师要结合"全员育人导师制工作手册"，记录育人导师工作过程和实效，内容包括受导学生基本情况和总体情况分析，导师每学期工作重点、具体工作方法和措施，师生交流记录，育人工作推进情况和效果等。同时，在对学生进行综合素质评价时加入育人导师的意见建议。完善教师教书育人"一岗双责"考核制度，将教师承担育人导师和学科德育情况纳入考核项目，在学期考核时既考查教师的教学工作，又考查其育人工作。评价考核内容包括每周至少一次与受导学生（重点关注学生）面对面沟通交流；每月参与一次学情会商活动（由班主任根据实际情况灵活组织）；每学期至少一次与每位受导学生家长联络沟通（面谈或电话、网络联系等皆可；重点关注学生须上门家访）；按时完成《全员育人导师制工作手册》记载工作。三灶实验小学全员育人导师工作记录见表8-4。

表 8-4　三灶实验小学全员育人导师工作记录

学号		姓名		性别	
学生基本情况	（学生个性特征、身心状况、行为习惯、兴趣爱好、学习成绩等）					
家访记录	时间：_____　地点：_____　接待人：_____ 家访形式：上门家访（　）　面谈（　）　线上联系（　）　其他（　） 家访内容及成效：				
谈心记录	时间：_____　地点：_____ 谈心内容及成效：				
^	时间：_____　地点：_____ 谈心内容及成效：				
日常辅导记录	时间		辅导内容		辅导成效
^					
^					

2. 建立职初教师"特色与特长"评价体系

（1）学校"真我教师"评价评选。在学校里，榜样的力量是无限的，对于年轻教师多的新学校，如何积极调动青年教师的教育热情和教育信仰，在每学年进行教师间互相的评价与表彰是十分重要的。学校根据自己学校的特色与规划，为进一步增强我校教师的责任感、使命感、荣誉感，规范教师职业行为，明确师德底线，树立一批弘扬崇高师德风范的先进教师典型，引导广大教师坚定理想信念、厚植爱国情怀、涵养高尚师德，学校特制订《三灶实验小学"真我教师"评选方案》。并根据每一年进行调整，结合了学校的特色出发建立三灶实验小学"真我教师"形象标准，让职初教师在评价过程中激励自己往真我教师标准路上不断努力。

我校"真我教师"的评选建立详细的评价标准，从师德、师风、教育等十个方面罗列了形象标准，进一步驱动教师向十项标准前行和努力。其中三灶实验小学"真我教师"名额定为 10 名，具体分配为师德标兵 2 名、优秀班主任 3 名、教学骨干 5 名。制定了详细的评选要求《三灶实验小学"真我教师"——师德标兵评优条件（试行稿）》《三灶实验小学"真我教师"——优秀班主任评优条件（试行稿）》《三灶实验小学"真我教师"——教学骨干评优条件（试行稿）》。三灶实验小学"真我教师"形象标准（试行稿）见表 8-5。

表 8-5 三灶实验小学"真我教师"形象标准（试行稿）

序号	形象	标准	具 体 内 容
1	正义形象	爱国守法 一身正气	1. 忠于祖国，忠于人民，恪守宪法原则，依法履行教师职责； 2. 有真情，懂感恩，弘扬真善美，传播正能量
2	文明形象	仪态端庄 为人师表	1. 衣着得体，语言规范，举止文明； 2. 坚持高尚情操，知荣明耻，严于律己，以身作则
3	乐观形象	身心健康 积极乐观	1. 有良好的生活习惯，具备良好的心理素质和健康的体魄； 2. 为人正直，心态积极，心胸宽广，阳光开朗，豁达大气
4	诚信形象	教人求真 诚信立教	1. 教学生学真本领，养真道德，说真话，办真事，追求真理，做真人； 2. 遵纪守规，真诚待人，言行一致，实事求是，诚实信用
5	亲和形象	尊重家长 关爱学生	1. 真诚热情平等对待每位家长，经常主动与家长联系沟通； 2. 关心爱护全体学生身心健康，尊重学生人格，保护学生安全，平等公正对待学生，对学生严慈相济，做学生的良师益友

(续表)

序号	形象	标准	具 体 内 容
6	协作形象	团结协作 合力拼搏	1. 关心集体，尊重同事，互帮互学，团结协作，有大局意识； 2. 具有团结共进、拼搏奉献、求真务实、开拓创新的团队合作精神
7	奉献形象	爱岗敬业 无私奉献	1. 对工作高度负责，认真备课上课，认真批改作业，认真辅导学生； 2. 淡泊名利，静心教书，潜心育人，不计较个人得失，有大局意识，乐于奉献
8	进取形象	严谨笃学 精益求精	1. 树立终身学习理念，虚心好问，专心好学，综合素养高； 2. 潜心钻研业务，勤于反思总结，不断提高专业素养和教育教学水平
9	创新形象	科研兴教 勇于创新	1. 积极投身课改，科研兴教，开拓创新，成效显著； 2. 勇于探索创新，与时俱进，具有中国情怀、国际意识和未来意识
10	廉洁形象	廉洁从教 廉洁奉公	1. 不利用教师岗位之便谋取私利，不到社会办学机构兼职兼课或搞有偿家教，清廉自守； 2. 清明正直，作风正派，廉洁奉公

在评选过程中，每一位教师、家长、学生都参与其中。评选共有三个阶段，做到公平、公正、公开，让职初教师在工作初期的5年时间里充分感受到"教师"这份职业的荣誉感和成就感。第一阶段，成立三灶实验小学评优工作领导小组和工作小组；讨论、修订"评优方案"与"各类评优条件"；召开教师座谈会，征求评优意见。第二阶段，向教师公示"评优方案"与"评优条件"；以年级组为单位在全校范围内开展推荐，并填写推荐表；线上向学生、家长宣传并发送推荐表，动员学生、家长积极推荐学年度心目中三灶实验小学"真我教师"；评优工作小组在个人推荐、学生及学生家长推荐的基础上，注重实绩、尊重民意、兼顾年段学科，讨论、审议推荐人选；评优领导

小组讨论决定最终人选；公示。第三阶段，"真我教师"事迹介绍并进行表彰；总结、归档。在评选过程中，充分听取教师群众的民声民意，用不记名的问卷形式进行勾选，评选出所有教师心中最符合形象标准的"真我教师"。除此之外，结合利用问卷星形式调查家长心目中的优秀教师，重视家校社多方面的投票结果。评优工作小组共同研究商讨，结合综上的票选结果，进行一学年一度的"真我教师"评选及表彰。

真我教师也同样承担着引领职初教师的榜样示范作用，每学年一次课堂教学风采展示（班主任上主题教育课或班会课）；承担校级公开课，为备课组说课；每学期至少组织一次单元教材分析；一学年至少有一篇教学经验（或班级管理经验）总结文章；勇挑重担，服从学校安排。

（2）学校"新风好事"评价评选。除了对于职初教师教育教学的全方面的评价外，我们还注重教师的师德师风的培养与评价。给予年轻教师一个正确的观念指引，让职初教师稳固高尚的教育信仰，学会同事之间的互帮互助，提高他们的高尚道德观。进一步加强我校精神文明建设，表彰先进、树立典型，充分展示我校师生践行社会主义核心价值观的精神风貌，我校每学年举办三灶实验小学"新风好人好事"评选活动，旨在充分挖掘我校师生在和谐校园、文明创建、志愿者工作的感人事迹、典型事例，增强好人好事的影响力和感召力，激发全体师生为校增光添彩的光荣感和使命感，在全校营造"当好人、做好事"的良好氛围。

评价方式主要是由年级组组长负责，协商推荐教师个人或集体事迹各1~2件（集体不以年级组为单位上报，但可以办公室、班级为单位上报，也可以在教研组层面发生，但要避免上报事迹的重复），通过年级组组长、办公室负责人一同推荐，通过真实实例来进行评选与评比，从"团队合作"方面鼓励并宣扬优秀的教师团体。对于职初教师来说，学会与同事合作，与身边的教师共同教学相长，是十分有意义的。

（3）学校工会特色比赛的评价评选。学校结合已有研究成果与学校职初教师发展的实际需求，将职初教师专业心理发展的校本化系统培养的个性特长培养并给予评价机制以及学校创建的具有特色的评价鼓励。学校组织开展党史故事演讲比赛，组织"我骄傲，我是三实小的一员"主题演讲活动，通过演讲比赛锻炼教师的语言表达能力，更将党的伟大精神渗透青年教师思想的方方面面。学校工会积极开展各项特色活动，注重教师的各类特长的培训和评价，组织了专家书法讲座、心理主题讲座、法律知识讲座、花艺培训、甜品制作培训以及厨神大比拼等等，在教学工作之余，让青年教师在个人兴趣培养、生活劳动等各方面都进行了培养和鼓励评价。

三、评价过程

如何评价教师，直接影响教师工作绩效的肯定。对教师的评价，关键在于如何确立正确的评价标准，因为有什么样的评价标准，就会发生什么样的结果，它将对今后的工作形成导向，而要解决这一问题，首先，必须端正地方教育行政机关和学校领导干部的指导思想；其次要从教师的劳动特点出发，坚持全面评价的观点，既要看教学的效果，也要看工作的表现，还要看其本身的素质。只有这样，才可能对教师做出比较全面而又客观的评价。

(一)对职初教师应具备的基本素质的评价

教师素质是教师做好教学,教育工作的基础和条件,是一种长期起作用,并能决定今后发展方向的潜在因素。缺乏这种素质,就不可能顺利完成教育教学任务,所以评价教师必须评价其素质。那么一名教师应具备哪些素质呢?

1. 具有广博的知识

教师是培养人才的人才,其主要任务就是向学生传授知识,并在传授知识的过程中发展他们的智力,形成一定的思想品德,教师工作的这种特殊性就要求教师必须有广博的知识。我校不仅会对全体教师进行培训,还有一系列学科性的、班主任讲座、法律讲座等拓展教师的知识。

2. 具有强烈的事业心和责任感

事业心和责任感是一个人做好工作的思想基础,教师工作是一项复杂艰巨而又见效慢的事业,这就需要比其他工作有更强烈的事业心和责任感。

3. 具有较高教育理论水平

教育理论是教育工作者应有的专业知识,没有教育理论知识,不懂教育规律,就不可能自觉而有效地搞好教学工作。

4. 具有适应教育、教学工作需要的智能结构

智能结构是做好某一项工作所需要的智力和能力的完整组合,教师的智能结构是指教学工作所必需的智力和能力的完整组合。缺乏应有的智能结构是目前许多中小学教师素质的主要问题。就是说,有许多教师不是知识不够,而是缺乏教师应有的智能。

5. 具有高度的政治觉悟和高尚的道德品质

教师担负着为社会主义建设培养人才的重任，所以，不仅要有搞好教学工作的本领，还要有高度的政治觉悟和共产主义道德品质。我校经常组织全体教师进行思想政治学习。

（二）对职初教师绩效的评价

教学是学校里的一项最主要的工作，是培养人才，实现教育目的的基本途径。学校要提高教育质量，首先就要提高教学质量，要提高教学质量，就必须对教学提出一定的质量要求，而对教学是否达到一定质量要求的判断就是教学评价。教学评价是以教学目标为依据的，所以明确教学目标是教学评价的前提。教学评价是对学生能力和学习成就上的变化作出正确的估价，也是对教师教授能力和教授效果作出估价。既要重视教学工作的总结性评价，更重视形成性评价。在评价方法上要注意定性与定量相结合。在评价过程中更要注重教学过程，不能仅将考试成绩作为尺度来衡量整个教学质量，避免出现"高分低能"的现象。教师工作的绩效，主要反映在两个方面：一是完成教学工作量多少；二是教学效果的好坏。

（三）对职初教师工作评价要点

1. 全面考核的观点

对教师的评价，应该从教师的工作特点和教师担负的任务出发，进行全面的分析，既要看其所具有的素质，也要看其工作过程的质量，还要看其教学的效果；既要看优秀学生的发展状况，也要看到大面积中等生的提高，还要看少数差等生的转化。总之，只有全面考核，才能实事求是地、正确地评价教师。

2. 动态考核的观点

在教师评价中，不仅要看教师当前政治业务素质，教学水平和教学效果，还要看其原有的基础和发展的趋势，只要在原有的基础上有进步，有成绩，就应该给予肯定。对学生也一样，绝不能用静态的观点评价动态的过程。静态分析与动态评价相结合，平时考核与年终考核相结合，才是应该坚持的观点。

3. 上下结合的观点

对教师的评价不能单靠几个领导或某个部门的反映，因为那样难免出现局限性和片面性，而应该采取上下结合的方法，在对教师进行听课、检查、考核、分析的基础上，还要广泛征求广大教师，特别是教师，所在的教研组人员的意见。另外，还要听取学生的意见。只有这样才更能正确地评价教师。

第三节
职初教师校本化培养评价的评价实施建议

一、增强职初教师评价体系的合理性

（一）树立正确的评价导向

教师评价政策的制定涉及多个利益相关者的立场。政策制定者、学校领导与学生家长往往希望通过教师评价监测教师质量，以提升学生成绩，促进学校发展。职初教师则希望通过教师评价促进自己的专业发展，提升自己的专业能力。显然，教师评价政策的制定与实

施就是多方利益相关者之间较量与博弈的过程。由于不同利益相关者各自的立场与视角不同，致使职初教师评价政策的制定很难达成共识。

第一年的见习教师会在浦东新区规范化培训中，在见习基地带教导师和聘任学校的带教导师的督促和评价下，不断成长并收获相对公平公正且全面的评价。在第二年之后正式成为在编教师，会产生一定松懈性，需要聘任学校持续跟踪进行带教、听评课以及专业化培训，做到可持续性培养计划，做到年年定评，让职初教师自己有一定的自我反思和提升。

（二）确保教师评价的公平性

公平性要求教师评价立足对教师的整个工作期望的评价，而不是仅对职初教师任务的某一方面进行测评。这是因为整个教学工作是复杂的，是相互关联的，很难根据学生成就测评教师是否成功。这反映出目前中小学教师评价存在的主要问题：学生的考试成绩会受多种复杂因素的影响，因此仅仅将学生考试成绩作为评价教师的核心数据，并依据此对教师进行判断和比较，这对于教师是不公平的。因此，基于学生成绩的教师评价很有可能歪曲教师的实践，即使有利于学生获得更好的成绩，但却会以牺牲学生的兴趣为代价。那么，对于学生而言，这样的教师评价同样是不公平的。

职初教师他们作为年轻的一代，对于职场而言还显得青涩和懵懂，更讲究对于他们工作评价的公平性，学校工作不单单是完成优质的教学，还有师德、师风、育人等多方面的工作表现。要采用个人评价、同伴评价和学校评价等多方位的综合评价，尽可能实现公平公正。

二、完善教师评价体系的政策保障

（一）制定专门性的中小学教师评价政策

我国中小学教师评价多是包含在其他教师资格认定、职称评定和教师奖励等相关政策中，只是作为一个基本的实施环节和步骤，相对缺少对评价者、评价方法和工具、评价程序与操作步骤、评价反馈与监督等方面的整体性、系统性的规定性文件。我国中小学教师评价更多依附于教师绩效工资以及教师职务评定等相关政策，其自身并未受到足够的重视。显然，我国当下教师评价改革面临的主要问题是，如何发挥教师评价应有的作用。

我校利用每个月的考核制度，从班主任考核、教研组考核、文明组室考核、师德师风专项考核等方面进行考核，成绩交给人事处进行综合考评，纳入每个月的薪酬中。具体考评内容、方式等需要在学校教师代表会上进行表决。并得到大多数教师的认同，让教师充分意识到自己能从评价中获益。在教师评价政策实施之前，允许并鼓励教师群体对其进行公开讨论。在学校评价方案制定过程中，制定者允许教师参与，并与教师充分协商，前提是制定合理的参与、协商机制。学校领导应充分考虑本校特点，保证评价实施的灵活性和针对性；重视教师的自我评价和课堂听课形式，在此基础上满足教师个人的发展需求。

（二）修订职初教师绩效工资与职称评定政策

教师评价、教师职称评定以及绩效工资政策的实施对象是一线教师，因此，相关部门的政策制定者应该对现有政策的实施效果进行反思，并调查一线教师的主观感受和实际需求，将按劳分配与按需分配

的原则相结合，对教师职称评定、绩效工资等相关政策进行改善。具体措施如下。

首先，促进教师评价与职称评定、绩效工资制度三者之间的良性互动。将教师评价结果的用途相分离，量化考核结果用于对教师的绩效排名、工资发放和人事管理，满足教师基本的物质需求；质性评价用于促进教师发展，提升教师质量，与教师的职称评定挂钩。如此，才能保证教师评价发挥教师问责和教师发展的双向功能。一方面，教师问责与绩效工资相关联，涉及全体教师的工资任务和职责；另一方面，教师发展主要与职称评定相关联，激励追求自主发展的教师。

其次，应在遵循按劳分配的原则基础上对现有的绩效工资政策进行改善。义务教育学校教师绩效工资政策的主要目的是，通过对教师工作量、工作成绩等具体方面的考核，保证教师既能按劳所得、多劳多得，又能体现教师待遇的差异性，实现对教师的奖惩和管理。因此应"依法保证教师平均工资水平不低于或者高于国家公务员的平均工资水平，并逐步提高、落实教师的绩效工资"。

再次，职称评定政策的制定主要遵循按需分配的原则，鼓励有专业发展意愿的教师和自主发展意识较强的教师，奖励在专业发展方面取得显著成绩的教师，具体的奖励包括职称获得以及相应的物质待遇。教师职称评定政策主要用于提升教师的专业水平，增强教师职业的专业认可度，满足教师的成长需求。因此，教师职称评定政策要避免与所有教师的工资待遇相关联，而应采用激励政策，奖励专业发展方面取得成绩的教师。

(三) 多元评价建立职初教师的评价共同体

本校优质理念的教师评价体系对评价者提出新的要求和挑战，并赋予这一角色新的内容：评价者要从控制者的角色转变成合作者；不是调查者，而是担当教与学的角色；是积极的参与者；不再是被动的观察者，而应转变为"变化媒介"的角色。在学校教师评价实施环节，评价者的合适人选与评价形式的多样化是两个关键的要素。

学校从教师视角出发采用评价共同体和同心圆评价模式。其中，评价共同体主要由教师、学生、学校领导、校内同事和校外专家等利益相关者组成，同心圆评价模式主要包括小组式"他评"和教师"自评"两种形式。学校在每个学期进行各个类别的问卷调查，被调查的人群包括了全员导师制的教师、任课执教老师以及行政管理教师，让家长、学生、同事共同评分。网上问卷星调查问卷，可以直观、真实、清晰了解到每一个被调查人的真实评分，也能让学校了解职初教师每个阶段、每个学期、每个板块的表现情况。在疫情期间，教师在线上为学生进行认真的教学工作，学校也特地利用问卷星的问卷调查形式，让每一位家长发表自己的真实感受，调查了家长们的真实评价。

三、营造学校实施教师评价的良好环境

（一）发挥校长为主的团队对职初教师评价的积极影响

校长也是一个体，其自身因素会影响对另一个体的认识与判断。我校的施校长是一个非常有能力的学科专家，也是一个有丰富经验的管理者。校长对教师的各种评价会产生积极或者负面的影响，主要表现在两个方面，校长的管理风格对教师情感的影响，以及校长的施政取向对教师发展的制约。校长在教师评价中的作用能否发挥得当，不

仅受到校长个人因素的影响，还会涉及来自外部环境的影响。学校领导会不同程度地受到各种张力的挑战，包括来自教师自主性、教师对表现性评价体系保密程度的信任，教师对评价系统外部甚或学校内部管理人员进行汇报的要求。校长面临的这一紧张局势体现在教师问责制与教师专业发展之间、教师个人与学校组织挑战之间。

教师需要从校长处获取权威性的保障；需要在其他方面得到校长的帮助，包括需要校长保护自己远离家长的威胁与干扰，当他们犯了不可避免的错误时，需要得到学校体制的原谅；教师需要参与到复杂的学校生活中，并且没有感到被边缘化；教师希望评价者由专家而不是技术人员担任，等等。

具体而言，校长可以采取"走动管理"策略，不时到各教室走动、听课，通过与师生接触，获得有关课堂教学评价的第一手材料。同时，这一形式能帮助校长及时获知教师的认知与需求，这有利于校长与教师形成相互信任的关系。需要注意的是，"走动管理"方式并不能完全取代其他评价方法，仅仅起到辅助和督导的作用，不然也会招致教师的不满。当然，对于校长而言，不仅要顾及教师个人的需求，还应从学校发展的高度思考，如何将教师个人需求与学校发展相融合，从而克服两者潜在的矛盾与分歧。

（二）形成以校长为团队的欣赏型的评价风格

以校长为主导的评价者应该更新观念，从欣赏的角度评价教师的工作表现。校长应将自己的关注领域与教师个人发展相结合，在尊重教师个人兴趣的基础上，采取不同的形式发掘教师的潜能。这是因为增强教师评价效果和促进教师发展的动力来源主要是教师本人。有效的教师评价可以让教师得到权威性保证，这可以使教师持续、努力地工作。

具体而言，校长在监测走访和自由访谈中，应给教师提供更多的积极性评价。而且，校长要注意有区别地评价教师，比如，面对表现良好的教师，应给予明确、肯定的评论，并将其表现介绍给其他教师。此外，校长应该鼓励教师展示自己的"真实性"，即做真实的自己，而不总是强调"教师"固有的角色，等等。

校长与教师的良好关系依赖于校长的灵活、合理、充满关怀的管理模式。实际上，校长与教师的相互关系不只是两个个体之间的关系，更代表两种职业角色之间的互动。可见，这种新型的管理模式有赖于教师与校长之间建立良好的合作关系。

（三）打造良好的家校合作文化的评价氛围

学校文化包含各方的对话、讨论和分享观点。良好的家校合作文化是学校共同体文化的一个组成部分，有赖于学校领导、教师、学生及其家长之间的相互理解、关怀。对于学校领导而言，要关注教师的认知，这对于教师的日常表现有极大的影响；教师一定要感到，在教育过程中，自己是真正的合作者，应为学校政策和决策的制定建言献策；家长也应感到，在学校决策形成和强化学校文化过程中，家长也是其中的成员之一。

校方应该重视家长在学校文化建设中的重要作用，主动邀请家长参与学校的建设，并重视家长提出的问题与建议。通常，家长被视为局外人，只是为参与集体活动"装饰门面"。如果学校努力扩大服务范围，那么家长不能被视为外人，需要参与到学校教育的具体环节。

学校良好文化的形成是主体之间相互理解、共同努力的结果，而不是一方被动地"认识"另一方。对于我们学校而言，为加强家校合作，教师需要勇于面对困难，尤其是年轻的家长存在的诸多问题。教师要给予家长与自己进行分享观点和忧虑的机会。尊重和信任是所有良好关系建立的前提条件。教师不只是在学生"闯祸"时"邀约"家长，还要向家长及时传达正面的信息，同家长一起分享好消息。显然，对于家长而言，收到好消息远比遭到批评感到轻松。因此，充满温暖、关怀的家校合作应该成为学校文化不可缺少的部分。

第九章
职初教师校本化培养的成效

第一节
提升了教师的教育教学专业技能

遵循职初教师专业心理发展的基本规律（心理路向），制定一系列系统、合理的培养目标，形成并且实施一整套校本化系统培养的措施，就能使职初教师的专业心理得到更快、更好、更全面的发展，继而为每一位职初教师成为优秀教师打下扎实的专业心理基础。

一、提高了教师教学能力
（一）具有现代化教育观念以及扎实的基本功

职初初期的教师普遍缺乏先进的教育观念和教学经验，对学科知识的整体把握不够精准。缺乏专业领域的研究，还不能体现有个人特色的教学风格。论文撰写能力有待提高。缺少研究课题的经验，论文撰写能力有待优化。经过课题引领，开展校本培训后，职初教师大都朝着规范教师发展,夯实教学基本功,教师专业技术得到全面提升,成为优秀的二级教师,比如能在区级层面获奖、成功执教区级公开课、被评为校级真我教师等。我校教师在浦东新区教学基本功跟踪考评获奖情况见表 9-1。

表 9-1 我校教师在浦东新区教学基本功跟踪考评获奖情况

浦东新区教学基本功跟踪考评	等第	人数
2019 年	—	—
2020 年	—	—
2021 年	一等奖	1
	二等奖	1
	三等奖	1
2022 年	一等奖	—
	二等奖	1
	三等奖	2

(二)具有良好的教学设计及课堂组织能力

教学设计是根据课程标准的要求和教学对象的特点,将教学诸要素有序安排,确定合适的教学方案的设想和计划。我们尊重学生的主体地位,一定是要结合实际学情进行教学设计,不能一味地"拿来主义"。教师对所教学科的知识的概括能力以及对所教学生的心理特点和所使用的教学策略的理解能力十分重要,良好的教学设计不光能提高教师的教学认知能力,还能更有针对性地开展教学,做到因材施教。教师积极参与校内外各级各类"教学比武"、积极参与集体备课和教学研讨、聆听专家讲座,切实提升自己的教学能力和教学水平,在各类比赛中取得了佳绩。我校区级公开课情况见表 9-2。

表 9-2 我校区级公开课情况

区级公开课	节数	评价等第
2019 年	2	优
2020 年	7	优
2021 年	15	优
2022 年	11	优

（三）具有独立设计作业的能力

作业是课堂的延伸。"双减"背景下如何科学、合理地布置作业，既要避免不必要的机械重复，又要达到巩固课堂所学的效果，是每一位教师都要思考的重要问题。教师应根据学生的不同学情和学习能力，对不同层次的学生布置不同层次的作业，为不同的学生创设不同的作业空间；还应根据学科及学生年龄特点，积极探索多样化的作业形式，让每个学生得到最大程度的课后巩固。

在教研组的引领下，通过一至五年级语文、数学、英语学科校本化作业的设计与实践，真正落实"减负增效"。教师严格落实"双减"政策，明确教学重难点，确定单元作业目标和属性，有针对性地布置作业；同时关注学生的整体发展和个体差异，实施分层作业，做到因材施教。我校初步构建三灶实验小学校本作业体系，并申报区级课题"双减视域下小学单元作业设计与实施的研究"，助推教师专业化发展。

（四）具有针对学生个别培优辅差的能力

课堂教学是面向全体学生的，教师在确定教学内容和教学策略时所依据的也是全班综合学情。但是由于各种先天或环境因素影响，学生的学习能力和学习水平是不一样的。我们不以刻板的"一刀切"要求所有学生，而是希望每一位学生都能得到最大的进步，这就需要教

师针对个别学生进行培优辅差工作，包括但不限于进行分层教学、布置分层作业等，这样做有利于充分调动所有同学的学习积极性，创建良好的学习氛围，让教学工作进入良性循环。教师充分考虑学生实际情况展开教学，进行分层教学的设计与实施，布置分层作业；鼓励学生结对互助形成学习共同体，营造良好的学习氛围；辅导学生在各级学科类竞赛中获奖，让学生学有所成、学有所得。

线上教学期间，引导教师加强对学生的线上培优辅差工作，及时做好学生线上培优辅差工作，通过开设钉钉学习小组、微视频错题讲解、一对一辅导等方式做好部分学生的帮教工作。及时填写好《全员导师制手册》，促使每位学生在原有基础上有所提高。

二、提高了教师具有科研的能力

要使自己在专业道路上不断成长，还应该走教学与科研相结合的道路，努力使自己成为"研究型"教师。面对发展的时代，面对变化的学生，我们必须时刻更新教育理念，研究教育方法，研究教育教学中的实际问题，才能提高自身素养，提高工作效率。教师针对自己的教学实际中碰到的问题、总结的经验方法，结合积累的理论知识，积极撰写论文。例如，胡晓燕老师在2021年上海市《新教育论坛》上发表了市级论文《关注兴趣培养，提高低年级学生数学学习的专注力》，多名教师在各级各类论文评比中获得优异成绩。

在理清思路、筛选统整的基础上，课题"职初教师专业心理发展的校本化系统培养循证研究"已进入结题梳理阶段，分组撰写结题板块内容，锻炼了教师科研能力。同时，申报了区级课题"双减视域下小学单元作业设计与实施的研究"，多名教师参与课题，助推教师专业化发展。我校论文获奖或发表情况（区级以上）见表 9-3。

表 9-3　我校论文获奖或发表情况（区级以上）

论文获奖或发表	等第/发表	人数
2019 年	发表	2
2020 年	发表	5
2021 年	一等奖	1
	二等奖	3
	三等奖	2
	发表	4
2022 年	一等奖	—
	二等奖	4
	三等奖	9
	发表	18

三、提高了教师德育能力

（一）具有了解学生与开展心理辅导能力

职初初期教师对于学生的心理状态大多处于"感受到异常，但是不知道如何去了解、解决"的状态。在课题的引领和"全员导师制"的育人环境下，培育着"人人都是德育工作者"的观念，带动全体教师认真履行教书育人职责，将"传道"与"授业解惑"统一起来，关爱每个学生的健康成长。教师们逐渐掌握了及时发现学生心理异常动态的方法，学会了用谈心谈话、共同实践等方式打开学生内心，释放学生压力，助力学生心理健康发展。

（二）具有班级的组织领导能力

建班育人能力是班主任需要掌握的基本能力，职初初期班主任对班级仅有保证安全、培养习惯的意识，不明确班级特色和发展目标，

班级成长按部就班。在课题的引领下，教师开始有全面、长远的规划，尝试打造"班级品牌"，构建特色班级、温馨教室。在让小干部管理班级的同时，引导学生树立班级主人翁意识，将每一位学生纳入班级管理工作中来；鼓励学生积极参与校内外各级活动和比赛，激发学生的集体荣誉感和竞争意识。

（三）具有集体活动的设计能力

活动作为育人的必要手段，有意义、有目的的活动不仅可以增长学生的见识，也可以让教育目的渗透，达到事半功倍的效果。职初初期教师面对班级集体的开展，只停留在学校统一布置或被动开展，不具备活动育人的能力。在学校课题和学校劳动教育等课程的引领下，教师们会自发地组织班级活动，带学生参与劳动体验、志愿服务、阅读活动等，不仅可以有组织、有目的地设计活动，更能有规划、有特色地开展活动。

（四）具有德育方法的运用和协调能力

因材施教是每位教育工作者矢志不渝的追求，学生的成长有参差，那么教师的育人手段也要有针对性。职初初期教师对于班级中的学困生、行为习惯不太好的学生采用批评或者指责的教育方式去引导，往往让事态更加严重。随着课题的推进，教师们懂得了从学生身上汲取闪光点，用发展的眼光看待每一个孩子、用合适的方法解决不同的问题，真正做到了因材施教。

（五）具有家教指导的能力

家校沟通是教育的纽带，是家校共同育人的必要条件。职初初期教师对于家校沟通一般比较被动，或者反映学生问题的情况比较多，经常向家长提出学生的问题,但没有提供解决的思路。在课题的学习引领系,教师能保持家校有效、友好交流,同时在反映问题时,及时提出共育要求并得到家长理解与配合,也能适当指导学生的家庭教育,将家校教育合力尽可能发挥到最大,让学生得到更全面的发展。

(六)具有教育评价的能力

评价是对学生各类表现和阶段学习成果的一个总体回顾,教师要学会说话的艺术,挖掘学生的闪光点,并合理提出改进之处,帮助学生成长。通过教师培训,各学科教师能客观公正地对学生表现做出评价,在对学生的表现进行评价的同时给出指导意见或提出进一步的要求,让学生了解自身情况的同时激发学生的学习动力,帮助他们进一步成长。

四、促进教师个性特长发展

(一)具有专业上积极拓展、勇于创新的能力

经过3~5年全方位的学校共性培养,再结合有针对性的个性支持计划,最终每位老师都能收获自己的成长,进而初步形成独特的教学风格,教师具有专业上积极拓展、勇于创新的能力。

(二)具有兴趣上乐于探索、主动学习的能力

教师不光要在专业上积极进取,还要在兴趣上乐于探索。教师要有终身学习的能力,要注重对自我兴趣的培养,熟练掌握某个专业领域的特长,特别是与本学科相关的兴趣特长,这样不仅有利于整合多种资源,提升课堂果效,还能以自身的热爱感染学生,达到教育的目的。教师利用兴趣上乐于探索、主动学习的能力开展社团兴趣课、线上云课堂等培养学生全面发展。我校教师任教各类社团兴趣课情况见表9-4。

表 9-4　我校教师任教各类社团兴趣课情况

年份	数量	兴 趣 课 种 类
2019 年	19	合唱、舞蹈、主持、儿童画、硬笔书法等
2020 年	26	金融理财、武术、折纸、数独、健美操、七巧板、街舞、古诗文鉴赏、软笔书法等
2021 年	30	沪剧、口风琴、课本剧演绎、创意手工、魔方思维、播音主持、篮球、人工编程、写生、奥数等
2022 年	35	趣味黏土、旱地冰球、非洲鼓、象棋、泥塑、乒乓球、儿童文学、影视配音等

（三）具有艺术上自觉参与、传播热爱的能力

教师自觉参与各类艺术文体活动，提升个人素养，培养自己独特的气质，进而形成独属于自己的教学风格。疫情期间，多名教师的优秀绘画作品入围了宣桥镇书画作品展示活动。

第二节
赢得良好社会声誉

一、教师成长感言

努力生长，绽放理想

三灶实验小学　朱婷佳

时光流逝，岁月如梭。我们时常感叹时间流逝得非常快，好像昨天我还坐在教室内听着老师们传授知识，一眨眼我已经站在讲台上传授知识给我的学生们了。

初为老师的时候，站在讲台上，我的内心是忐忑不安的。虽然在

第九章
职初教师校本化培养的成效

课前做了许许多多的准备，甚至看着镜子一遍遍练习明天上课的内容，但真正站在讲台上的那一刻，我能感受到自己说话的声音都在颤抖。开学一个多月，学校里组织了家校开放日，那是我第一次展示给家长们听，我的心中充满了不确定，不知道家长们会不会满意我的课堂，不知道孩子们能不能在课堂上完美表现。在家校开放日前，我们年级的语文教研组忙得热火朝天，大家聚在一起选课试教，修改教案，制作PPT，一遍又一遍。我的师傅曹燕老师，一个字一个字地帮我修改教案，对我倾囊相授。在此之中，我感受到了满满同事之间的爱，一个人走一条陌生的路心中不免充满了彷徨，但是一群人走同样一条路，心中却充满着底气。不管前方未知的是什么，只要有人陪着你一起走，你就会变得更加勇敢。

在初为老师的时候，我关注更多的是自己，不管孩子回答的是什么，我只管推进自己的上课流程，所以导致孩子们在做题的时候，许多内容其实我在课堂上都是说过的，然而孩子却像没上过这堂课一般。那个时候，我总以为是我讲得不够透彻，所以孩子们不理解，甚至觉得是孩子们上课听得不够认真。学校为了帮助我们这些青年教师迅速成长，给予了我们许多听评课的机会，让我们多多聆听优秀的课堂（教学案例），从而找出自己课堂中的不足之处。慢慢地，在潜移默化中，我的课堂（教学方法）发生了改变。我的心态也有了很大的变化，我让孩子们成为了课堂的主人，让他们多说多练多表达。我真正明白了老师的含义，明白了"师者，传道授业解惑也"。课堂不是老师表演的舞台，而是孩子们的舞台，我们要竭尽自己的全力教授每个孩子知识和做人的道理。

工作的第二年暑假，我收到了来自校长的一通微信电话，说是区里有一个关于心理的讲座，询问我是否有兴趣参加。我十分高兴地表示希望参加，在学校的支持下能够有一个这么优秀的平台让我进行学习，不断完善自己，我觉得非常幸运。我的心中充满了对未知事物的好奇。

当我聆听了老师们的讲座后，我内心对这一领域的求知欲越来越强。我更加认识到当前心理健康教育的重要以及紧迫，我也收获了许多心理健康教育的理论知识和一些基本的咨询方法。我深刻地认识到心理健康教育是一门科学，也是一门艺术，必须两者兼备才能尽善尽美。同时，也感受到如果我能了解小学生的心理，那么对于我班主任工作的开展是有利的。我体会到了家长的家庭教育对于一个孩子的影响是颇深的。老师有的时候，是孩子和父母间的桥梁。

我想成为那座桥梁，我想成为被孩子们信任的朋友。自此之后，每次区里有心理的活动，我总会第一时间报名参加。在这一次次的活动中，我不仅学习到了许多和心理相关的知识，还学会了一些和孩子聊天的方式，如叙事疗法、沙盘推演等。

去年5月份是我们学校第一次申报心理健康教育活动月优秀组织奖。一开始当我得知，要举办心理活动月时，我的心中不免忐忑不安，我觉得自己的能力还是不够的，而且从未接触过这样大型的活动，我是胆怯的，我害怕做不好，辜负了校长的信任。但是校长却鼓励我，如果不会做可以多去问问，相信自己。

就这样，摸石头过河一般，我一边询问其他学校之前是如何举办的，一边根据自己学校的学情，确定了心理月的主题，并且围绕着展开了一系列的活动。所幸一个月的努力没有白费,我们学校成功申报了优秀组织奖。当拿到那张沉甸甸的证书的时候,我的心激动之余,更多的是对此次活动的反思。我观摩了华高小学的心理活动月的展示,看到了自己与专职心理老师间的差距和不足。我明白我必须不断地充实自己,课余时间我会阅读一些和心理相关的书本和知识,但纸上学来终觉浅,有些专业的内容还是需要专业的老师进行讲解。

今年暑假,区里下发了报考中级心理咨询师的培训班(通知),我迫不及待地向校长提出了申请,幸运的是我成功入选成为了培训班的一名学员。希望在一年后,我能用学到的更多的知识去帮助我的孩子们。

作为一名职初教师,路漫漫其修远兮,吾将上下而求索。三实小给了我成为一名教师的机会,让我把心中的理想在三实小的舞台上尽情绽放。我无比珍惜学校给予我的每一次机会、每一个讲座、每一次开会,它都是我成长的一部分。

踏浪前行 青春飞扬

三灶实验小学 曹 燕

光阴似箭,日月如梭,时间如白驹过隙。2019年,这是我与三灶实验小学相遇的第一年。也正是在这一年,我结识了很多新领导、新同事,遇到了一群可爱的孩子们。最值得庆幸的是我遇到了我教学生涯中的贵人——陆耀芳老师,是她手把手教我设计教案,让我从最初的普通教师成长为如今可以独当一面的年轻教师。

那一年,陆老师成为了我的师傅,平时对我的课堂进行跟踪考评,给我提出缺点和不足，并帮助我努力改正。记得陆老师第一次来听课，我即使做好了心理建设，依旧摆脱不了紧张、焦虑的心情。但当时，素未谋面的陆老师对我说"放心大胆地上吧，没问题的"，并附上了一个甜甜的微笑。那个笑容深深打动了我，犹如一股暖流涌入心田，使焦虑一扫而空，我自信地站上讲台，成功地完成了本节课的讲授。听课、评课、总结是师徒结对的一种基本活动形式，这也成为了我向陆老师学习过程中最为直接的一种方式。我感到师徒结对就像一条无形的纽带连接在我与师傅之间，使我在无形之中增加了与陆老师交流和学习的机会。陆老师在教学方面也会时常提点我，让我的教学水平有了很大的提高。

也正是在这一年里，我得到了上区级公开课的宝贵机会。刚刚得知消息时，我欢呼雀跃，内心激动不止。但随之而来的又是焦虑不安，怕自己不能把握住这次机会，完成不好此次任务。不过每次试教前，陆老师都对我说那句话，"放心大胆地上吧，没问题的"，这仿佛就是我的一颗定心丸，每次听到这句话我都能平复心情。在陆老师的耐心指导和帮助下，我反复试教，一次次修改教案、制作课件，终于顺利完成了我人生中第一节重要的公开课。磨课过程中的艰辛和结束讲课时的如释重负，现在仍历历在目。也是这段难忘的经历让我褪去了原本的青涩和稚嫩，一下子成长起来了。

时间一晃到了2020年，突如其来的新冠疫情打乱了原本的教学计划。面对全新的授课方式，老师们一筹莫展。为了响应市教委"停课不停学"的号召，陆老师立即成立了一年级中心组，而我有幸成为了其中一员。我加入了"字词复习与巩固"小组。在这个小组中，我

第九章
职初教师校本化培养的成效

再一次深刻感受到了人外有人、天外有天。为了让孩子们能够牢固掌握生字词，我和小组老师共同探讨讲课内容，确定每篇课文选择一个生字进行巩固和拓展。方向制定好后，该如何落实并呈现呢？作为组内最年轻的老师，我很茫然。就在这时，组内一位经验丰富的老教师身先士卒，提供了一份示范视频。这份视频画面丰富灵动，内容丰富有趣，符合一年级学生特点。这也让我在感慨之余，意识到了自身的不足。于是，我将视频反复播放，详细记录视频内容，再对视频内容进行分析研究。经过摸索后，我尝试着写稿子，从一个生字的音、形、义出发，再拓展一些课外内容。然而，我仍然觉得自己的稿子平淡无趣，反观其他老师，金点子一个又一个。不甘落后的我查找了很多相关资料，比如生字的字源、多音字读音、不同的识字方法、设计字词游戏等，再从中提取重点信息，重新排列组合，用学生能接受的语言体现出来。在写稿子时，我积极开动脑筋，加入了自己创新点子，比如用一首诗、一幅画、一首儿歌、一个故事穿插其中。在视频中注重启发学生根据自己的生活体验，以熟带生、偏旁带字、加一加、减一减、换一换，分解部件、编歌谣、顺口溜、游戏识字等，采用多种方法记住字的音、形、义。最后我还给孩子们制定了说话练习，提高所学生词的出现率，让同学们能够及时掌握并熟练运用本节课所学生词。经过我的不断努力和思考，终于写出了令自己比较满意的讲课稿子。

每当我将写好的稿子给陆老师审核，她都会细细查看，给我提供很多创新的想法，帮我打开思路。经过修改的稿子内容充实很多，条理也更清晰了。

为了呈现更好的视频画面和音效，我学习很多信息科技方面的技能，又一遍一遍地录音，时刻注意自己的语音、语调、语速，最后剪辑在一起。看似短短几分钟的视频，其实印证了我自己不断努力向上的过程！

在陆老师的带领下，我逐渐成长起来，成为了一名有教学经验，有自己独特教学方式的老师。现在的我可以独当一面，成为别人的师傅了。我开始带教学校中的年轻见习老师。在带教过程中，我把每一节课都当成示范课，充分准备，教学过程精心设计，尽量把最好的一面展示给徒弟。在指导见习教师时，我经常让他们阐述设计问题的目的，以及提醒他们是否关注到问题链的层层深入。久而久之，见习教师们在备课时会特别注意围绕教学目标安排教学活动。我能有今天的成果，全在于当初陆老师不厌其烦耐心的指导，我也会将这份耐心细致，继续传承下去。我有幸成为一盏指路的明灯，我会将我学到的方法经验传授给见习老师们，带领他们在教师这条路上越走越远，越走越好。

老师是学生们的榜样，只有我们做到淡泊名利、坚守岗位、舍己忘我，才有孩子们茁壮成长，成为国之栋梁，担天下大任。我们应当无私奉献，只有这样，才能播种出希望，才能桃李遍天下，才能撑起一代人的脊梁。

经师易得，人师难求。为人师表，在于高深的学问，在于高洁的品德，在于无私奉献的精神，唯有三者齐备，我们才配得上教师这一高尚的职业，才能品尝到"令公桃李满天下，何用堂前更种花"的乐趣。

二、家长感言

见证成长

校级家委会主任　覃　清（欧子琪妈妈）

星移斗转，五年光阴一闪即逝。依稀还记得她初入校园时，脸上挂着羞涩却难抑激动，现在却已经长成一次次落落大方站在台前主持和竞演的自信大孩子，我的内心很是感慨。作为学校的第一批学生家长，见证了孩子成长的过程，也有幸参与见证了学校这几年的发展历程。

从一开始籍籍无名的新学校，到这两年每到转学季总会有人慕名前来打听，这是一种口口相传的社会认可。每次有人问起学校印象，我总是用一句简单的话语回答：这是一所"三心二意"的百姓家门口的好学校！

所谓"三心二意"，其实是"老师用心、孩子开心、家长放心"和"学校全心全意、家长放心满意"。

老师用心。一开始，学校是崭新的校舍，老师也大多是刚毕业的小年轻，但是他们充满活力与朝气，每天来得最早，却总是走得最晚。他们潜心钻研教材，组织各种教研组集体备课、名校专家进校、区级公开课等活动，在摸索与实践中一点点积蓄能量，不断打磨、提升自身技能。星光不负赶路人，现在在区级各类教学大比拼的获奖名单中经常能看到他们的身影。

孩子开心。就像我们的校歌里唱的：每一双翅膀都很重要，让每个孩子向着真我生长……老师们除了严谨治学，还精心给孩子们准备了各类才艺大比拼，平时就开设有30多个社团，包括沪剧社、旱地冰球社、美术社、合唱团、街舞社、主持社、足球社、篮球社等,让每一个孩子都能在校找到适合自己的舞台,展现最好的自己,充实校园生活的同时建立良好的自信心,真正成为"有真情、获真知、得真才、见真我"的"真我少年"!

家长放心。这几年,学校还经历了疫情期间"停课不停学"的网课大考验,但是,老师们没有丝毫松懈,除了充分利用好上海市教委准备的"空中课堂"资源,还增设了课后20分钟的在线教学沟通,及时把孩子们的疑点、盲点修复,大晚上还在钉钉班级群里给孩子们批改订正作业,利用休息时间跟孩子们积极开展班会"唠嗑式"互动,及时疏导孩子们由于长时间居家带来的不良情绪……如此认真负责的治学态度,我相信大家跟我一样都看在了眼里,所以,把孩子交给这样的学校,我们放心!

鉴于以上几点,我认为这是一所"学校全心全意,家长十分满意"的家门口好学校!我也坚信:在大家的不懈努力下,三实小的明天必将更加美好!

孩子和学校共成长

校家委会学习部部长　黎娟娟(黎小伊妈妈)

一年前,孩子带着满心的欢喜、懵懂和好奇心踏进了家门口的好学校——三灶实验小学。短短一年时间里,孩子变得更加阳光自信、活泼开朗,不知不觉成长和进步了很多,让我欣慰不已。

第一次真正地了解学校,是从开学的家长会开始。施校长的话让我们家长印象深刻:请家长把孩子放心交给学校,学校会努力让学生

第九章
职初教师校本化培养的成效

在这里遇见最好的自己，培养孩子成为"有真情、获真知、得真才、见真我"的"真我少年"。施校长也用实际行动在履行这份诺言。早上送孩子上学，总是能看到施校长站在校门口亲切地微笑着迎接学生，着实让家长们感动和放心。

很快孩子适应了小学生活，这不仅仅源于学校先进的教育理念引导，更是因为我们遇到了爱岗敬业的老师们。班主任邱老师的谆谆教导滋润着孩子稚嫩的心灵，老师的一言一行无不影响着孩子，让我们感叹榜样的力量。回家后孩子说要认真练字，以后和老师写得一样好，要多看书变得和老师那样知识渊博。老师们用高度的专业素养和全身心的爱与责任心引领着孩子，帮助孩子打下坚实的基础，陪伴着孩子成长。

在紧抓文化知识的同时，学校还有别具一格的体育课和社团，足球、武术课锻炼孩子的体格、培养孩子的毅力，社团课提供了更多机会展示孩子们的爱好和特长，真心为学校点赞。除此之外，学校还组织了丰富多彩的活动，英语歌曲大赛、运动会、小飞象农庄、学雷锋演讲、升旗仪式主题演讲、真我风采艺术节等一系列活动，既充实了孩子们的校园生活，也激发了孩子们的学习热情。

最重要的是学校还不忘关注孩子的心理健康教育，每学期学校都会通过家长会、心理健康讲座和学校微信公众平台为家长们提供更多机会学习这些专业知识，为家校合作保驾护航。

感谢我们的校长和老师们，你们的付出为所有家长撑起了一片教育的蓝天，相信在学校的教育下，会涌现出更多健康快乐、全面发展的阳光少年！

附 录 Appendix

"真我教师" 20 条

1. 寻找闪光点，使学生乐学、好学
2. 及时、有效的评价让学生站稳课堂，成就自我
3. 学会欣赏，为学生自信学习创造条件
4. 有明确的学习目标，才有学习的动力
5. 教师在课堂教学中要追求的是"让问题充满思考"，而不是"让课堂充满问题"
6. 民主平等对话，发散学生思维
7. 师者，当谨言慎行，方可获良效
8. 多元评价，帮助学生认识自我、建立信心
9. 因人施问，让学生在课堂中获得肯定
10. 因材施教，才能获得良好的效果

11. "一个都不能少"
12. 责任感教育，助力行偏生成长
13. 使课堂成为孩子学习成长的乐土
14. 学生学会思考比学生学会技巧更重要
15. 教师的施爱应在严爱与宽爱之间
16. 教师要做学生成长路上的指明灯
17. 有一种教育叫静待花开
18. 感人肺腑的谈话能医治学生心灵的创伤
19. 用积极的话语，肯定学生，给予学生学习的信心
20. 用心去爱我们的学生，让学生在关爱中健康成长

"真我教师" 20 条案例

1. 寻找闪光点，使学生乐学、好学

诠释：

学生培养得怎么样，要看拿什么尺子去衡量，以什么眼光去发现。一段时间以来，以分数贴标签的做法屡见不鲜，我们应该积极发现每一位学生的闪光点，让学生有动力去学习，从而喜欢学习，乐于思考。

案例：

我们班有一位学生小恒在三年级上学期时三科成绩较差，经常受到家长、老师们的批评，久而久之自己都对自己失去了信心，觉得自己的实力就是垫底，再怎么努力都不会成功，从而出现作业拖沓、上课走神发呆、举手不积极等问题。

原因分析：

经过初步分析，造成现状的原因如下。

（1）家长的原因。对学生要求太高，没有根据实际情况正确看待学生。

（2）学生自身的原因。对自己缺乏信心，懒惰成性。

（3）老师和学校的原因。没有及时发现问题，对学生进行针对性教育和鼓励。

解决措施：

针对以上的问题，主要采取以下措施。

（1）积极、定期与家长沟通，让家长对孩子有一个正确的认识，

家校合作帮助孩子制定正确的学习目标。

（2）发现该生的闪光点后给予鼓励，让他受到信心的鼓舞。每一次上课，我都会给该生展示的机会，让他进行一段小小的朗读或是回答很基础的问题，让他尝到学习的快乐；在作业上，只要他作业书写比之前端正一点点，或是有思考的痕迹，我都会马上在全班面前积极鼓励他、表扬他。

（3）定期开展全班"夸一夸"活动，让每个学生都在了解自己的闪光点的同时，学会发现他人的闪光点，积极学习同学们好的学习习惯、学习方法。

成效：

现在小恒发现了自己各科的闪光点，对自己又重拾了信心，这阶段学习取得了明显的进步，也越来越开朗了。教育的目光不能总是盯着花园里耀眼的牡丹花，而要更多投向墙角处不起眼的苔花。当前，特别要关心关爱学困生，给予更多的尊重和理解，更多的信任和激励，让他们的闪光点和特长能够通过教育引导，实现更大的突破，才能为他们提供更多人生出彩的可能。

三灶实验小学　顾紫雯

2. 及时、有效的评价让学生站稳课堂，成就自我

诠释：

以学生为核心的教学原则决定了教师们必须加强对学生的关注与指导，促使其全面发展，在小学英语课堂中灵活运用课堂评价，能营造积极、活跃的课堂氛围。对学生的回答及时地做出评价，能有效地

激发学生的学习兴趣和表达欲望。学生在学习中逐渐站稳课堂主体的角色，从而不断展现自我，成就自我。

案例：

在课堂上，教师会对学生做出口头评价，当学生回答出问题时，或者进行操练时，及时地给出评价，让学生从评价中感知互相的差距，并及时的纠正。并且引导学生对同伴进行评价，当有学生出色地回答出提问后，带领大家鼓掌，对该生进行表扬。同时，面对一年级的低段学生，有效地利用评价维度表，能从倾听、观察、表达、思维等多维度进行关注和训练，快速地帮助学生养成良好的学习习惯，以小组为单位的竞赛机制，激发了学生的胜负欲，学生之间的团结合作精神得到了提升。

小 A 是一个较内向、文静的女生，她说话的声音特别轻，尤其是在课堂上回答问题时，整个人会呈现比较紧张的状态，经常是不敢看着老师，头微低着说话。很多时候要凑近她的嘴边，或者要求她多说几遍才能听清答案。课后时间，她也不主动与同学交流玩耍，常常一个人坐在位子上做自己的事情。渐渐地，内向的小 A 在课堂上的存在感越来越低。

原因分析：

我认为，造成现状的原因有以下三点。

（1）家庭的原因。家长由于工作繁忙，将小 A 托付给爷爷奶奶照顾，缺席了孩子幼年时期的成长，缺乏亲子之间的陪伴与交流。

（2）学生自身的原因。胆子较小，缺乏自信，不敢突破自我，融入集体。

（3）老师和学校的原因。没有深入了解不同学生的性格特点和成长环境，从而没有及时给予关心和帮助。

解决措施：

针对以上的问题，主要采取以下措施。

（1）加强与家长的沟通。进一步地去了解小A的成长环境和学习环境，以及和父母之间的相处模式。建议家长抽出一定的时间与孩子进行亲子互动，日常生活中也要多鼓励、多表扬。在家校的通力合作下，共同培养小A的自信心。

（2）给孩子调换座位。将小A换到一位性格较为活泼、外向的女生旁边。课堂上同桌合作时，能起到引领的作用。课后休息时，女生之间也具有更多的话题。让小A能逐渐地适应小学生活，感受班级体的温暖。

（3）关注其课堂表现，用积极的语言进行评价。在小火车朗读时，当她能正确地进行跟读时，我会有意更大声地表扬她；在和伙伴对话后，我会评价说下一次再大声一点就更棒啦；在她主动举手回答问题时，我会带领全班同学一起拍手鼓励她，并将小星星贴在她的额头上，帮助她缓解回答问题的紧张感。

（4）从课后作业助力点滴改变。对于低年级的学生来说，具有激励性的评价，能促进其正向的发展。当课后需要提交音频和视频作业时，我会在小A提交后及时地给出评价。先肯定其认真、积极的学习态度和流利、准确的语言表达，再给她提出"这么流利、好听的口语如果能再大声一点那真是太完美了！"的建议。让她感受到老师对她的鼓励和关心，也会认真地思考老师给予的建议。

成效：

经过一个学期的努力，小 A 在课堂上能大声地进行语篇朗读，与同学对话配合默契。课后视频作业的镜头里，能大方自信地表达，还能和父母一起创新演绎。各科成绩都稳步提升！

三灶实验小学　郑钧文

3. 学会欣赏，为学生自信学习创造条件

诠释：

每个人都渴望被肯定，而对于学生来说老师的一句夸赞就是最好的肯定。老师的表扬和赞赏是调动学生学习积极性、培养学生学习兴趣的最好途径。在日常教学评价中多表扬学生，善于发现学生身上的闪光点，可能会不知不觉中改变学生的一生。

案例：

班级中总有个别学生的字书写不太端正，某一天他的作业写得比昨天好，我会在当天及时告诉他："孩子，你今天的作业书写进步很多，力争下次写得更漂亮。"在之后的几天里，他交上来的作业，一天比一天工整。

在课间，有的同学们在追逐打闹，而小部分的同学则在看书、做作业。这个时候，我会让同学们停下手中的动作，站在原地看一看，别人正在做什么。对那些认真看书、积极完成课堂作业的同学表示肯定，同时也对正在玩闹的同学说："老师相信：那些没有坐在座位上的同学一定是有许多的话想和好朋友们分享，他们分享完毕，马上就会回到座位上继续看书的。"这样有"甜味"的话语既肯定了一小部分同

学的良好学习习惯，又激励了喜欢玩闹的同学，相比直接指出他们不足的地方更容易让他们接受。

教师的简单一句评价会对学生产生很大的影响，用赞赏的语言去激励学生，换个角度去评价学生会让他们更有行动力。

小田是我班的一位特殊学生，起初和他接触时：他不能正确地表达自己的想法；上课无法坐端正，有时还会大声插话，情绪不稳定；无法独立完成课堂作业，甚至还会突然间跑出教室。

原因分析：

经过和家长以及任课老师之间的沟通，我认为原因有以下三点。

（1）生理性的病因导致他无法像其他学生一般规范自己的行为，在他的母亲告知前因后果之后，老师们能够理解和包容他的一些异于常人的行为。

（2）家长的纵容导致他行为上的变本加厉，无法正确地权衡学习和娱乐。

（3）老师没能快速地找到与他相处的模式，导致错过了教育的最佳时期。

解决措施：

针对以上问题，主要采取以下措施。

（1）作为任课老师和班主任，发现小田同学的异常，我第一时间与家长进行主动的沟通。面对这样一位特殊的学生，我必须了解他的行为习惯和在校生活的注意事项。同时，我向家长说明了自己的教学要求，鼓励家长同老师一起改正他身上的坏习惯。

（2）和他进行深度的交流，寻找教育的突破口。他虽然不能准确

清晰地和别人交流，但是能从他简短、断断续续的语言中了解到他说话的内容，相处久了也能马上理解他的意思。当他破坏了课堂的纪律，我会马上严厉制止他的行为，并在课后要求他自己说出做了哪些不该做的行为。我经常在课间观察他的一举一动，分析他会这样做的原因，渐渐地我也懂得了和他交流的时候要软硬兼施，他的心智虽然比班上的学生们幼稚，但他非常会察言观色，能够从我的表情中读懂我的情绪，因此我们时常能通过眼神进行有效沟通，制止他的一些不良行为。

（3）适时对他进行表扬和赞赏。当他在课堂上干了"坏事"，总会发出声音来吸引老师，这说明他想要吸引老师的注意力。因此在课堂上，我会给他表现自己的机会，遇到他能够回答的问题就请他发言，并适当地表扬他，他总会开心得手舞足蹈。当他在课间主动完成课堂作业，我会让同学们向他学习，那个时候的他总是笑得一脸灿烂。多次之后，他能够保证上课时的纪律，偶尔还能主动举手回答问题，在课后也减少了追逐打闹的次数。在一天的学习结束之后，我会把他带回办公室，对他一天的表现进行点评，好的地方表扬，不好的地方进行鼓励，为明天设立新的目标。

（4）正确引导学生之间友爱相处。在教室里，与小田同学相处最多的便是同学们，他们起初也和我一样疑惑小田的"特殊"，虽然不能向学生们说明事情的缘由，但我利用课间和班会课向同学们分享友爱的小故事，让他们学会谦让和包容。同时，我鼓励那些比较懂事的学生主动去帮助小田，同龄人之间的沟通也会更有成效，小田的校园生活也在一步步迈入正轨。

（5）积极与任课老师沟通探讨。通常，语文、数学、英语3位任课老师对小田比较严厉，他在课上会相对较乖，但在一些音体美等课上他就"肆无忌惮"，因此我会和任课老师制定对他的一套行为规范守则。如果他能做到老师们提的要求，就可以满足他的一个小要求。

成效：

起初把老师们急得跳脚的小田如今也有了一定约束自己的能力，能够在课堂上安静听讲、不影响其他同学；在课后也愿意接受其他同学的帮助。当遇到困难时，他也会主动向老师或同学们寻求帮助，真正地融入到班级这个大家庭中。

三灶实验小学　　宋佳怡

4. 有明确的学习目标，才有学习的动力

诠释：

美国心理学家、教育学家布卢姆说"有效的教学始于知道希望达到的目标是什么，这个目标不仅教师要知道，学生也要知道。就像作战一样，不仅指挥员要知道，战士也要知道，这样才能充分发挥每个战士的自觉性和积极性，才能最快歼灭敌人，取得胜利"。从这段叙述中我们不难发现课堂教学中学习目标的重要性。在学习的过程中，一旦制定了一个目标，就会从内心深处产生一种力量，努力朝着所定的目标前进。所以，为了提高学习成绩和效率，在学习的过程中，我们一定要设立非常明确的目标。研究表明，学生在学习中有无目标，学习效果差异很大。

案例：

学习目标是师生通过教学活动预期达到的结果或标准，是教师认

真钻研教材，深刻解读文本后，在充分了解班情、学情的情况下，科学设计出关注学生发展的学习目标，也可以是由师生共同制定，在课堂上灵活处理生成的目标。比如，出示课题后，让学生说说通过这节课想学到什么知识，综合孩子们的回答制定学习目标。比如，四年级上册《吨的认识》，学生已经通过具体的活动操作，认识了克与千克，初步具备了克与千克的量感，知道了克与千克的进率，可以通过重量单位的复习引入，介绍新的重量单位——吨，通过让同学说说关于吨你想了解什么，激发学生探求知识的强烈愿望，引导学生动脑筋，想问题，最大限度地调动学生学习的主动性和积极性。然后，汇总学生的回答制定本节课的学习目标：①知道克、千克、吨之间的进率，会进行简单的换算；②感知一吨有多重。为学生树立明确的学习目标有助于给与学生学习的动力，课前通过组织学生熟悉本节课的学习目标，使学生能够从整体上感知本节课的学习任务和要求，以便围绕目标进行探究，在此过程中，通过借助学生对于千克的表象，来感知1吨的实际质量，以便形成1吨的表象，教师围绕学习目标进行评价以提高学生的学习效率，课后，学生也能围绕本节课的学习目标畅谈收获，达到良好的教学效果。

原因分析：

学习目标它比较具体，可以在短时间内实现，它可以使学生比较容易地享受成功的欢乐，增加学生的信心。有了目标就能增强学生的注意力和学习动机，即为了这目标我要好好学习。学生缺乏学习目标，学习上就比较被动，老师说什么，他做什么，但不会主动地思考，导致学习效率低下。

解决措施：

对于低学段的学生，老师可以帮助他们制定学习目标，通过引导学生解决问题的过程达到完成学习目标的目的。对于中高学段的学生，他们已经有了一定的自主学习能力，可以通过布置预习作业，寻找知识点，把预习过程中遇到的问题写下来，自己尝试制定学习目标，明确了目标后再进行学习。

成效：

学生有了学习目标后，在学习上主动性更强了，目标学习法是成功教育的主要策略之一，同时，实现学习目标也是实现人生目标的开始，小目标的实现有利于激发学习兴趣和热情，实现了很多小目标以后，大目标也就能实现了。

三灶实验小学　李秋晨

5. 教师在课堂教学中要追求的是"让问题充满思考"，而不是"让课堂充满问题"

诠释：

教师教会学生知识技能，不如教会学生学习方法；教师教会学生学习方法，不如让学生通过自己的探索获得学习方法。

案例：

当今课堂教学存在的最大问题是"没有问题"，即学生只会回答问题不会提出问题。刚开始在低年级的数学课堂上，我都会让学生根据主题图说说小故事，并提出数学问题。但学生不是说看到了 3 只鸭子，就是说看到了 5 只老虎；不是把问题中的答案一起说出来，就是说与

数学无关的问题。学生们群情激昂地举手回答问题，丝毫不觉已离题万里；令我焦头烂额、手足无措，感觉达不到自己想要的教学效果。

原因分析：

我根据新课标的要求，想要培养学生在观察情境图的过程中学会收集信息，根据数学信息提出数学问题，发现数学规律，从而达到解决数学问题的目的。可我却忽略了在处理主题图的过程中怎样提问才是有效的，在反复的思考中，我领悟到问题的关键是我的提问缺乏明确目标，数学信息指向性不明。我只想到提问范围广可以发散学生的思维，但却没有想到这样也会使他们的回答变得天马行空。

解决措施：

在之后的课上我尝试多次训练回答问题的规范语句，让学生能够用三句话说小故事，并能区分什么是数学问题，而不是每次都把答案一起说出来，而后的教学中，我慢慢的又增加了同桌一问一答、小组讨论等合作形式。数学是思维的体操，教师要让学生在数学课堂上结合数学学科所特有的数学信息去展示、交流，表达他们的数学思维。

成效：

任何创新都源于提出问题，提出问题远比回答问题更重要。李政道教授说得好："学问学问，就是学习提问；切莫将'学问'变成'学答'。"我相信：不高明的教师，使学生头脑里的问号变成句号；高明的教师，使学生头脑里问号的数量越变越多，问号的层次越变越高。学生向教师提问比教师向学生提问更加可贵，也就是说，教师向学生讲授"为什么"远不如学生向教师提出"为什么"。

三灶实验小学　　王　瑶

6. 民主平等对话，发散学生思维

诠释：

小学英语对话教学是一种教学形态，结合小学英语教学的特点，有着自己独有的特征。平等是指对话双方都是独立的主体，双方是"我—你"关系。民主则是指对话双方可以各抒己见，允许不同的声音存在。

案例：

一般来说，yes/no 问题、事实性问题、选择性问题等属于较低层次的问题，而 what/which/who/when/why/how 问题、理解性问题等属于较高层次的问题，需要回答者拥有一定的语言基础和思维能力，更能激发学生积极地思考。教师提出的问题是一个开放的问题，学生可根据自己的看法来回答，这充分体现了对话教学的开放性。真正的对话教学强调教师与学生和学生与学生之间动态的、互动的信息交流，实现相互沟通、相互补充，从而达成共识、共享，这正是教学的真谛。

在 1B Module 4 Unit 1 Activities 第一课时的教学设计中，进入场景 In the park 前，首先通过歌曲 Rain, rain, go away 让学生在情境中帮助佩奇和乔治赶走雨天。雨过天晴后，佩奇和乔治终于可以出门。此时，教师提出开放性问题"Where do they go？"让学生大胆猜测佩奇和乔治的去向。

原因分析：

预设学生们会踊跃回答，学生开始纷纷作答，有的说"toy shop"，有的说"zoo"，有的说"restaurant"，有的说"stay at home"，其中有些学生会偏离教师想要的答案。

解决措施：

教师不能强求学生按自己铺设的轨道走，应走出"教师至上"的观念区域，以尊重的态度，在平等民主的氛围中理解接纳学生，培养学生的发散思维，允许有不同的声音存在，并且积极引导学生回归正题。教师对学生的讨论进行引导、启发，留给学生独立的、自由的、想象的空间。

成效：

在对话教学中，学生与教师是平等的主体，没有谁是主体谁是客体之分、没有尊卑贵贱之分，同时师生对事物都应有自己独特的理解。小学英语对话教学不同于独白式灌输教学，教师虽是知识的传授者，但不能以长者和权威的身份自居，而应以伙伴的身份或合作者的身份，以尊重的态度跟学生进行民主平等对话，倾听学生的声音，让学生从各种束缚中解放出来，跟教师零距离接触。

三灶实验小学　　杨心怡

7. 师者，当谨言慎行，方可获良效

诠释：

所谓教书育人就是不仅要传授知识，更重要的是育人。正所谓"十年树木，百年树人"，教师成就一个学生要付出很多时间和心血，从课堂教育、课后辅导、单独谈心、启发教育等过程。可是可能教师的无意之间的一句话就会伤害到学生幼小的心灵，从而对学习失去了兴趣，甚至影响学生的一生。学生做错事了，可以进行适当的批评教育，但是不可以恶言相向，犯错很正常，所有人都是从错误中慢慢成

长起来的。作为一名教师要学会走进学生的内心世界，与学生真诚相处，关爱学生，保护学生的自尊心，牢记育人需要谨言慎行。因此，我认为教师要十分注意自己的言行，对于学生以表扬鼓励为主，多多激励他，适时加以批评，在教师的严慈共济中快乐成长。

案例：

  班级中问题学生的存在具有必然性、客观性和普遍性。积极面对，分析研究问题学生的成因、心理特征和教育策略，促使他们正确认识自我，克服自卑心理和消极情绪，激发潜能，解决自身存在的问题。才能提高学生的全面素质。转化问题学生需要一个过程，要奉献爱心，因材施教，进行反复、耐心地教育；还需要学校、家庭和社会的密切配合，将教育优势有机整合，充分发挥。对问题学生，要了解其个性品质和能力的潜在性，尊重其自身的差异性，激发其进步的主动性。只要唤起了他们的自信心，他们学习进步的速度就会大大加快。

  我执教的道法课的班级有个男生小陈非常调皮，上课有时候话也很多，在座位上坐不住一直动来动去，尖叫，还会到处乱跑，不举手直接说话等，影响其他同学上课，也影响到了课堂效率，做一些与上课无关的事情。我一度非常生气也很无奈。但我逐渐发现，遇到喜欢的话题，他会积极举手发言，我便以此为契机，经常会抽他回答问题，回答对了就表扬他，回答错了则鼓励他下次继续加油。同时，在课后，我就他课堂表现的问题单独找他谈话，严肃地批评了他，又和他讲了道理，全程都没有数落，没有讽刺性的语言，因此，小陈听进去了。之后的课上只要他表现好，有所进步，我就会给他奖励小贴纸，适当地进行表扬，他的表现就会更加好一些，由此进入了一个良性循环的状态。我认为虽然不可避免地有一些孩子天生不好管，但是只要用对了教育方法，也会有所改善。因此，我认为教师要做到教书育人，为人师表，说话要有艺术性，教育学生要注意自己的言行举止，不可以伤害学生的自尊。

原因分析：

造成这种情况的原因有以下三点。

（1）小陈自身原因，他天性调皮好动，比一般的孩子更加好动一些，心理年龄较小，自制力较差，导致某些行为不受控。

（2）家长对于孩子的关照不够，引导不够，导致孩子在班级里用这种方式试图引起老师与同学的注意。

（3）老师在学校里的引导和沟通有所欠缺。

解决措施：

针对以上的问题，主要采取以下措施。

（1）与其他老师了解小陈在其他课上的平时表现，从多方面来深入了解小陈，从而找对突破口解决问题。

（2）与家长进行面对面的沟通，针对学生的问题讨论出比较合适的改进措施，希望能够形成家校合力，更快地使得小陈有所进步。

（3）和小陈单独进行温暖的谈心，在保护孩子的自尊心的同时深入了解其内心想法，在其不对的地方进行适当的批评，用爱感化学生，用理服人，让他真正意识到自己不对的地方，并有意识地改进。在他有进步时要马上给予夸奖，巩固教育成果。

成效：

现在，小陈课堂表现有明显改善，逐渐端正了态度，各方面都有比较明显的转变，日常行为表现好转。教师在选择批评方式时要因人而异，一把钥匙开一把锁，一些很调皮的学生，他们生性好动，自控能力很差，往往吃硬不吃软，对他们的批评方式可以直接一些，而一些性格倔强，品格和成绩都比较差的后进生，对于他们尽量不直接点名批评，更要讲究艺术性。教师在批评学生时要留意批评时场合不同，最好在自己的办公室，避免其他学生干扰。在正式场合、公开场合批评教育学生时，应严肃庄重并充分展示平等姿态说理和批评，要清晰委婉，尽可能多注意学生身上的长处和闪光点。在批评过后，教师要及时进行心理补偿，要让学生知道教师没有不喜欢他，适当地进行心理补偿会让我们和学生建立良好的师生关系，培养深切的师生感情，进而获得良好的教育效果。

三灶实验小学　姚解语

8. 多元评价，帮助学生认识自我、建立信心

诠释：

学习评价是为了全面了解学生数学学习的过程和结果，激励学生学习和改进教师教学。应建立目标多元，方法多样的评价体系。评价既要关注学生学习的结果，也要重视学习的过程；既要关注学生数学学习的水平，也要重视学生在数学活动中所表现出来的情感与态度，帮助学生认识自我、建立信心。

欣赏学生切忌滥用表扬，因为滥用表扬会使学生不注意自己的行为是否有意义、是否正确，而是注意自己的行为是否能获得表扬。有时教师赞扬学生，学生不一定都感激教师，因为教师所赞扬的是"众

所周知"的。如果教师所赞扬的是量身定制和个性化的,学生则一定会万分感激。所以教师对学生的评价要多维度、客观和准确。

案例:

课堂中,教师对于学生的评价如果都用"你真棒!""你真厉害!""你真聪明!"等类似的赞扬,学生一开始听到会很开心,会激励他继续表现好,但久而久之就失去了效果,因为这样的表扬没有指向性,学生并不知道我具体是什么方面做得好,什么方面需要改进,应该朝什么方面努力。

小宸是我班中的一名学生,是典型的行为规范后进生,一年级时常常表现出上课注意力不集中,随便走座位,随便插嘴,影响周围同学的学习,我在课堂上经常提醒,有一点好的表现就马上表扬,课后也经常找他谈心,并晓以道理,先认可他是个聪明的孩子,再提出上课注意力不集中会影响他的学习,希望他有所进步,然而,作用却微乎其微。有时候会表现好一点,但坚持的时间往往不长,最多也就半节课,如此,渐渐地影响了他的学习,课堂上精讲过的题他课后就表示不会,不愿意完成,作业也开始拖拉,只好放学留下补作业。

原因分析:

对于这样课堂上的行为表现,我认为一方面是学生自控能力不强,无法一节课坚持认真听课,另一方面是教师的评价指向性不明确,光空乏的表扬能激起他一时的表现好,但没有持续性,他不明白自己需要努力的方向,课堂上的要求对他指向性不具体。

解决措施:

针对以上问题,我从评价角度出发,将课堂评价设计成多元评价,不只是单纯地关注学生的学习结果，而是穿插在整堂课的过程中，让学生明确每个环节自己应该做到什么要求，要完成什么任务。我把多元评价设定为日常性评价，可分为学生自评、教师评价和家长评价，分别从学习兴趣、学习习惯和作业成果三个维度进行评价，学生和家长用获得星星的个数给出评价，教师通过随堂巡视观察与纸笔呈现相结合方式进行综合性评价，用"等第＋评语"的形式给出评价。

如何在课堂中实现过程性的多元评价？我尝试分环节实现，比如在概念性的数学课的教学中，我一般会分为初步感知、深入理解和巩固新知三大环节。

（1）初步感知环节。这一环节需要在大量的情景例子中感知，必须让学生多观察和多表达，所以我设计了观察星和表达星，能够做到的学生就能获得这两颗星星。

（2）深入理解环节。这一环节需要学生从具象过渡到表象，需要学生认真倾听、多动脑筋思考，有的时候还要通过动手操作来进一步感知，再抽象出规律，所以这一环节我设计了合作星和智慧星，明确获得星星的要求，学生通过自评和互评来得到这两颗星。

（3）巩固练习环节。这一环节是对学生课堂知识的掌握进行检验，并突破易错点，需要学生独立完成、书写端正，并认真仔细，所以我设计了书写星和认真星，学生通过核对和交流对自己的练习成果进行评价。最后教师结合学生课堂的获得星星进行综合星评价。

成效：

学生通过多元评价在课堂中勇夺星星，并明确课堂每个环节要做到什么，教师给出的评价也能客观和具体，让学生明白自己哪方面是

有优势的，哪方面还需要改进和努力。家长也能结合多元评价及时了解孩子课堂表现，激励孩子朝更好的方向努力。教师用及时、准确、有针对性的多元评价方式激励学生上好每一堂课，帮助学生更清楚地认识自我、建立信心，使评价变得更加有效。

三灶实验小学　胡晓燕

9. 因人施问，让学生在课堂中获得肯定

诠释：

　　课堂提问既是启迪学生思维、激发学生登入知识殿堂的先导，又是促进学生探求知识的动力。在选择学生回答问题时，应该面向全体，因人而异，难度较低的让学习较薄弱的学生回答，比较专业的问题则让这方面有特长的学生回答，注重层次性。对学生的正确回答或接近正确的回答，要予以肯定并进行表扬，对于不完整或错误的回答，也要从尊重学生的角度出发，找出积极因素，树立学生的信心，作出正确的评价。因人施问对培养各层次学生的学习兴趣，尤其破除学困生对提问的畏惧心理有很好的效果。

案例：

　　在我任教的班级里，有个小刘同学，学习基础比较薄弱，思维能力较弱，性格非常内向，平时在班里几乎听不到她的声音、看不到她活动的身影，加上平时学习效果比较不理想，孩子变得越来越不自信，在课堂上几乎没有主动举手过，偶尔请她课上回答问题她也不知道如何作答，总紧张得红着脸低下头来，默不作声，不习惯主动积极思考。

原因分析：

我认为，造成现状的原因有以下三点。

（1）学生性格过于内向，不善于如何与人交流，缺乏自信。

（2）对老师有恐惧心理，课堂上害怕答错，胆怯怕羞。

（3）提问难度过大，学生望而生畏，挫伤学生思考的积极性。

解决措施：

针对以上的问题，主要采取以下措施。

（1）拉近距离，悉心呵护心灵。在教育过程中，我首先和她交心，不聊学习，寻找她可能感兴趣的话题，拉近与她的距离，通过平等的交流沟通，尽可能地爱护其自尊心，帮助减少自卑感。同时消除她的恐惧心理，让学生感觉到老师是真正地关心她，用爱心去走进孩子的内心世界，在师生间架起一道情感交流的桥梁。

（2）课堂提问时因人施问，以赞赏和鼓励为主。课堂上，老师面带微笑、用期盼与鼓励的目光则增强学生的信心，从而更加喜爱老师及该项课程。在课堂提问中，则应该因人施问。对于学习较薄弱者，多提一些简单、容易回答的问题，以激发他们的求知欲，增强其学习动力。提问中的评价，应以赞赏和鼓励为主。在课堂提问中，保护学生回答问题的积极性，从而进一步调动学生学习的积极性。

（3）尊重差异，启发学生，激发思维。在提问中若出现被提问的学生"卡壳"的情况，应想方设法"化难为易"，除了充分肯定其可取之处外，启发诱导学生思考问题，围绕这一问题从之前设计的一些简单的问题中出发开展二次提问，在短时间内再给他一次问答成功的机会，促进学生创新思维意识的形成。这样，每一个问题对于回答的学生来说都属于跳一跳才能摘到的苹果，而每一个学生都有得到老师提问并获得肯定的机会，对培养各层次学生的学习兴趣，尤其对有效破除学困生对提问的畏惧心理有较好的效果。

成效：

小刘同学脸上逐渐挂着笑容了，散发出自信的光芒，学习劲头更大了，课堂上积极主动举手，乐于思考，实现了自我的突破，成绩进步神速，也尝试到了成功的乐趣。

三灶实验小学　蔡裕如

10. 因材施教，才能获得良好的效果

诠释：

教育工作的实践使我们深信，每个学生的个性都是不同的，而要培养一代新人的任务，首先要开发每个学生的这种差异性、独立性和创造性。对于教师来说，因材施教就是对优秀生、中等生、后进生进行个别教育工作。只有这样做才能获得教育良好的效果。

案例：

对于班级来说，只有帮助学习困难的学生（简称"学困生"）克服困难，实现学习成绩的进步，才能有助于班级整体的进步和和谐发展，这也是素质教育的要求。如果学生学习困难的问题不能很好地解决，那么他会一方面演变成影响班级管理的"问题生"，形成对班级的负面影响；另一方面，会影响其个人的长远发展，可以说是我们教育的失败，也是素质教育所不能允许的，对学生及其家长来讲是极其不负责任的。所以，对于学困生的因材施教，实现其人生的转变，对班级管

理的提高、学生的健康成长、一个家庭和社会有着极其重要的意义。

小金是我班的一名学生，是典型的学困生，其主要表现在：学习缺乏明确的目标、学习态度非常的不端正、自制力差、没有什么好的学习习惯，所以学习成绩比较差。自从我担任他的数学教师以来，一年多的时间内，他上课经常无精打采，想睡觉，其余时间常常走神或者影响其他同学，讲话，课下异常的"活跃"；作业和课堂练习从来都是要老师反复催交，拖到最后一个；脾气暴，动不动就和同学打闹，不服从学校和老师的管理。

原因分析：

我认为，造成现状的原因有以下三点。

（1）家长的原因。给孩子定位低，过分宠爱孩子，从小没有帮助其树立起正确的人生观和价值观。

（2）学生自身的原因。自制力差，没有形成良好的学习习惯，人生目标不明确，对自己缺乏信心。

（3）老师和学校的原因。没能及时的发现问题，进行因材施教，造成问题挤成一团。

解决措施：

针对以上的问题，主要采取以下措施。

（1）与家长深入交流（家访或是家长到校），争取对我教学管理的理解和支持，在原则上的问题，不退步，不扯后腿，让他没有后退之路。

（2）严格要求，用"爱"感化。在日常的班级管理上，对于学生的日常行为规范（特别上面提到的问题）严格要求，规范其行为，有时来点"硬措施",让他知道违纪的"严重后果",形成对其不良习惯的"强势"纠错;经常寻找机会与其交流,跟他谈社会、谈人生、谈身边他感兴趣的事情,建立师生之间的相互信任感,让他感受到来自老师的关心和爱(特别是他遇到"难题"时积极地给与帮助和理解),明白老师的管理是为了帮助其克服学习上的困难和健康的成长,而不是与他作对。

(3)和心理辅导老师一起,建立个人成长档案,及时疏导他的心理问题,帮助形成了健康的心理,增强克服困难的勇气,使他逐步树立正确的人生观和价值观,树立正确的学习目标和端正其学习态度。

(4)利用自身的"闪光点"帮助他建立起学习的信心。通过观察,我发现他并不是一无是处,在英语学习和音乐学习方面有着"闪光点",于是我与英语老师和音乐老师联系,对进行特别的辅导。在英语方面,老师利用自习时间帮助补课,使在原有的基础上,有了进步,让他认识到了学习并不是困难的事情,只要努力和肯学,是可以取得好成绩的;鉴于音乐方面的特长,在我的建议下,他选择了学习音乐,让他树立信心和希望。及时地抓住"进步",进行表扬和鼓励,利用班级课外活动(歌咏比赛)和学校活动(庆六一等),展现音乐的特长;鼓励他从感兴趣和相对容易的科目入手,根据特点布置"特别的作业",并给予学习方法的指导。在各科老师的帮助下,小金逐渐培养了学习兴趣和习惯,在进步和成功的体验中,感受到成功的喜悦,感受到学习是一件愉快的事情。要通过自己的教学,使学生想学、愿学、乐学,感受到学习是一件很有趣的事情,感受到终生学习的必要性,主动为学习而勤奋，不会有一点苦的感觉。不断增强信心和克服困难的勇气。

（5）与任课老师和班级学生，形成"合力"，共同创造科学、向上、和谐的班级文化、班级理念，形成浓厚的学习氛围和井然的班级秩序。让氛围说话（在和谐和充满"爱心"班级氛围中），让学生在潜移默化、润物细无声中接受教育、陶冶情操。

成效：

现在小金精神状态饱满，行为习惯规范，学习目标明确，各科成绩有了很大的提高，以前的"小金"不见了！

三灶实验小学　范文俊

11."一个都不能少"

诠释：

受到智力因素、遗传因素、家庭环境、社会环境等因素的影响，每一个学生的性格特点、学习能力和行为习惯都是有差异的。教育就是充分尊重学生的个体差异性，帮助学生学习知识技能、健全身体心灵，努力成为最好的自己。

案例：

每一个孩子都有自己独特的个性。班级中有活泼开朗爱表现的小朋友，也有胆小内向不说话的小朋友。要提高班级凝聚力、树立良好的班风，首先必须把同学们团结起来，拧成一股绳，心往一处想、劲往一处使，绝不让任何人掉队。班级中"沉默的少数派"往往最容易被忽视，上课时他们安静地听讲，不影响课堂纪律也不举手发言；课

间他们安静地休息，不追逐打闹也不和同学玩耍。长此以往，对他们的人格发展、心理健康、社交能力以及学习能力都是有不利影响的。所以，如何关爱这些沉默内向的学生，帮助他们建立自信，敢于展现自我，并能更好地融入班级，对班级管理、学生自我发展、家庭和社会都有着重要的意义。

我们班的小光同学特别胆小内向，又因为个子高，所以在开学初安排座位的时候把她安排在了小组最后。开学一段日子后，我发现她行规良好，上课时自控能力强，就逐渐放下心来。一年级的孩子爱表现，上课积极性高，每节课上孩子们都积极举手、踊跃发言，渐渐地，胆小的小光同学有变成班级"边缘人"的趋势，偶尔请她回答问题时声若蚊蚋，主动举手更是一次也没有过。

原因分析：

造成这种情况的原因有以下三点。

（1）学生自身的性格原因。胆子太小，缺乏自信。

（2）学校和老师的原因。观察太肤浅，没有全面深入了解每一个学生，从而进行及时的引导。

（3）家长的原因。在孩子的成长过程中没有进行积极的鼓励和引导。

解决措施：

针对以上问题，主要采取以下措施。

（1）给孩子换位置。往前调一个座位，让她被同学"包围"，充分感受到班集体的爱，同时也传达一个信号：老师在关注你。

（2）上课的时候多请她朗读或者回答问题，多用积极的语言评价她的表现。小光同学朗读声音太轻,我就会鼓励:"你读得正确又动听,但是声音太轻了,能不能大声地为大家朗读一下,让全班同学都能听到你的声音?"这样做既肯定了她的朗读,也对她提出了要求,为她的进步指明了方向。

(3)鼓励同学和小光做朋友。一年级的孩子正处于心理发展的重要时期,来自同龄人的善意和爱会感染她,同学们和她交朋友,一起玩耍、一起学习,比什么都有用。

(4)和家长作深入交流。家校双方全面沟通了解小光同学在家、在校的表现,争取家长的理解与配合,指导家长平时在家也要多鼓励、多表扬。

成效:

小光同学现在上课会主动举手了,发言的声音也大了许多,正在建立自信,运动会也主动报名了田径项目,小光同学正在变得越来越好!

三灶实验小学　邱　欢

12. 责任感教育,助力行偏生成长

诠释:

孩子是独立的个体,个体即存在多样性。加上家庭教育的偏差,社会环境的影响,每个学生在进入小学阶段时所养成的习惯和接受的教育是存在差异的。所以有的学生在对自我行为的约束上有缺失,成为"皮大王",也就是我们所说的行偏生。对于行偏生的教育,要以"责任感"的培养为起点,逐步纠正。

案例：

小学低年级是培养学习习惯和行为习惯的关键时期。对于学生在学校表现出的行为上的错误，无论是学习还是为人处事，老师都应及时介入并纠正。尤其是行为习惯不好的学生，不仅课堂效率不高，课后也存在安全隐患。加上学生极具模仿性和从众心理，这样的"行偏生"的存在，无疑给班级管理带来了很大的难题。"行偏生"大多比较自私，缺乏责任感，所以在对他们的教育过程中，一味地吼叫和打骂只会适得其反，反而给予他们一些班级小职务，有助于他们责任感的培养，从而让他们产生对自我行为的约束能力，及时纠正不良行为习惯。

李同学作为我第一年做班主任遇到的"皮大王"，他不仅声音大，行为也十分粗鲁，加上高大的身材，确实给人一些压迫感。他经常用自己沙哑的喉咙去号召同学们听他的命令，他带头疏远不听他"指挥"的学生，他揽着其他男孩子的肩膀给他们灌输"好兄弟"的概念。他甚至把一个瘦弱的男孩子用身体压在教室后面的柜子上，并且用恶狠狠的语言"攻击"他。课堂随意讲话，课后肆意奔跑，大声喊叫，我经常跟他父母反映但没有成效。

原因分析：

我认为造成该生自我控制能力差且行为带有社会风气的原因有以下几点。

（1）父母采用"放养式"教育法，任凭孩子自由生长，主张"快乐学习，快乐童年"，导致学生对自己行为是否正确没有判断能力。

（2）学生头脑聪明，一学就会，所以课上不愿意听讲，导致课堂效率低，课堂纪律差。

（3）过早接触网络，对于网络词汇掌握得过多，受到不良网络环境的荼毒。

（4）缺少责任意识的培养，自身没有责任感，同时对班集体更加缺乏责任意识。

解决措施：

针对以上的问题，主要采取以下措施。

（1）加强家校沟通，让家长了解学生在校的实际情况，让他的父母明白"快乐童年"的前提是培养好良好的习惯。希望父母在日常生活中，发现他行为欠妥要及时纠正和引导，不能过于随意放任。

（2）在班里给他设立了"小岗位"，让他作为"行为小督察"去监督课间同学们是否文明休息。要去管理别人的前提就是自己的行为是符合要求的，所以他不会再在课间乱跑、喊叫，反而主动去阻止其他同学。同时安排他做值日小组长，在自己擦好黑板的前提下，还要协调好一天的值日工作，让他树立起"我是班集体的一分子"的观念，培养对班级的责任感。

（3）选举他作为学习荣誉升旗手，在周一的早上上台发言，担任一周的升旗工作。看到他升旗仪式前苦练发言和升旗，每次升旗都十分认真和专注。过程中我引导他认识到"学校是我们的第二个家园"，"升旗"是我作为荣誉升旗手的责任。潜移默化中将他对自我的责任意识提升到对班级再到对学校，最后到对社会。

（4）鼓励他上台说相声，树立自信心。趁着六一活动，给他报名了相声表演，搭配了一个能说会道的女生，让女生引导他背好台词，

说好相声。教他站姿、坐姿，约束他在舞台上的表现。在他表现出不耐烦情绪的时候及时引导，这是学校的节目，很多同学会看，一定要充分准备，告诉他自己有责任一定要表演好。

成效：

李同学开始有了很大的改变。有了职务的鞭策他学会了约束自己的行为。每次下课，当小伙伴招呼他玩追逐游戏的时候，他都会拒绝他们，并且告诉他们不要在教室里奔跑，十分危险。当有同学误解他的时候，他不会再挥舞拳头蛮横无理，而是认真跟同学解释。他的课堂表现也越发出色，有了职务的李同学变得更有责任心了。

三灶实验小学　汤熠然

13. 使课堂成为孩子学习成长的乐土

诠释：

好动是小学生的最大特征，即使在课堂上，要他们乖乖坐35分钟也是不太可能的。使课堂成为孩子学习成长的乐土，即关注学生心理发展的正常需求，提升学生学习的积极性、主动性和创造性。学生自我表现的机会多了，信心足了，知识的积累和能力都会得到相应的提高，学生亦会在课堂上获得知识，收获情感，感受成功的喜悦。

案例：

传统课堂主要是以教师的主动讲授和学生的被动反应为主要特征，教师往往注重通过语言的讲述和行为的灌输来实现知识的传授，在教学过程中教师的主导地位倾向突出，而学生的主体地位却被习惯性地忽视。在这种教学模式下的课堂教学往往过于死板，教师搞"一言堂",学生的学习地位得不到充分的体现和尊重,即使他们在学习过程中有自己的看法,也往往不敢表达。因此,传统的教学模式严重忽视了教学中的情感因素,无视青少年学生心理发展的正常需求,严重束缚了学生学习的积极性、主动性和创造性的发挥。

我们班的小刘同学性格非常活泼,平时与同学相处融洽,也很喜欢与同学分享自己的所见所闻。但他上课时总是管不住自己,经常会开小差、做自己的事情,或是在老师授课时乘机与周围同学窃窃私语,抑或是不假思索打断老师的话。因此每次上课时都需要对其反复提醒,既影响了其他同学的学习,也使得课堂效率大打折扣。也因其上课不专心听讲,每次学到的知识都很少,需要老师课后再进行辅导。

原因分析:

我认为,造成现状的原因有以下3点。

(1)行为习惯没有养成,在低年级时未形成良好的课堂学习习惯,不知道上课时要认真听讲,回答问题要举手发言。

(2)课堂形式较为单一乏味,学生因此缺乏学习兴趣。

(3)课堂上缺乏师生、生生的交流和互动,没将问的权利、说的机会交给学生。

解决措施:

针对以上的问题,主要采取以下措施。

(1)与班主任和家长深入交流,希望其配合任课教师对他进行行规教育,让其了解课堂上的注意事项,营造良好的课堂学习氛围。

(2)通过创设教学情境让课堂充满激情,激发学生学习兴趣。巧妙地把音乐引进课堂,既使学生感到兴奋激动,开拓学生的思维,还

陶冶情操，培养人文素养。学生尽快地融入课堂情景之中，产生强烈的求知欲和学习兴趣，满怀期待地进入本节课的学习，学习效率事半功倍。

（3）变"满堂灌"为"交响乐"，通过各种活动让课堂形式多样。改变过去那种严格按照教学流程按部就班地进行教学的状况，组织丰富多彩的教学活动，如"我来比一比""创意大挑战""争当小老师""作品展览会"等。在这些活动中，学生投身其中直接参与教学，师生、生生之间共同合作完成教学任务。学生在"玩"中学习知识，获得成长，学生的核心素养（图像识读、美术表现、审美态度与创新能力）也得到了锻炼与提升。

（4）在课堂上搭建"说"的平台，将问的权利、说的机会交给学生，课上不仅有思维火花的闪现，也有精彩的动态生成，比预设的教学过程更生动、活泼、丰富。

成效：

现在小刘同学每次都早早做好课前准备，在课堂上专注力明显提高，积极参与课堂活动，也踊跃回答问题，表达自己的想法，还经常向同学们展示自己的作品，体会到了创作带来的乐趣！

三灶实验小学　　王静雯

14. 学生学会思考比学生学会技巧更重要

诠释：

思考，是一个人不断前行的重要方式，我们的做事方式，我们所做的决定，我们的行为方式，都需要我们思考后，才能做出符合我们行为的方式。学会技巧，学生可能会交出一张比较满意的答卷，但是在教学过程中让学生学会思考，将让学生终身受益，具备解决各种问题的能力。

在教学过程中，作为一名小学教师，总感觉要帮助学生前行，帮助学生学会知识和技巧，但是却往往忽略了我们的学生也是具备思考能力的群体，我们应当把更多的空间留给学生们自主探究，让他们在尝试中思考、内化。

学会思考是教育的基础，不管任何的教育方法或理论，都需要教会学生学会思考。

案例：

小学低年级中，计算教学比较枯燥，而且一般常人都觉得用不着理解什么，会计算的技巧就可以了，如果孩子不理解算理，做题时突然忘了怎样算，那就彻底不会算了。怎样让孩子真正理解算理呢？其关键就是要孩子们动手操作。小棒是小学低年级学段计算教学中不可缺少的动手材料，但是小棒如何用，什么时候用，效果可就大不相同了。如我在教学 24÷2 时，竖式的书写格式对孩子们来说一直是个难点，表现在十位和个位不能一起除。每次教学到这个环节时总是有孩子不可避免地出现类似错误，是什么原因呢？就是不明白为什么要一位一位的除，不清楚除法运算的本质是什么，让孩子理解除法一位一位除的根本就是分"计数单位"。这时小棒的作用就明显显示出来。孩子们动手操作分小棒，先分几捆，再分几根，这样的操作过程能促进孩子们理解和感悟数学本质。我把分小棒的过程与竖式教学过程结合起来，产生了非常好的效果。教学中，我先让学生动手把 2 捆零 4 根中的2捆小棒平均分成2份,每份是一捆,也就是一个十。接着我提问:"同学们,我们刚才分的2捆小棒,你能将刚才分的过程,在竖式上表示出来吗?"学生很快得出用十位上的2除以2等于1写在十位上。我继续问:"还有四根小棒没分呢,怎么办?这一过程在竖式上怎么表示呢?"孩子们立刻说要把4拉下来。我追问:"为什么要把4拉下来呢?"有的孩子说:"把捆和根分开。"还有的说:"十位和个位分开,竖式第一层是十位,下面是个位。"

"我们分小棒是先分捆,是十位,再分根是个位。"这正是竖式的易错点,居然在孩子们动手操作中解决了。

这样的教学促进了学生的主动思考,真正提高了孩子们的数学思考能力,正是适时有效的动手操作,使孩子们明白了算理,课堂效率大大提高。

原因分析:

我认为,造成现状的原因是现在的课堂上,都是主要以老师讲解为主,老师认为学生没有自己解决问题的能力,没有给学生足够的思考空间,而是在帮着学生一起解决问题,造成学生比较依赖老师,自己思考的空间逐渐缩小。

解决措施:

针对以上的问题,主要采取以下措施。

1. 明确提出问题

问也是一门艺术,我们不妨想一想:怎样问学生才愿意说,问什么学生才能思考,然后去回答。当然,提出能引发学生深度思考的问题最关键。

很多时候之所以不能引起学生思考，是我们作为老师提出的问题出了问题。如果所提问题本身简单肤浅，或者根本就是假问题，怎么可能引发学生的深入反思呢？

在课堂上我们常常能看到老师提出一个问题学生往往无从着手，即便老师给予引导甚至于换了一种又一种的角度或者方式提示，学生还是犹豫，还是一脸懵，依然感到困惑。这样的问题或太空太虚，或与教学内容没有太大关联，又或者老师的启发点有误。

这是学生思考不了和答不上来的情况，另外相反的一种情况是学生踊跃举手。翻开书就可以轻松找到问题的答案，几乎所有的同学都对答如流。这说明教师提出的问题没有对学生的思维构成挑战，没有激发出学生智慧的火花。回答后即得到教师"你真聪明""你真棒"类的评语，这其实助长了学生的浮躁作风。

2. 创设思考情境

发挥情境教学的作用，引发学生思考。

情境的创设具有各种各样的方法，应注意情境的使用必须恰当、贴切、适时，针对不同的科目、学段具有不同特点。比如，低年级小朋友比较喜欢有趣、新奇的事物，学生受好奇心理驱使，不知不觉中就走进对新知的探索。

3. 给学生留出足够思考时间

实际课堂中，发现在教师提问后，学生不会回答，教师并不给学生留出足够的时间思考，而是不断重复问题或忙着启发。因时间短暂，学生思考缺乏深度，往往草草作答。表面上气氛活跃，实际上是走进了烦琐而肤浅的一问一答的圈子中。教师应在提问后给学生一些独立思考的时间，让其潜心读书，深入思考。这时正是学生思维最为紧张活跃的时刻。课堂上还有这样的情况：有些有深度、有难度的问题提出后，学生们展开了热烈讨论，但答案千篇一律，缺乏新意，甚至出现错误，教师却急于作评价。教师应再留出一点时间，把机会和任务留给学生，让学生们冷静思考，寻求出更多的思考成果，不做"脑筋急转弯"，而是"涵泳工夫兴味长"。这样做，无论对问题的深入解决还是培养学生的思维能力，效果都会更好。

成效：

学生比之前更加能够独立思考了，而不是单纯等待老师知识的"投喂"，课堂效果比之前好了很多。

三灶实验小学　王晓莉

15. 教师的施爱应在严爱与宽爱之间

诠释：

从事教师这份职业，心中怀揣着热爱每一个孩子的心，与孩子们在一起将拥有最真挚最幸福的时光。每一位教师，对于教育事业都有自己的一份向往与追求，在播撒知识的同时，我们教师更关注用"爱"浇灌每一位学生。在施爱的过程中，我们要严慈并济，学会用严爱与宽爱之间的某种平衡对待不同的学生。

案例：

学生是老师的好帮手，老师们常常有自己学科上的得力助手——课代表，一方面是让自己繁忙的工作有人帮助，另一方面，也锻炼了孩子们的管理能力和动手能力。但是有时候，学生在自我管束方面一直需要监督老师的监督，不然有些孩子会缺乏自律性，反而适得其反。

我们班的英语课代表是一个有责任心，学习好强的女孩，是老师学生眼中的"靠谱"班干部。由于她工作负责认真，我会将每次的默写本记录工作全权交给她来负责，她一直以来工作十分自觉优秀。但有一次我在批改默写本时，特地想先找出她的本子看看正确率，结果翻了好久也没有找她的本子。当下，我就明白了，过多的信任，让她产生了投机心理，因为争强好胜的性格，想要投机取巧不给我批改，当登记时便可以自己填上满分。瞬间，我顿感生气与难过，这么好的孩子怎么也学会了欺骗老师呢？但是，多年的教学工作告诉我，要面子的孩子一定要给予她尊重和解释的权力。我把她叫到教室外，用严肃的语气询问她了事情原委，她一下子流下了眼泪，承认了自己的错误。在严肃的批评之后，我要求她第二天写好检讨书，深刻反省，而今天这件事也不会与第二个人提及。她眼神里充满了悔恨和歉意，当我隔天收到她的检讨书时，看着她精致的信封里的检讨书，我明白了教师施爱的过程是必须严爱与宽爱并存的，让她有被尊重的关心帮助和正面的教育引导。

原因分析：

我认为，造成现状的原因有以下3点。

（1）家庭的原因。给孩子定位的要求较高，从小没有帮助其树立起正确的人生观和价值观。

（2）学生自身的原因。好胜心较强，希望一直保持全对的默写成绩，因此在过程中开始采取投机心态。

（3）教师和学校的原因。没能及时的检查默写登记情况，造成了不必要的问题产生。

解决措施：

针对以上的问题，主要采取以下措施。

（1）树立学生班干部自律的风范，进行思想上的教育工作，杜绝作弊、欺骗老师等行为。教师要学会抓住问题的切入口，学会尊重学生的同时，将学生所出现的问题利用合适的时机、场合、地点进行教育。教师需要懂得学生的心理疏导，从对方的角度做合适的教育，教育的本质是从内心感化学生的认知。

（2）给予学生更多的尊严，在好孩子犯错误时，适当倾听他的原因，在两个人单独的时候进行思想教育。要理解优秀的学生更注重在教师心里的表现，也更在乎在同伴面前的尊严，应避免在全班面前批评，造成他的心理压力和窘境。

（3）多多教育学生的正确价值观，告诉他们学习成绩只是证明他们学习能力的一部分，而真正需要衡量的是他们的品质和人格。在教育学生时要避免分数和能力论，要教育学生培养好个人的全面素质，其中包括诚实、勇敢、直面自己的错误。在教育学生时，不仅关注学业成绩，更是要将培养合格的"人"放在首位。

（4）与孩子的家长们多多沟通，了解一个孩子的家庭，往往可以侧面折射出很多问题，也能对症下药，更好地培养一个孩子的人格品质，进一步落实好"全员导师制"。

成效：

教育孩子的过程，有严格的要求，有是非对错的指引，更有改正错误的机会。每个人都会犯错，何况是在青春期的孩子们，他们有些许的轨迹偏离，我们更应该将方向纠正并推动他们前进。相信他们越长大越希望老师不仅仅是传道授业解惑的先生，更是指引他们发展的知心朋友。让教育施爱永存于严爱与宽爱之间！

三灶实验小学　　杨晓婧

16. 教师要做学生成长路上的指明灯

诠释：

儿童的心智、思想都未成熟，当遇到问题时，如若没有正确的指引，容易用错误甚至极端的方式来处理。教师要有一双善于发现问题的慧眼，及时作出正确的干预，确保孩子不走入迷途，要给他们指明正确的方向，并给与尽可能最大的帮助。

案例：

原本成绩中上游的小 A，升入三年级后，却性情大变。认为有了弟弟之后的父母，更喜欢弟弟，除了她的学习成绩，一点也不关心她的平时生活。所以，她渐渐变得喜欢说谎，不做作业，讨厌学习与父母，家庭的关系也越变越差。自尊心极强的她，在老师、家长的一次次苦口婆心的教育劝说之后，却依旧我行我素，甚至变本加厉。

原因分析：

小 A 其实是一个很自我的人，在弟弟未出生之前，她就是全家宠爱的小公主，所以她习惯所有人都围着她转，无论是父母，还是老师。这导致她很自私，凡事都只希望满足自己的欲望。弟弟出生后，瞬间感觉自己受到家人的关注少了，父母好像也不再爱她了。所以期望通过一些方式重新引起家人的关注，可惜选错了方式，导致越走越偏。

解决措施：

针对以上的问题，主要采取以下措施。

（1）与家长面对面沟通，了解小A在家的表现。母亲表示孩子现在在家根本不听家长的话，事事都要反着来。家长工作繁忙，加上弟弟年纪尚小需要更多的照顾，对待小A现在的反常有尝试沟通、教育，但收效甚微。了解情况后，告诉父母对待孩子的教育要有耐心和恒心，家庭教育对孩子来说其实最为重要。家长不要在敏感时期过度关注孩子的学习，要把关注点放在生活方面。每天睡前和孩子聊聊学校里发生了什么事，让孩子感受到父母每天都在关心自己。周末多带孩子出去走走，多体验一些亲子活动，以此增强亲子关系。要不吝啬表扬和鼓励，让孩子看到自己其实可以做得很棒，增强自信心。

（2）约定承诺，立下字据，让其更明确自己需要作出的改变。小A用书面的形式作出保证，并写下了做不到时的措施，由她和父亲都签上了字，老师作为见证。这一份协议，虽然没有什么法律效力，但却很有效地约束了小A的行为。从那之后，小A的作业虽然还不是做得很好，很完整，但每一次作业都能够上交，在缓慢的进步。

（3）弥补缺失的爱。我将班中的小暖男安排在她旁边，给与了她更多的爱与帮助。课上我会尽可能多的请她回答问题，让她受到更多的关注，感觉到老师的关心。课间鼓励其他同学和她一起学习玩耍，让她觉得自己是受人喜爱的。

成效：

渐渐地，小A踏上了原本正常的轨道，学习成绩有了很大的进步，变得更加自信，与家长之间关系也重修旧好，亲子关系恢复往日的融洽。

三灶实验小学　姚丽红

17. 有一种教育叫静待花开

诠释：

《孩子你慢慢来》一书中有一段话："我，坐在斜阳浅照的石阶上，望着这个眼睛清亮的小孩专心地做一件事；是的，我愿意等上一辈子的时间，让他从从容容地把这个蝴蝶结扎好，用他五岁的手指。孩子你慢慢来，慢慢来。"这段话让我们领略了美妙的教育艺术。作为一名园丁，我始终坚信每一朵花都会盛开。

因为每个孩子都有闪光点，每个孩子都是与众不同的，每个孩子都是一张白纸，请相信孩子，静等花开。每个孩子都是一颗种子，都有着发芽的机会，这机会可能是来自良好的家庭教育，可能是来自适切的学校教育，但最有可能的还是来自自己生长的需求。

有的花，一开始就灿烂绽放；有的花，需要漫长的等待。我们要告诉学生们不要因别人怒放了，自己迟迟未开而自卑气馁。也许你永远不会开花的小种子，反而会长成一棵参天大树。这些意义使生命成为一种非确定的过程，使人的发展永远具有创造性和超越性，使人永远处在生长之中。

案例：

在班级中经常能看到一些容易在课堂上发呆、走神的学生，也有一些上课爱说话的学生。这样的学生基本都会影响课堂纪律和进度，

老师需要在课堂中不断地提醒他们。对于这些学生我们需要对他们进行分析和帮助。每个学生的特性不一样，需要我们去发现，去判断，对他们给予帮助。教育是心灵的艺术，我们教育学生一定要和学生之间搭建爱的桥梁。

我们班有一个比较特别的学生，经常上课会发呆，做事总比人家慢一拍，常常人家已经写完作业了，他刚刚把本子拿出来。遇到这样的情况，其实老师比谁都着急呢。所以要每天对其观察，并对其进行正确的引导和鼓励。

原因分析：

首先，我们要分析学生的状态。判断他是不是故意为之还是身不由己。经过几天的观察，我发现这个学生其实自身已经很努力了，但是确实有些方面跟不上，反应也有些慢。

解决措施：

（1）多表扬，常鼓励。并且要给予具体的表扬内容，比如今天收拾桌面比昨天更快了，今天上课举手比昨天多了一次，今天写字更端正了等。当学生从各种细节处感受到自己正在一点点进步，自己便会给自己提更高的要求。所以在老师的督促和鼓励下，也能长期地看到学生的改变。

（2）用良好的课堂环境激发学习。按照以学生为本的教育原则，面对这样的学生怎么样能够让他得到较好的思维和逻辑训练呢？比如，在我的课堂上我会用多样化的教学形式，如不同的情境创设、教学形式的变化、不同的表扬机制等，能时时刻刻吸引学生注意力，特别是激发这个孩子的学习兴趣。让其高度集中注意力，思维敏捷，积极发言。

（3）多和家长沟通、交流。每天将学生课堂和课后表现都如实告知家长。特别在一些进步的地方要着重指出，这样家长也不会因为经常接到老师的电话而感到非常反感，反而能够更愿意与我们沟通。其实学生在家的表现是更重要的，往往有的学生在家不愿意与家长多说话，可能也是因为家长没有看到自己孩子的闪光点，如果老师将学生在学校表现好的方面告知家长，他们之间的关系也许会好许多。

（4）善于发现，给予耐心。要知道每个学生的性格不同，爱好不同，我们要善于发现，多给予耐心，发掘学生不同的潜能。我们常说"欲速则不达"，有时和学生讲解题目，自己认为已经讲得很透彻了，为什么还听不懂，一做题还是错，这时候我们经常会把责任推给学生，其实是我们没有站在同一个角度和思维进行学习，老师感觉很简单的问题或道理，学生的感觉却不会是这样，不同学生的接受程度也不一样。有的是初春就会开放的迎春花，有的是盛开在夏日的荷花，有的是傲霜的雏菊，有的是凌寒盛开的梅花，有的可能都没有花期，但它也许会长成一棵参天大树。

成效：

在老师的不断鼓励和表扬下，学生有了明显的进步，也能积极主动交作业了，背课文也更加主动了。通过老师对他的不断关心和爱护，让他感受到学习的快乐，进而不断努力学习和进步。

三灶实验小学　黄诗怡

18. 感人肺腑的谈话能医治学生心灵的创伤

诠释：

谈话是一种人与人之间沟通的媒介，感人肺腑的谈话基础是发自内心的真挚语言和心灵上设身处地的关怀。学生会因为老师的一个无心之举而伤心，也会因为一次感人肺腑的谈话而痊愈。所以，即使是在网络信息时代，也不要过度依赖社交媒体，面对面的诚恳交流才是医治学生心灵创伤的良药。

案例：

我上户外体育课时，有一位平常学习名列前茅但心灵脆弱、不善表达的学生因为无意间的一个抬手动作而戳到了旁边小朋友的眼睛，当下我以平缓的语气让孩子当着全班同学的面道歉了，也请同学帮忙带去了医务室做进一步的医护处理。可谁知在之后的课堂上那位心灵脆弱的学生便产生了抗拒体育课的心理，见此情形，我利用课间的时间以感人肺腑的谈话解开了他的心结。我委婉地询问他，老师是不是哪一句话戳伤了他幼小的心灵，也说明白了老师的良苦用心：对事不对人。孩子在我的悉心开导下露出了久违的笑容，也因此在体育课上有了更积极的表现。

原因分析：

我认为，会让这位学生产生抗拒体育课的心理因素有以下三点。

（1）该生本就生活在溺爱的环境里，听不得批评的语言。

（2）在我不周到的考虑下，让该生当着全班同学的面道歉，没有全面地顾及到学生的面子和尊严。

（3）课后没有缓和双方学生的关系，使得本就心灵脆弱的学生产生了心结。

解决措施：

针对以上问题，主要采取以下措施。

（1）寻求班主任的帮助，在班主任的语言润色和人物圆场的作用下和该生的家长取得了第一时间的联系，跟家长表明老师的良苦用心，争取得到家长的理解。

（2）与学生进行了感人肺腑的沟通。在课下找到该生，大方地承认老师的不周，与学生之间相互达成和谐，也用爱正面引导他以后遇到这样的事情要正面面对，而不是课下伤感。

（3）发掘学生的闪光点，鼓动他的上课积极性。在日后的体育课中，我都会在不经意间把机会留给这位学生，让他真切地感受到我课堂的吸引力。

（4）给与学生最大的赞美。无论学生做得是好还是坏，都应该以赞美的语言给与学生自信，人一旦有了信心自然而然便会爱上我的课堂。

成效：

在这之后，这位学生深深爱上了我的课堂。经常能看到他在我的课堂上积极举手的样子，他也成了课后会与我交心的学生。

我也懂得了：人的内心都是渴望被拥护尊重的，都是渴望能够用感人肺腑的语言真心对真心的，作为教育工作者需要关怀到学生的方方面面，而学生也是每个人都有自己的特殊性和独特性，此时则需要一次感人肺腑的谈话医治学生心灵的创伤拉近老师和学生之间的距离。

三灶实验小学　陈雪雯

19. 用积极的话语，肯定学生，给予学生学习的信心

诠释：

在课堂中发现，教师简洁明了的表达和积极的语气，能够让学生第一时间掌握老师讲话的重点，并且能在一定程度上减轻学生的负担，消除学生的厌倦感。它能让学生在心里记住你希望的积极行为，不带任何嘲讽或怀疑，让学生在心里记住积极行为，或许能让学生更快的转变。相反，太多漫无目的的话语会引起学生的排斥心理。小学生最明显的一个特点就是向师性，老师的肯定能够给予他们很大的信心和勇气，因而教师不要吝啬对学生的肯定，积极鼓励学生才更有利于学习和成长。

案例：

新学期，班级里转来一位新同学王某某。之前是在民办学校就读，行为习惯、学习习惯都没有养成，学习比较吃力。不知道上课应该怎么坐端正，不知道什么时候要做作业，不知道作业的格式……刚开始，王同学要么跟着同学玩，要么就是在座位上愁眉苦脸，茫然无措。观察了一段时间，我问他："你是没心思做作业，还是不会做？"王同学看了看我，欲言又止。我又问："你看，你不说，老师和同学怎么知道你有什么困难呢？老师和同学不知道你的困难，怎么帮助你呢？"我顿了顿又说，"我们班级的同学可都是最有爱心、最乐于助人的。"我面向全班，大声问："大家说是不是啊？大家是不是都很愿意帮助我们王同学啊？"同学们纷纷说："是的，老师。我们愿意帮助王同学。"……"你看，我们同学这么热情，你现在愿意说你的困难吗？"王同学说："老师，我听不懂，也不知道做什么作业。"说着低下了头。"没关系，老师帮你。"于是打开课本，带他读了读今天的课文，把要抄写的词语指给他看，然后教他抄写的格式，在他本子上打样。王同学第一次顺利及时完成了作业，我马上在班里进行了表扬，并提出了书写建议。

原因分析：

这个孩子一年级是在民办学校就读，家长的文化层次较低，平时接触的社交环境相对较杂，孩子在起始阶段没有得到正确有效的引导，没有养成良好的学习习惯，学习基础较差，从而造成孩子的自卑心理，不敢开口说话，不敢开口提问，不敢跟同学交往。

解决措施：

（1）找出学生需要帮助和提高的地方，直截了当地问他是不是需要帮助，而不是批评他为什么这样做，这样做不对。孩子是因为不懂怎么做才拖拖拉拉，一上来就指责的话会加重孩子的自卑心理，让他对学习更没信心。

（2）教师要有耐心地进行指导，可以给他看看其他同学的范例，让他知道应该做些什么，怎么做才有成效。

（3）争取周围同学的支持和帮助，让同学去帮助他，他会有勇气正视不足，有勇气克服胆怯心理，有勇气接受。这样做也是锻炼他的社交能力，让他知道同学们不会因为他学习困难而看不起他，同学们很乐于帮助他，从而激发他学习的自主性和主动性。

（4）和家长沟通联系，争取家长在家也能进行有效的指导和教育。针对家长文化不高的特点，把学习的要求、和孩子交流的方法等提出有针对性的建议，让家长得指导监督更有效。

成效：

这样每次作业都先问一下"你知道作业怎么做吗？"没几天，王同学交作业的速度明显快了，一直持续到现在。给学生一点自信，明确指出你的要求，并给予积极的帮助，在学生取得一点点小小的进步时，我们也不要吝啬我们的赞扬，激励他继续努力。

三灶实验小学　顾　英

20. 用心去爱我们的学生，让学生在关爱中健康成长

诠释：

马斯洛的需要层次理论中，人有5种基本要求，其中就包括归属与爱的需求，每个孩子都有被爱的需求，教师需要用心去爱每一个孩子，这是每位教师最应具备的道德品质，是构建和发展和谐良好师生关系的基础，同时也是课堂教育教学的有效保障。

案例：

每个班级或多或少都有几个学习基础比较薄弱的学生，他们常常是老师、同学眼中的"问题生"，但其实这些学生也都想努力变好，他们都渴望能得到老师和同学的认可、尊重与关爱。"人非圣贤，孰能无过"，老师不是圣人，学生也不是圣人，因此我们要接受学生的错误，我们班基础比较薄弱的学生较多，通常我在上英语课的时候碰到一些基础的练习题都会抽这些学生起来回答问题，可他们还是犯了各种错误，这时候班级中几个聪明但调皮的男孩子们会发出一些不合适的声音，我会及时严厉制止他们，并鼓励、启发与引导这些基础薄弱的学生自己回答正确，逐步增强他们的信心与勇气，让他们感受到成功回

答问题的喜悦，为自己带来更大的成功，形成良性循环，同时也使班级中的每个学生都认识到，作为一个集体，同学之间需要互相尊重、互相关爱、互相帮助。每个学生都有着自己不足与闪光点的地方，在这些英语基础比较薄弱的学生中，有的学生有着美妙的歌喉，有的学生动手能力还不错，还有的学生很热爱体育运动等，英语教材中有许多有趣的环节，比如唱歌、制作活动等，那么这时候可以根据他们的闪光点，让他们也像小老师一样带领班级同学一起完成这些环节，做到在学中乐，在乐中学。

小A同学是我班的一名学生，是典型的"问题生"，其主要表现在：上课注意力时常不集中，会有抖腿的习惯，在每次提醒后总是三分钟热度，马上又变回原形，作业总是拖拉且偷工减料，还时常以"没带"为理由为自己没做作业找借口，一些订正的练习题在讲评过之后检查还是错误，很多基础练习题在多次讲评之后还是错误，我在课后也是时常会找该生交流谈心，每次都能好好的答应，但在第二天的时候仍然是老样子，没有改变。

原因分析：

我认为，造成现状的原因有以下3点。

（1）学生自身的原因。学生的自控力较差，不能按要求完成一些作业，课后也没有认真复习讲过的习题，没有养成良好的学习习惯。

（2）家长的原因。家长过分溺爱与信任孩子，且忙于工作，没有足够关心学生的教育问题。

（3）教师的原因。教师在开始没有足够关心、关注学生，直至在问题爆发出的时候才发现。

解决措施：

针对以上的问题，主要采取以下措施。

（1）对学生。以心换心，以爱换爱。教师要用辩证的方式看待这些学生，不能一味地放大他们学习上的不足，以学习作为唯一标准去看待学生，而要用心去观察学生的各种表现与行为，以赏识之心发现他们身上每个微小的闪光点，让学生感受到教师对他们的爱，从而让他们爱上英语、爱上英语课，最终在爱中不断进步与成长。

（2）对家长。定期与家长进行沟通与交流，不仅仅是反馈学生的一些问题，也可以向家长沟通一些学生日常的学习琐事，哪怕是帮助同学这种简单的事情等，让家长能了解在学习里的孩子是什么样子的，以此可以鼓励、引导学生在家中也要这样，从而形成家校合力。

（3）对班级。在班级中要让其他学生认识到，班级是一个集体，大家好才是真的好，在学习方面挑选出一些学习比较优秀的学生，对班级中一些基础知识比较薄弱的同学进行帮助，同时在其他方面，班级中可以利用班会课时间多多举办一些丰富多彩的活动，让这些学生在自己闪光点的领域中也绽放光芒，营造积极向上、和谐良好的班级氛围。

成效：

小 A 同学渐渐走上学习的正轨，各方面都有了明显的提高与进步，比之前有了更强的学习热情和学习积极性，且在英语课上越来越自信，越来越爱英语和英语课。

三灶实验小学　　庄意如

"真我教师" 50 招

妙招 1：常规记心中、制度要固化、常规要落实

妙招 2：课堂互动提高课堂效率

妙招 3：恰到好处且及时的夸赞能够带给学生参与课堂的兴趣

妙招 4：合作学习、自主探究

妙招 5：课堂里的魔法——课堂手势

妙招 6：让"小组竞赛授课法"激活课堂

妙招 7：精炼的教学语言培养学生倾听习惯

妙招 8：开动脑筋编儿歌，激发学习兴趣

妙招 9：丰富教学手段，调动学生兴趣

妙招 10：和谐的课堂氛围调动学生积极性

妙招 11：游戏教学，寓教于乐

妙招 12：多样化的表扬提高学生学习兴趣

妙招 13：有效互动，让课堂"活起来"

妙招 14：课堂口令给课堂教学带来的精彩

妙招 15："以数辅形、以形助数"提高课堂实效

妙招 16：课堂中丰富的"肢体语言"

妙招 17：课堂口令让学生养成良好课堂纪律

妙招 18：课堂奖励机制激发学生学习热情

妙招 19：巧用学具激发学习热情

妙招 20：多形式的课堂评价展现学生主体性

妙招 21：语音教学小妙招之字母操

妙招 22：课堂评价开启学生思维的大门

妙招 23：激励性评价，增强学生自信心，调动学生积极性，唤起学生热情

妙招 24：成立学习小组有序维持课堂纪律

妙招 25：TPR 字母教学给课堂教学带来乐趣

妙招 26：课堂过渡语为教学构建桥梁

妙招 27：英语课堂游戏给词汇教学带来的精彩

妙招 28：游戏竞赛点燃课堂火种

妙招 29：注重师生互动

妙招 30：建立多环节问题回应链，从回答走向回应

妙招 31：课堂评价的趣味性可以增强孩子的自信

妙招 32：利用游戏比赛培养健康心态

妙招 33：感知当下学生的兴趣，丰富课堂拓展内容

妙招 34：课堂提问有效性达成课堂教学效果

妙招 35：演一演，让语文课堂更生动

妙招 36：音乐相伴，真情齐飞

妙招 37：掌握教学中的板书艺术

妙招 38：课堂情境创设激发学生学习热情

妙招 39：关注学生活动，及时有效评价

妙招 40：小组合作促提升

妙招 41：课堂表扬培养学生自信心

妙招 42：不要引导学生功利

妙招 43：合作探究让课堂更具活力

妙招 44：正面鼓励提高教学效率

妙招 45：启发提问，让学生在精彩的问题中创新思维

妙招 46：有效提问

妙招 47：课堂指令给课堂教学增添趣味

妙招 48：教师以眼传神提高教学效率

妙招 49：游戏式教学给课堂增添活力

妙招 50：通过创设情境让课堂充满激情

"真我教师"50招案例

妙招1：常规记心中、制度要固化、常规要落实

学校对体育课要求比较严格，比如，体育教师要到教室带队，走廊站队，上下楼梯不能有说话的声音，所以按照我们学校的规定，这些也是体育课堂常规的一部分。体育课堂常规一般包括上课纪律要求、服装、请假手续、器材的使用等。

要真正将抓常规的理念彻底落实到每一位师生的内心深处，增强思想上的重视程度，自觉、主动地从"我被规范"到"我要规范"的思想转变。比如，开学初的每一节体育课花一分钟强调让学生把脖子上的挂件取下来，口袋里的东西掏空，佩戴的袖章取下来。久而久之，学生的这方面的意识就会增强，不需要老师提醒，学生都能自觉地遵守，课前会检查自己的脖子上的挂件是否取下来。参加体育活动不能戴饰品的观念就会根深蒂固，学生自觉养成一种习惯。

体育常规课堂上，各项规范化要求都要固化成制，必须以制度的形式固定下来，以确保得到遵守与实施。实践中，很多老师习惯于"口头课堂常规"，想到哪儿说到哪儿，并没有真正落实到实践中，这便让课堂常规的实效性大打折扣。要提高执行力可以将体育课常规张贴于教室墙壁之上，让学生做到心中有意识，眼中有常规，行为有规范。

抓实体育课堂常规的关键在于践行。体育课相对于室内课来说不好上，因为操场较为空旷，学生比较兴奋，注意力不集中。所以体育课上，如果学生违反纪律，必须要有一定的惩罚措施。而一些体育教师在常规课堂中只是口头警告，没有实质性的惩罚措施，久而久之，学生就不重视课堂的纪律了。

三灶实验小学　方雅婷

妙招 2：课堂互动提高课堂效率

课堂 35 分钟，难免会出现学生走神的现象。有趣、有效的课堂互动可以帮助学生从游走的思绪中拉回来，也能增加课堂氛围。

比如，语文课上，遇到要写字的环节，可以先跟着老师做做手指操，活动活动手指，比如"一根手指变变变，变成小虫爬爬爬；两根手指变变变……"，既能让学生感到高兴，又能提醒学生进入下一环节。

比如，数学课上，学习人民币一课，把教室变为购物场地，老师是收银员，学生是顾客，学生自行购物，再进行结账。学生不仅可以感受购物的乐趣，还能认识人民币、学会算钱和找零。

比如，英语课上，利用教具让学生角色扮演，可以生生对话，也可以师生对话，在训练词语、句式的同时，增加了互动的频次。

课堂的互动形式多种多样，良好的课堂氛围有利于提高学生的学习热情，激发学生学习的兴趣，从而使课堂变得轻松、高效。

三灶实验小学　曹　燕

妙招 3：恰到好处且及时的夸赞能够带给学生参与课堂的兴趣

课堂上，老师在教授内容的同时千万不可忘记要给予学生恰到好处的夸奖，一句简简单单的夸奖不但能够让被夸奖的学生大获自信，也能让其他学生以此为榜样，注意到：原来简单细小的一个举措也能让课堂发光发亮，从而激发学生的兴趣，烘托课堂的氛围。

比如，在课堂回答问题时，学生发言声音响亮，体态端正。当出现了第一个这样的孩子我们就要及时夸奖他，并不是敷衍了事地夸他"你真棒"，而是要说准确"你真棒，你的声音真响，站得真端正"。经过这一番夸奖，在这之后发言的学生就会以这个小老师为标准，尽自己所能地超越他，激发学生的好胜心理，这样的课堂就是有气氛的。

比如，当学生在某一方面被批评或找不到自信时，老师就要用发现美的眼光看待他，即使是一个很细小的优点，像"坐得端正""眼睛亮"等等，就能立即让学生投入到你的课堂，因为他在你的课堂上找到了自己的价值。

教师是太阳底下最光辉的职业，我们把赞美留给学生，才能让这些花朵们向着太阳成长，而我们为人师者也向着真我进步！

三灶实验小学　陈雪雯

妙招 4：合作学习、自主探究

"自主、合作、探究"的课堂学习方式，最能充分调动、发挥学生主体性和探究式学习方式。合作学习有利于调动学生的积极性，有利于师生之间沟通情感和交流信息，有利于思维的撞击和智慧火花迸发。

如学习《物体的形状》一课时，小组合作，通过摸一摸、滚一滚等多种形式探究图形特征并记录，最后以小组形式汇报活动成果。组员间的交流能让探究更多样化、全面化，同时增强课堂氛围。让不同经验得到交流，使学生通过合作探究真正感到他们是课堂的主体，是学习的主人。

三灶实验小学　陈裕婷

妙招5：课堂里的魔法——课堂手势

小学的课堂学习中，不能过于枯燥和乏味，但是有时候课堂过于放松，学生往往收不住声音，如果用"123—坐坐好"等口令，一开始还有效果，时间长了学生会觉得没有意思，教学的效果也会大打折扣，这时候就需要课堂里的魔法——课堂手势。

比如，老师可以高举右手，做"收"的动作，嘴里说"收"，一开始幅度大一点，吸引了孩子的注意力后，说：老师的手有魔法，我看看哪位小朋友的反应最快，当看到老师这个手势时，马上坐端正。

学生了解后再试验一遍，一般第一次反应都很快，及时地对他们进行表扬，告知他们之后老师会随机出示，看看谁可以注意到。

接下去就是上课中，遇到课上学生太兴奋的时候，可以先停顿一下，然后先出手势，再说"收"，这时候一两个反应快的同学马上坐端正，立马夸奖。

时间久了，学生就会对我的手势开始注意，都想做反应最快的人，这个简单的动作，不仅方便了老师控场，也让课堂增加了趣味性。

三灶实验小学　董依丽

妙招6：让"小组竞赛授课法"激活课堂

课堂上教师的精心授课固然重要，但是学生的积极性和对课堂的兴趣更重要，我们可以通过小组竞赛的方法来提高学生的积极性，表扬学生的形式一定要多样。

比如，以组为单位表扬某组学生的坐姿、背诵完成情况、读书的音量、积极举手发言的学生数等，用小组积分形式，下课前把当天表现最优秀的一组给予奖励，奖励一定要及时。比如，奖励最棒的一组当天可以少完成一项作业，当然这个作业是可有可无的，没有太大影响的作业。比如，免去抄一首古诗，或者一个自然段的课文等，也可以奖励该小组当天与最喜欢的老师合影并且发到班级群上进行表扬，或者奖励该小组每个成员一个糖果等。

兴趣是最好的老师，学生有积极性的课堂才是一节高效有魅力的课堂。而小组竞赛授课法不但有利于学习任务的完成，还能够增加小组凝聚力，有效引发组内学习伙伴间较为强烈的协作动机，从而营造一种进取向上的学习氛围！

三灶实验小学　潘　晨

妙招7：精炼的教学语言培养学生倾听习惯

学生是学习的主体，教师是学生学习的引导者。要把课堂还给学生，必须调动学生的学习主动性，让学生在学会思考之前，先学会倾听。而教师精炼的教学语言不光可以让课堂免于无聊、重复，还能培养学生主动倾听的好习惯。

我们总是生怕学生听不清，下意识地重复我们认为重要的内容，特别是指名学生回答问题之后，会忍不住重复他的答案。我们以为这样的重复是在帮助学生加深记忆，殊不知这样做不仅会让我们的教学语言显得啰嗦、拖沓，还不利于学生养成倾听同伴发言的习惯，让学生陷入"选择性听课"的怠惰境地——别人回答问题我不必听得很认真，反正老师会重复答案。

要帮助学生养成倾听同伴的习惯，最好的方法就是平时肯定、赞扬认真倾听的学生，并且可以在一位同学发言之后，请另一位同学重复他的发言，来检查同学们听得是否认真。这样一来，学生每时每刻都积极参与课堂、主动倾听、主动思考、主动表达，真正成为了课堂的小主人。

教学语言是一门艺术，如何提高课堂时效性、培养学生倾听的习惯，就要看我们在教学过程中如何把握运用这门艺术。教学语言表达要精炼，我们在课堂上讲的话就应该是加一句嫌多、减一句嫌少，只有这样，讲课时才能丝丝入扣、言必有中。

三灶实验小学　　邱　欢

妙招8：开动脑筋编儿歌，激发学习兴趣

新的教育理念着眼于学习兴趣的培养和创造精神的鼓励，在教学实践中，要营造一种和谐活泼的课堂气氛，将课堂小规则、知识点以编儿歌的形式传授给学生，使学生能够在轻松的环境下自主学习。

比如，当学生进入音乐教室时，"腰背挺直人坐正，两脚并拢手放平，耳朵竖起听琴声，嘴巴圆圆歌声美"，这一简单的儿歌就能使学生快速投入音乐课堂的新环境中，从而提高课堂效率。

比如，在学习柯尔文手势这一音乐小知识时，小朋友们极易将不同音的手势弄混，这时可以根据每个音手势的特点编创类似"小小拳头腰间握，唱时稳定又扎实"的儿歌，增加学生记忆力。

在大力推进素质教育的今天，人们越来越深刻地感觉到音乐教育的重要，通过课堂小妙招，编创学生耳熟能详、感兴趣的儿歌，能够更好地培养学生对音乐的学习兴趣。

三灶实验小学　　王贝儿

妙招 9：丰富教学手段，调动学生兴趣

对于小学生而言，教师不仅需要使自己的教学语言更加儿童化，也要想方设法调动孩子们的学习兴趣，来保证整节课的活跃氛围。但是因为此学段的学生比较好动，注意力不太能长时间集中，所以在课堂上教师要丰富教学手段，不断调动学生的学习兴趣，使他们充分地融入课堂，提高课堂效率。

比如，在背诵古诗时，采用"击鼓传花"的方式，引导学生背诗，在这种紧张有趣的氛围下，学生们更起劲了，诗也背得更好了。

比如，在读儿歌时，我会让学生一边击掌，一边读，还可以加一点头部摆动，感受儿歌的韵律能够使得朗诵更加有节奏感，也更容易记住。还可以采用小组赛读、接龙、男女生赛读等方式，激发学生的兴趣。

比如，在教学语文《动物王国开大会》一课时，引导学生们进行角色扮演，学生们在表演中很容易就把握了文章的主要内容和思想。

心理学家弗洛伊德指出："游戏是由愉快原则促动的，它是满足的源泉。"游戏是学生最乐于接受的形式，也是学生积极参与教学活动的一种有效手段。因此我把课堂教学游戏作为培养学生创新精神和实践能力的主渠道，让学生感受到成功的愉悦，从而激发学习兴趣。

三灶实验小学　　姚解语

妙招 10：和谐的课堂氛围调动学生积极性

课堂上教师除了创设贴近学生生活实际的语境、创设问题情景或精心设计课堂活动内容和方式来激发维系学生主动参与课堂学习活动的热情外，还能通过营造宽松的参与环境，创设民主和谐的课堂氛围来激发学生的学习主动性、积极性。

比如，在上课时，教师要能够认真倾听并尊重每一个学生的回答或意见，而不是仅仅只听到"我们自己设定的答案"。当学生感受到他们是被倾听的和被重视的，他们的课堂主动性就会被调动起来。

比如，在课堂互动中，教师要学会善于发现学生的进步和成功，不断给予他们积极正面的肯定和鼓励，当学生的回答有错误时，教师要理解和包容他们的错误，并且对错误中的正确成分加以肯定，然后启发学生自己发现错误，让他们拥有成功的体验。

比如，一个班级的学生是有差异的，教师要提前设置好多样的课堂互动环节和不同层次的提问，给予每个学生同等的参与互动的机会，以此促进师生、生生间的互动、交流和合作。

罗杰斯说："成功的教育依赖于一种真诚的理解和信任的师生关系，依赖于一种和谐安全的课堂氛围。"只有创设民主和谐的课堂氛围，学生才能更积极主动，课堂教学才能更加有效精彩！

三灶实验小学　　张奕炜

妙招 11：游戏教学，寓教于乐

由于小学生的年龄和心理特征，他们的有意注意时间持续短，如何在有限的时间内提高课堂效率是教师们常常会思考的一个问题。游

戏教学的方式不仅能吸引学生注意、提高学生学习兴趣，也能促进学生认知和思维能力的发展。

Golden Eyes（火眼金睛）是小学生最喜欢的游戏之一。比如，在复习"水果"单元时，老师可以摇动单词卡片，问"What can you see?"要求学生快速回答"I can see..."。在游戏中充分调动学生的五官，大部分学生都能积极参与其中。在巩固词汇的同时提高了他们的观察能力和学习能力。

Role Play（角色扮演）也是小学课堂上常见的游戏。比如，学生可以扮演动物，介绍自己的大小、颜色和能力。此外，学生扮演病人和医生、学生和老师、孩子和母亲等角色，在一定的情境下进行对话。游戏激发了学生们的求知欲、表演欲，教师将舞台交给学习的主人，使其在趣味游戏中达到学习的目的。

"游戏"与"学习"并非是对立的，教学是与快乐相伴的。将"游戏"与"教学"两者巧妙地结合在一起，从而引起学生学习兴趣，寓教于乐，使学生在玩中学，学中玩，更有利于学生接受和吸收知识。

三灶实验小学　朱冰悦

妙招12：多样化的表扬提高学生学习兴趣

每一节课上，学生的学习兴趣以及上课的认真程度决定了这一节课他们能够学习收获到多少知识。身为教师，除了运用生动的语言去感染学生，更加要做的是提高学生的学习兴趣。

在语文学习中，朗读是非常重要的。学生们可以从读中感悟，读中体会。刚开始进行学习时，基本上是捧读，但有的学生学习能力很强，他们很会模仿。这个时候，我就会及时地夸奖这些学生，让这些学生建立朗读的信心。而有的学生模仿能力较弱，但是他比较有自信，愿意去尝试。这个时候，我会夸奖孩子做得正确的地方，比如表扬他读得很流利、比起上次有进步，再紧接着对他的朗读提出要求，慢慢指导着朗读。就这样会有更多的学生在课堂上跃跃欲试。

表扬并不仅仅是老师口头的一句"不错"和"真好"，更应该是帮助学生建立学习信心的一种方式。课堂的时间是有限的，但是通过表扬，可以让学生收获到的信心和学习兴趣是无限的。

三灶实验小学　朱婷佳

妙招 13：有效互动，让课堂"活起来"

与学生进行有效互动在实际教学中给课堂带来了蓬勃朝气，使教学更有生命力。不仅有效提高课堂教学效率，使课堂达到较好效果，还调动学生参与课堂的积极性，为学生提供充足的发展空间，让学生置身于课堂情境中，感受学习的有趣与美好，营造良好和谐的课堂氛围；同时也促进师生、生生的交流，培养与激发学生学习热情，从而促使学生不断学习、不断进步。

课前热身，激情互动。作为英语教师最需要的就是激情，通过夸张的动作、丰富的板书、有趣的语言等充分调动学生学习热情。在 Pre-task preparations 阶段，通过 Sing a song、Play a game 等环节进行热场，调动学生的各个感官，调节课堂气氛，使每个学生都能集中精神；接着通过 Free（Daily）Talk 的形式，加强师生间的语言合作，使学生们能在热场之后快速进入学习状态；最后在导入中尽量以直观清晰的方式展现给学生。

置身情境，积极互动。在 While-task procedures 阶段，教师要设置多样的课堂活动，如 Pair（Group）Work、Role-Play 等，由扶到放，保证师生、生生的有效互动，以 Role-play 为例，学生在课堂情境中根据不同角色需要，通过模仿和想象，用自己的情感、动作等来展现，从而真正感受教学内容，达到教学目标，做到寓教于乐；同时要注意评价伴随，在学生回答正确后常把鼓励的语言放在口头，如"Good job! Well done! Excelllent! Wonderful! 等"，在学生回答错误后也不是批评，而是用"Try again. Don't worry. Who can help him/her? 等"。

整理复习，情感互动。在 Post-task activities 阶段，首先完整故事内容重现，巩固新知；再进行板书梳理总结；接着结合学生实际情况，引导学生进行语用输出；最后进行总结，使学生在情感上得到升华。

在课堂上教师要根据本班具体学情与学生实际情况，用适切的教学方法和手段，实现与学生进行有效互动，使我们的课堂真正"活起来"，达到最理想的教学效果！

三灶实验小学　　庄意如

妙招 14：课堂口令给课堂教学带来的精彩

课堂上教师除了用饱满的情感和精心设计有趣的学习活动或游戏等策略吸引学生主动参与课堂学习活动外，还可以通过课堂口令调控课堂纪律，也可以使用口令进行教学内容的复习巩固。

比如，上课前，学生没有进入预备上课的状态，一个简单的口令——"铃声响，进教室，脚放平，背挺直，安安静静等老师"能让学生意识到上课铃声响起后该如何做。

比如，小学生很容易忘记正确的书写姿势，而一条简单的口令——"拿起手中笔，做到三个一"则能够帮助学生意识到要摆正书写姿势。

比如，英语课上将攀登英语中学过的歌曲童谣中的简单句（如Happy, happy, happy birthday! Wish, wish, make a wish.）作为课堂口令，既可以让学生温故而知新，又能起到运用的作用。

课堂是师生美好生活的一部分，是一段能够焕发生命色彩的人生经历。而一个口令常常能使全场屏息，听者动容，这就是课堂口令给课堂教学带来的精彩，更是教育艺术的魅力！

三灶实验小学　范文俊

妙招15："以数辅形、以形助数"提高课堂实效

数学的教学具备一定的抽象性，但是由于小学生正处于形象思维较为发散的年龄阶段，在进行数学学习的过程中往往会遇到一系列的问题。因此，把数形结合的教学方法运用到课堂中，能使小学生更易理解抽象的数学问题，有利于激发学生的学习兴趣。

比如，在《点图与数》一课中，教师从数形结合的角度让学生在点图的观察与探究中经历从具象到表现认识的过程，深刻理解了数的奇偶性，通过画一画、说一说的活动让学生感知一边折的点图是奇数，两边直的点图是偶数，为以后更深层次的理解做好铺垫，并在同桌合作的操作环节中充分感知两数之和的规律。

比如，在一年级进位加法的教学中，教师从学生理解的角度出发，

运用数射线、小圆片等学具，让学生在合作操作的过程中自主探究满十进一的过程，在脑中建立模型，形成深刻的认知。

比如，几何的教学，正方体与长方体的认识中，教师让学生搭一搭正方体、长方体的框架，更能让学生理解正方体和长方体的特征，从而形成表象认知，更具体地掌握概念。

华罗庚先生说过"数无形时少直觉，形少数时难入微"。因此课堂中充分运用数形结合的方法，让学生进行自主探究，合作交流，使学生经历从具象到表现的过程，形成深刻的理解和认知，有效地培养了学生自主学习的能力，把握学习的主动权。

三灶实验小学　胡晓燕

妙招16：课堂中丰富的"肢体语言"

在英语课堂上，老师除了用有声的语言来表达外，我觉得更重要的还需要用肢体语言来辅助教学。小学阶段是学习语言的绝佳时期，但往往由于孩子们年龄太小，上课时对一些单词和句子不能迅速理解其意思，我们可以通过一些有趣、夸张的肢体动作来进行辅助。

心理学家曾通过实验得出：学生获取信息的效果=7%的文字+38%的音调+55%的面部表情以及动作。由此可见，在课堂中，肢体语言起到了非常重要的作用。肢体语言不是言语语言，它是由人的面部表情、肢体动作和身体姿势构成的图像符号。可以帮助老师吸引学生的注意力，调动学生的学习积极性，还能使课堂氛围活跃起来。如果在使用肢体语言时能够搭配丰富、夸张的语音语调，那一定能得到加倍的效果。

由于孩子的年龄特点，在 35 分钟的课堂内，学生能够全神贯注地上完一节课是不太可能的。比如，在上课过程中可以通过身体的变大变小、手指的变动、脸部表情的变化（皱眉、眨眼、瘪嘴）等，也可以请学生上台来模仿老师或者创新动作来吸引他们的注意力。兴趣是最好的老师，一节枯燥的课是无法吸引学生的。新课标中也指出：要激发和培养学生学习英语的兴趣，使学生树立自信心，养成良好的学习习惯和行之有效的学习策略，发展自主学习能力和合作精神。

我想，如果教师能够将生动有趣的肢体语言和富有情感的课堂语言结合在一起，必定能够吸引学生，激发其学习热情，从而达到良好的学习效果。

三灶实验小学　黄诗怡

妙招 17：课堂口令让学生养成良好课堂纪律

小学的学生活泼好动，有效注意的时间比较短，并且容易受到外界环境的干扰。在体育教学活动中，教师的讲解过程或一个环节结束都会引起学生的议论，使教学活动很难继续进行下去。可以利用口令的方式调节学生的课堂纪律或者培养课堂习惯。

比如，开学初的常规教育中就要和学生讲清楚。比如，老师说："1、2、3。"学生说："坐端正。"教师问："谁的眼睛看老师？"学生答："我的眼睛看老师。"还可以说"请你像我这样做——我就像你这样做"等。在体育教学中，当多数学生注意力不集中或声音比较响的时候，采用这些口令使得学生很快地集中注意力，进入上课状态。

比如，当老师要表扬一位同学时。老师先说"棒、棒"，紧接着其他同学说"你真棒"。这也是老师与学生之间的一种互动,也可以烘托课堂氛围。

体育课上的口令很多,作为体育老师,可以在传统口令的基础上自我设计修改,设计出自己独有的、有创新的口令。通过口令的表达,让学生感受体育课独有的魅力,也可以让上课的效果事倍功半。

三灶实验小学　李佳伟

妙招18:课堂奖励机制激发学生学习热情

在课堂教学中,奖励机制也是非常必要的一环。特别是在低年级的课堂教学中,由于学生年纪还小,专注时间不长,如果开展奖励机制,可以促使学生集中注意力,激发学生的学习兴趣,增强学生的自我约束力。课堂奖励包括情感奖励和物质奖励两种。

情感奖励包含教师的真情表扬、神情眼色、体态动作等。口头表扬,比如"你真棒""你怎么那么厉害""你真是老师的大宝贝"等夸奖词;肢体表扬,比如教师竖起大拇指夸奖、为学生鼓掌等。小学生受到老师的口头表扬等情感奖励,会觉得是老师对自己的肯定,能极大地激发学习热情。

物质奖励包括教师自行制作或购买的各种奖品。比如,在教学《开满鲜花的小路》一课时,可以结合课文内容,把种子或者鲜花设置为本节课的物质奖励,根据不同学生在本课中的各方面表现来评定把这份物质奖励颁发哪位同学。对于低年级同学来说,奖品贵重与否不重要,重要的是这份奖品的背后代表着老师的夸奖和肯定。

小学生表现欲强,思维活跃,注意力不能长时间集中,课堂教学中奖励机制的多样性，时常能给学生带来惊喜，使其注意力能较长时间集中到学习上来。

三灶实验小学　倪建雯

妙招 19：巧用学具激发学习热情

小学生有着好奇心、疑问心强和活泼好动的特点。数学教师要从这些方面多去思考，充分地发挥小学生非智力因素在学习中的作用。教师可以通过利用学具激发学生的学习兴趣，加强学生的课堂学习热情。

比如，在教学《物体的形状》这一教学内容时，教师进行充足的课前准备，为学生提供生活中的长方体、正方体、圆柱体、球。这些学具的利用有助于学生在摸一摸、滚一滚、搭一搭的操作活动中感知物体的形状特点。操作过程中有效的激发了学生的学习兴趣和探究欲望，提升了课堂参与度。学生在这样的学习活动中，既能受到思维训练，又能充分体验动脑后成功的快乐，从而提高学习兴趣。

比如，在学习千以内数的认识时，利用计数器这一学具能有效提高学生对数位的认识，在拨一拨，说一说的环节充分调动了每一位学生的学习热情，非常有利地帮助学生掌握千以内数的数位顺序表。

"兴趣是最好的老师"，兴趣可以激发学生的求知欲望，兴趣是推动学生学习的一种最实际的内部动力。在课堂中创设学与"玩"融为一体的教学方法，让学生在"玩"中学，在学中"玩"，更能激发学生的学习热情。

三灶实验小学　倪晓霞

妙招 20：多形式的课堂评价展现学生主体性

在课堂教学氛围营造中，除了教师针对性的评价之外，教师可以把学生的自评与互评权交还给孩子们，通过评价标准让孩子们主动去评价，激发学生活跃的主体意识，感受班集体内平等、和谐、信赖的自由氛围。

比如，朗读句子时，通过"声音响亮、读音准确、完整地朗读、有感情地朗读……"这些评价标准让孩子们自评或互评。这样的评价方式不再是教师的一言堂，而是从孩子们的角度出发，让他们主动去思考和探索如何把句子读得优美动听，在比一比的过程中很好地调动了积极的学习氛围。

比如，书写指导时，让孩子们展示自己的汉字，通过"坐姿端正、书写工整、笔画正确、书面整洁……"这几个方面有针对性地自评和互评。孩子们对他人进行评价时，也会对照自己书写的汉字，久而久之，他们对汉字的书写会变得认真严格。

除此之外，孩子们在自评和互评的过程中锻炼了听说能力和思维能力，学会发现自己的长处和他人的优点。通过多形式的评价既能让学生感受到老师的信任，又能体验当小老师的快乐，还能在潜移默化中提高自己各方面的能力。

多种形式的课堂评价多方面地开发儿童的身心素质潜能，恰好体现了素质教育观，体现了以人为本的教育思想，它的教育积极作用是单一形式的教师评价无法比拟的！

三灶实验小学　宋佳怡

妙招 21：语音教学小妙招之字母操

语音是英语语言存在的前提与基础，也是小学英语教学中的基础且重要的内容。在实际教学中，只有确保小学生扎实学好语音知识，才能为其进一步学习英语学科内容创造条件。

字母是小学英语教学的起点，也是基础，字母发音掌握了才能更好地认读单词。小学生的年龄特点决定了他们以形象思维为主，在英语教学中不易牢固记忆过于抽象的知识。而"字母操"教学法是将一些形象的语音与动作联系在一起，将这种教学法引入到小学英语教学中，可把抽象的英语字母发音转变成直观具体动作而被学生牢固记住。当学生需要读出这个字母的读音时就会快速联想到字母操中与之联系在一起的动作，从而正确读出该字母。

在小学英语语音教学中，教师应以学生的学习特点及兴趣爱好为切入点，将抽象的语音知识与形象、直观的汉语知识及动作结合在一起，编排成生动、有趣、易于记忆的"字母操"，就可充分发挥小学生形象思维的优势，带动小学生学习积极性，从而切实提高语音教学实效。

三灶实验小学　谈　鑫

妙招 22：课堂评价开启学生思维的大门

课堂评价语是教师的语言艺术之一，是教师对学生在课堂上的学习态度、方式、效果等方面进行即兴点评的过程，起着鼓励和导向的作用。教师应因人而异，通过有效评价发现优点、指出缺点，提高学生的学习兴趣和积极性。

比如，在指导朗读时，教师的评价语可以是"你抓住了这个句子中的哪些关键词，读出了人物怎样的心情"。这样具有针对性以及引导性的语言就会带动其他同学思考自己应该如何进行朗读。

比如，在指导书写时，可以将学生的作业进行展示，让其他同学来进行打分点评，避免教师的一言堂，加强所有学生的注意力和观察力。

课堂评价也不该局限于有声语言，无声的肢体语言也很重要。比如，当学生回答准确的时候，可以和其他学生一起为他鼓掌；当后进生掌握了本课知识点时，教师可以点点头投去赞许的微笑，学生们也会从这些亲切多样的肢体评价语言中感受到了关爱，从而拉近距离。

教师作为学生的引导者，课堂评价便是其中的一块砖，抛好这块砖，就可以"引玉"。所以教师应该多多使用引导性的评价语言去开启学生思维的大门，点燃学生思维的火花。

三灶实验小学　卫　晨

妙招 23：激励性评价，增强学生自信心，调动学生积极性，唤起学生热情

新课改背景下的课堂教学评价应坚持以人为本，以促进学生人格和谐发展为根本目标，充分发挥评价的导向和激励功能，注重评价方式多元化和科学化，关注学生在学习的过程中表现出来的情感、态度、价值观等，关注成功体验的开放性评价体系。教师要努力以真诚的语言、温和的表情、期待的目光、宽容的态度来激起学生主动参与学习、不断创新的欲望和需求，发现和发展学生多方面的潜能。通过评价让学生看到自己前进的足迹，进而享受成功的喜悦，增强学习的信心和力量；通过评价让学生发现自己的不足，明确努力的方向，形成对自己的鞭策；通过评价融洽师生关系，加强师生的沟通和理解，进行心与心的撞击，使学生能"尊其师而信其道"。

比如"你真棒！"这样简简单单一句评语，会使学生信心大增，特别是那些自信心缺乏的学生。又如当某学生被提问时答案与正确答案出入较大时，教师简单粗暴的指责及烦躁情绪只会使之更紧张，甚至思维停滞，以后更加害怕上此类课文，形成恶性循环；若能亲切和蔼地对他（她）说："你的思考方式很有特色，但与这个问题的思路稍有出入，换一个角度想想，或许会有新发现的。"然后对全体学生提醒说："大家也好好想想看，其实这个问题如果从××角度考虑就会很简单！"这时，那位同学往往会成为第一个抢答者，其他学生也会纷纷踊跃思考。这种"评语"既激励了被提问的学生，使他有了进一步思考的信心，又鼓励了群体，也促进了课堂提问的尽快解答。

每个学生都愿意得到老师的表扬和鼓励，任何一个学生都需要我们在任何事情及学习活动中多关注他们，善于发现他们的一点小小的进步，抓住时机给予表扬和鼓励。因此，我们要用好用活课堂激励，让学生从我们诚恳真实的评价中获得成功的信心，并相信自己的能力，从而在任何学习和活动中都会绽放出创新思维的火花。

三灶实验小学　严梦哲

妙招 24：成立学习小组有序维持课堂纪律

小学阶段的学生具有好奇、好动、爱表现、爱模仿等特点，他们记忆力好，形象思维能力强。但这一阶段的学生缺乏理性思维，逻辑

思维能力不强，他们爱活动、坐不住、坐不久。为了顺利地完成课堂教学内容，良好的课堂纪律与课堂管理显得尤为重要，教师可尝试成立学习小组。

教师首先需制定并公布学习小组规范并指定小组成员，小组可以每组仅两人，学生 A 是具有良好学习习惯，遵守行为规范，并热心帮助他人的学生；学生 B 是不遵守课堂规范，自控能力较弱或严重扰乱课堂的学生。

比如，课堂上，教师安排小组坐在一起，学生 B 需监督学生 A 的课堂学习，协助教师制止说话或者小动作等情况；

又如，课前辅导或下课时，学生 A 须向学生 B 抽查单词，用英语练习重点句型等，加强学生对所学知识的运用。

同时，需要建立奖励制度，为鼓励每一个有进步的小朋友，树立信心，教师应保证奖项的多样化。如进步奖、课堂纪律奖、最有默契奖、最佳指导小教师奖、最具潜力奖等，并请全班学员公开投票选出获奖者。

这样不但促进学生的争先创优，培养积极进取的精神，还为一部分学生树立了学习的榜样，同时还能帮助教师保持良好高效的课堂。

三灶实验小学　严　文

妙招 25：TPR 字母教学给课堂教学带来乐趣

在英语教学过程中，低年级的学生首先接触到的是英语字母。在字母教学过程中，教师利用学生好动、好玩的年龄特点，增加 TPR 体验式的教学方法，结合多种形式的肢体动作进行展现。

利用模仿字母的形状用手势或者体态摆出造型来认知字母。学生 10 个灵活的手指靠着自己的创意,组合重现每一个字母,如字母 A,两个食指对碰并用中指置于两者之间;或者字母 D,则用一个手指和另一只手呈 C 形状,组合而成字母 D。学生通过自己的创想用手指和手不同的组合方式展现出不同的字母,以巩固学习字母,加深记忆力,直观生动、充满童趣,深受学生喜欢。低年级英语课堂上,老师利用 TPR 教学字母操,用肢体语言摆出 26 个字母的造型。比如,教师在教授字母 F 时,用自己的两只上臂摆出 F 的两个短横,加上自己的身体,让学生形象地观察到了整个字母的形状;教师伴着节奏感超强的音乐,和学生大声地一同说出"F",站起来动一动、跳一跳、说一说。

TPR 英语教学有效带领学生用眼、耳、手、脚等各种感官参与学习和掌握字母,开启学生的创意思维,鼓励学生创造性地用适合他们思维地肢体动作来形象地展示字母的形状。

三灶实验小学　杨晓婧

妙招 26:课堂过渡语为教学构建桥梁

课堂过渡语可以将各个教学环节有目的性地连接到一起,使整堂课更具系统性、统一性,而非简单的知识拼凑、缝合。苏霍姆林斯基曾说:"教师的语言修养在很大程度上决定着课堂上学生的脑力劳动效率。"好的课堂过渡语帮助学生厘清思路,为课堂教学提质增效。

在低年级课堂中,往往运用激趣式的过渡语,如在学习整体认读音节 yi、wu 后,运用一句过渡语"小 ü 见到小 i 和小 u 都有了好朋友,急得哭了起来,大 y 见了忙来安慰,为它擦干眼泪,成了好朋

友"。引出整体认读音节 yu。这样的方式既回顾"整体认读音节"这一知识，也引出 yu 中的 ü 应去掉了两点，激发学生兴趣，帮助学生记忆。

在遇到并列关系的课文时，可以设计引导式的过渡语，如在《太空生活趣事多》一课中，可以以"在太空中生活有什么有趣的地方呢，请你从文中找一找。"为过渡语贯穿始终，过渡到不同段落的教学。一方面使得学生得到自主、全面地思考，同时将课文各个部分的教学与文章主旨紧密相连。

课堂是知识与知识的碰撞，思想与思想的交锋。课堂过渡语是知识与知识之间的有效衔接，亦是教学语言的艺术性表达，也为学生在纷繁复杂的知识海洋中构建起一座康庄的桥梁。

三灶实验小学　　张宇菲

妙招 27：英语课堂游戏给词汇教学带来的精彩

课堂中，一个好的游戏活动能够把课堂教学气氛推至高潮，使每个学生全身心地投入英语学习的世界中。游戏教学能使学生在玩中学，学中玩，让学生成为课堂的主人，发挥学生的主观能动性，激发学生的求知欲，提高学习英语的兴趣。

Guessing game（猜一猜）。教师先分别呈现图片，让学生熟悉并齐读。之后教师翻转图片，让学生猜面向教师的图片是哪个英语单词。此游戏可帮助学生高频率、大面积巩固所学新知识。

Listen and do（听指令做动作）。教师可迅速说出一些祈使句，如 Touch your nose(ear, mouth, eye).Put up your hands. Close your eyes. 等，

学生听到后做动作，最快、最准确的获胜。这个游戏可训练学生听祈使句等指令时迅速反映的能力。

Find the cards（找卡片）。教师选一名同学到黑板前，闭上眼睛，将一张学习卡片（如apple）放于其余一名同学桌子里。教师说："One, two, go!"前面的同学开始找卡片，其余同学给予提示。当找卡片的同学离卡片很远时，其余同学小声读出单词；当找卡片的同学离卡片很近时，同学们大声读出单词，根据同学们声音的大小来确定卡片的位置。该游戏使用于单词操练中，它改变了以往枯燥无味的单词操练，能更好地集中学生的注意力，同时也能培养学生的判断力。

兴趣是最大的学习推动力，当教师采用游戏的形式开展教学活动，不仅能够活跃课堂气氛，调动学生的学习积极性，还能够寓教于乐，让学生在轻松、愉悦的状态中潜移默化地掌握更多的英语词汇！

三灶实验小学　郑钧文

妙招28：游戏竞赛点燃课堂火种

课堂上教师多样的教学方法以及饱满的教学热情可以充分调动学生的积极性，在教学环节中根据教学内容设计加入丰富有趣的小游戏既符合小学生活泼好动的特点，又能够培养学生团结进取的精神和社交的能力。

比如，在课堂评价上，老师可以划分学习小组，将每个小组对应的头像换成与教学内容相符合的人物、动物等，用来取代平时较为单调的男女PK；同时也可以将作为加分标志的小星星换成课程内容对应的水果、交通工具等；甚至可以在黑板上画上几条跑道，将几个小组

启航 教育生涯

的比拼比作在跑道上赛跑。

比如，在课堂的教学环节中，以英语学科为例，可以根据教学内容设置一些富有节奏感的chant，让学生们手脚并用，跟着节拍一边拍手跺脚，一边说；也可以调动学生的肢体语言，用声音模拟、用身体比画，自制谜语等让其他同学猜一猜今天所学的核心词汇等。

比如，在课后，老师也可以采用图片与词汇连一连、答句与问句连一连、图片排序、图文配对等小游戏，让学生在巩固所学的同时激发他们的学习热情。

课堂是严肃的，也是活泼的，而学习更是有趣的。小小的游戏，有着大大的魔力，常常能使老师和学生之间的距离更近，使学习不再枯燥乏味。这就是游戏给课堂教学带来的精彩，更是教育艺术的魅力！

三灶实验小学　蔡依洁

妙招29：注重师生互动

课堂上教师精神饱满，面带微笑，学生自然而言也会很乐于上课。教师组织不同的互动形式，也可以充分调动学生的积极性。

比如，上课前，先和学生们寒暄几句，聊一聊，进行一下热身，交流一下感情。

比如，上课时，通过请学生来做做小老师，调动学生的积极性。在低年级语文课时，经常需要学生学写生字。教师可以请几位学生在黑板上写，效果远比所有学生都在座位上写更好。再通过讲解黑板上写的字，加深所有学生的印象。

师生互动的方式有很多，还可以组织一些小游戏等。小学生需要不断地激发他们的兴趣，这样才能提高他们的课堂专注度。

师生互动的好处非常多，提高师生互动的频率，丰富师生互动的形式，让每一个课堂变得更加精彩！

三灶实验小学　陈石蕾

妙招 30：建立多环节问题回应链，从回答走向回应

学生对研究的问题，课堂上会出现只有少数人回答、答案单一、肤浅、不完整的情况，课堂沉闷，思维碰撞、多元表征不能发生，这个问题应该如何解决呢？教师可以建立多环节问题回应链，从回答走向回应。

学生回应教师问题完整的链条是：听清问题（倾听）、理解问题（解释）、自我回答（提取或联系）、大声回答、重新思考并完善答案。

理想的完整回应链为：①精心为每节课设计优质问题；②运用轮流回应结构让所有学生参与进来；③先提出问题，然后叫一个学生起来作答；④提出问题，停顿至少 3~5 秒（思考时间）然后再让学生回答；⑤当学生不能给出完整而正确的答案时，使用线索和提示协助他们建立联系，以便做更完整的回答；⑥学生发言后，再对学生做出回应（如反馈、表扬）或者叫另外一名学生作答前，先停顿至少 3 秒钟（思考时间）；⑦当提出一个求同问题（有一个正确答案的问题）时，为学生提供适当的反馈，比如确认、纠正或促进，让下一个学生对问题进行正确和完整的解答；⑧在协助讨论时，以促进学生深度思考并对学生做出回应，教会学生如何生成优质问题，用问题来帮助学生发

展元认知技能。

举例：沪教版数学三年级下册数学广场——谁围出的面积最大。回应链为：

①提出问题：长方形周长相等时，面积也相等吗？

②学生思考，举手回答。

③学生1：周长相等，长宽不一定相等，面积不一定相等。

④观察14根火柴围出的长方形，提出问题：长宽差与面积之间有何关系？

⑤学生2：长宽差越小，面积越大。教师追问：这是偶然现象，还是存在必然联系呢？

⑥教师：刚才这位同学的发现很棒，那如果是16根火柴围出的长方形，之前的发现还成立吗？

⑦生3：周长相等时，长宽差越小，面积越大。教师：那当长宽差为0时，你发现了什么？

⑧生4：长宽差为0时，这是一个正方形，面积最大。教师：看来你们已经通过探索发现了"长、宽与面积之间的关系"，谁来试着总结一下？

⑨生5：当长方形的周长相等时，长宽差最小，面积最大。

综上，在课堂教学中，首先，教师针对学生的回应，可以进行有针对性的有效反馈。其次，教师应积极倾听，注意理解学生的思维，比较学生的真实回应和理想回应之间的差距。最后，确定学生的知识和认知加工是否达到了预先确立的标准。

三灶实验小学　高燕丽

妙招 31：课堂评价的趣味性可以增强孩子的自信

课堂上教师的激励性评价有特别重要的导向性，它能增强学生的自信，将思考引向深入。评价语言的多样、趣味性，能吸引住学生特别是低年级学生的注意力，让他们有足够的自信参与更多的自主学习、合作学习、讨论交流，更为课堂的主体。

比如，课堂上指名朗读一句话或一段课文前，教师都会进行示范朗读，指出朗读的语气，哪里要强调朗读等。学生朗读得好，教师一定要不吝表扬，表扬时不能光说"你好棒""你读得真好"，这样的评价已不足以对学生产生激励。如果朗读的句子里有正好有花，我们可以说："送你一朵小红花，花儿朵朵向你开！"配上花儿的动作，受表扬的同学的心情肯定是非常激动的；对其他同学来说，也非常羡慕和想要得到这样的表扬，这时我们可以根据朗读内容的不同这样评价："送你一颗小星星，一闪一闪亮晶晶！"

不一样的评价语言，让学生有了丰富有趣的学习体验，让学生对课堂评价充满了未知的探求，营造了师生互动的氛围，激发了学生主动参与课堂活动的积极性和强烈的求知欲望，课堂效率自然提高了。

三灶实验小学　　顾　英

妙招 32：利用游戏比赛培养健康心态

游戏比赛在小学体育教材中占有相当的分量，通过游戏教学能培养学生的创新精神、竞争意识、团结合作、热爱集体等优良品质。

有这样一位学生：他上课的表现很出乎我的意料。一个男孩子，上体育课不愿跑步、不愿做操，连许多男生都爱的篮球和足球他也只

是站在旁边观看。我问：为什么不愿活动？回答：没趣。再问：什么有趣？回答：就这样看有趣。我就不信在这样一个好动的年龄里，会不喜欢运动？为了激发他对体育运动的兴趣，我特意在他们班上体育课时，安排了大量的竞赛和游戏。刚开始他总是在边上看，说上几句别人笨的话，我也没怎么管他。其实我已看出，他早已跃跃欲试，被同学们场上的热烈气氛所吸引。终于，在一次篮球双手同时运球往返接力的小组比赛时，同学的一句话"你说我笨，你来试试看"把他激到了赛场上，我用掌声欢迎他的加入。结果可想而知，因为没有练过，眼高手低，他以失败告终。他通红着脸对我说：老师，我不服气，下节课再比！我答应了他，并告诉他说：想赢一定要练。两天后的体育课，继续了上次课的比赛，他竟然做得相当好。有同学告诉我：他一有空就练，甚至晚上在小区的路灯下也练过。我表扬了他，成功感和满足感从他的脸上一望便知。从此，运动场上又多了一个身影。

玩中乐、乐中学、学中思，这是低年龄段体育课教学的主基调。对于低年级的学生来说游戏才是他们最大的兴趣，所以体育课要适当的多安排一些游戏穿插在课堂里。

三灶实验小学　马正洁

妙招 33：感知当下学生的兴趣，丰富课堂拓展内容

在一节完整的课堂中，少不了书本没有涵盖到的拓展延伸内容。拓展延伸内容对于处于小学涉世未深的学生来说向来都是非常重要的，而几乎每一个学生都热爱着跳出书本放眼更多信息的这个时候。

在新课导入阶段，围绕课题为学生制造悬念之时，可以以一些和

课堂内容相关，但是书本上没有提及的内容作为信息的切入点，学生会感到新奇有趣的同时，也能很好地帮助教师在轻松的氛围中将内容过渡到新课的学习。

在作业设计阶段，许多学生是非常喜欢完成练习中的拓展题的，布置一些内容相对灵活的拓展作业，能让学生在挑战自己的同时，增长自己的知识与技能，以及自主学习的能力。

在课堂的结尾，插入拓展内容也是最合适不过的，不仅能够做到对本节课的内容巩固，同时能够加深学生对于本节课的印象。

学生、教师、课堂，都应当是鲜活的，不局限于课本中的内容，在达成教学目标，突破教学重难点的同时，利用一些额外的拓展信息辅助教学，必然能够让教学过程锦上添花。

三灶实验小学　瞿境炫

妙招 34：课堂提问有效性达成课堂教学效果

课堂是学生学习学科知识和发展学科能力的主要场所话语，在课堂教学中起着重要作用。课堂上，大多数教与学的活动都是通过师生的话语来实现的。作为课堂话语的重要组成部分，教师课堂话语的最重要作用是促进学生的学习。课堂提问是各个学科课堂教学中，常用的教学手段。课堂提问是指教师有目的地提供教学提示或传递所学内容的刺激，以及要求学生做什么如何做的暗示，从而引导学生积极参与课堂活动。

比如，T: Today we meet two children, Kit and Kim. Kit and Kim are friends. Where are they from?

Ss: ...

T: Maybe they are from China. What else?

Ss: They are from Japan. They are from Singapore...

在这个教学片段中,教师想要总结当天所学故事的内容,并且为后续不同国家的节日学习做铺垫。教师问学生今天我们认识了 Kit 和 Kim 这两个小朋友。他们来自哪里呢?由于故事本身没有交代,这两个小朋友来自哪里,所以学生也无从回答。最后教师自己说,也许他们来自中国。给予孩子们有效的引导,增进了学生的课堂参与度。

比如,英语课的学习内容关于 in, on, under 方位介词和家具 chair, desk, table 的区别,几位学生有点分不清,于是我在电子黑板上画了要学习的家具,并画了一本书,把书放在不同的位置上来解释和提问,结果学生们很快明白了这些词的用法。下课时,学生们围着我说:"老师你画的画好好看呀!那些介词我终于明白多了。"

总之,课堂提问应以"启发式"和"教师为主导,学生为主体"的教学思想为指导,引导全体学生进入积极的思维状态,学会研究问题和解决问题的方法,从而实现教学大纲提出的培养学生分析、概括能力的要求。

三灶实验小学　　孙　怡

妙招 35:演一演,让语文课堂更生动

生动的课堂,不仅能够调动学生自主学习的积极性,更能聚焦学生的注意力,从而提高课堂效率。以"课堂情境演一演"作为推动故事性课文发展的主要形式,让每位孩子参与其中,体会故事人物心情、

尝试模仿人物动作、领悟故事深意。

比如，在《寒号鸟》一课中，文中的寒号鸟多次不听劝阻，导致自己冻死在了寒风中，在每一个后悔的夜晚，他都会发出忏悔的哀号。学生在教师引导下，学着模仿它颤抖的语气，想象它蜷缩着的动作，体会它在凛冽的寒风中的绝望心情。通过小组合作的形式演绎出来，不仅增加了课堂参与感，也让学生有更深的感悟。

课堂何尝不是一个舞台呢？让学生走进课文内容的同时，学着会演一演课文人物，代入感会让课堂更生动有趣。

三灶实验小学　汤熠然

妙招 36：音乐相伴，真情齐飞

在日常英语教学中，除了制作精美的课件、设计漂亮的板书、有趣的口令外，好听的音乐或是儿歌也是教师的好帮手。

课前预热环节，教师通常会选择与上一堂课相关的儿歌来进行复习和巩固，也可以选择与本课堂内容相关的儿歌来进行导入。教师带着学生们伴随着音乐一起唱，或是在唱歌的同时，还可以配上肢体动作，充分调动学生们的学习状态，激发学生们的学习兴趣。

课堂上，在教授新知时，也可以运用朗朗上口的儿歌来帮助学生们更快更好地掌握。比如，在 2BM4U1 In the sky 这一模块中，第一课时通过改编学生们熟悉且喜爱的儿歌来学习 sun，moon，star 这三个单词。

I like the sun. I like the sun. Hi-ho the derry-o. I like the sun.

I like the moon. I like the moon. Hi-ho the derry-o. I like the moon.

I like stars. I like stars. Hi-ho the derry-o. I like stars.

在学习儿歌的同时，学生们还能了解单词的用法，太阳和月亮都是独一无二的，所以用 the sun，the moon，而星星有许多，所以用复数形式 stars。

课后，学生们不忘这朗朗上口的儿歌，仍会经常歌唱，甚至自己进行创作和改编，这也体现出了学以致用。

精彩课堂的呈现需要老师与学生互相配合，歌曲可以快速拉近师生间的距离，有效提升师生的激情，更有助于达成理想的教学效果。

三灶实验小学　陶依蓉

妙招 37：掌握教学中的板书艺术

三尺讲台引领知识春风，板书功底彰显育人细节。板书是传递教学信息的重要手段，精美的板书是一种教学艺术，它能体现教学的意图，厘清教材的脉络，突出教学的重难点，唤起学生的注意，及时巩固所学知识。

比如，在学习沪教版小学数学二年级第二学期第四单元《三位数加法（竖式计算）》这一课，重点在于掌握三位数加法竖式计算的计算方法，在理解加法的算理和算法的基础上，通过类比将知识迁移至三位数加法的竖式计算中。因此，在板书设计中，首先将横式计算和竖式计算列在一起，让学生能够知道两者之间关系。本课的教学难点在于连续进位的三位数加法，因此，在列竖式时，对于进位符号用红色粉笔标注，并在竖式旁边对应归纳计算法则。这样的设计全面梳理本课知识，强调重点，突破难点。

总之，课堂教学中的板书艺术是课堂教学艺术的重要组成部分，是师生共同"再创造"成果的记录，是教学内容的精华，它具有不可替代性。课堂教学板书艺术的形式、方法是多种多样的，在进行设计时要针对教材、学情合理规划设计板书，使板书既美观又实用，能更好的为教学服务，成为课堂教学的灵魂载体。

三灶实验小学　　徐　菲

妙招 38：课堂情境创设激发学生学习热情

在课堂上，教师应结合低年级学生年龄特点，创设有效教学情境，帮助学生将陌生抽象的知识转化成他们熟知的一个个生活情境。生动有趣的情境能够吸引学生的学习兴趣、培养学生良好的学习习惯，更加直观地将教学内容呈现出来，从而提高学生学习效率。

比如，在数学课堂上，学习《加法（添加）》这一课。计算的学习是比较枯燥的，并且对于小学生而言抽象难理解。因此可以结合小学生喜欢动物、游乐园的特点，创设小伙伴们去游乐园玩的情境，将飞来小鸟、游来天鹅和小朋友上车串联起来，引导学生观察、分析图片，通过直观的呈现方式理解和学会知识，并且极大地提高了学生的学习兴趣。

比如，在《周长》这一课中，创设蚕宝宝沿着桑叶边线爬一周的比赛这一情境，将数学知识转化为一个小故事、小竞赛，充分调动了学生的好奇心与学习热情，让课堂教学充满活力。

有效情境的创设能在教学活动过程中让学生逐步体会学习与日常生活的密切联系，促使学生多观察、留意身边发生的事物。同时，帮

助学生进一步培养语言的口头表达能力，激发学习的兴趣，培养与提升学习能力，达到良好的教学效果。

三灶实验小学　严　韵

妙招 39：关注学生活动，及时有效评价

学生对知识的掌握会经历感知、理解和应用等阶段，在这个过程中，学生是课堂的主体，教师始终是一个引领者，适时的引导和评价能够充分调动孩子们的学习积极性，提高学习效率。课堂上老师要关心、关注每一个孩子，对学生回答问题、动手操作、同桌讨论等方面都应该及时地给予评价。

比如，在巩固旧知时，可以评价"将之前的知识掌握得很牢固"；在数射线上填空时，又可以这么说，"有依据地进行猜测，真是个好习惯"；举例生活中的单数和双数时，可以说"善于发现，善于思考，还能应用到数学课堂中，真了不起"；在学生完成书本上的练习时，则可以对学生的做题情况，书写、正确率方面进行评价，"你的字写得真好看""做题很仔细，也很准确"等。

课堂上的方方面面都可以给予及时的评价，运用课堂上的有效评价，学生的学习积极性进一步增强，课堂也变得更加饱满和充实。

三灶实验小学　杨　恺

妙招 40：小组合作促提升

课堂上，学生除了常规的记笔记、回答问题以外，以小组合作为形式展开的课堂教学活动，对于师生互动、生生互动、生生互助起着

极大的促进作用。

比如，在需要学生动手操作实验的课堂上，学生以 4 人为一组，一人担任组长，一人担任记录员，一人担任发言员，一人担任操作员，4 人合作共同完成老师布置的实验内容，既锻炼了学生的实验操作能力、语言表达能力、合作学习能力、组织协调能力，也促进了科学思维的培养和科学素养的养成。

比如，在探究型课程学习中，学生们也可以以小组合作学习的方式，提出问题、做出假设、制定方案、解释交流，深思背后蕴含的科学道理、人文启示。

三个臭皮匠，顶个诸葛亮。小组合作能挖掘学生智慧，发挥学生能力，促进学生自我学习、终身学习能力的提升！

三灶实验小学　姚丽红

妙招 41：课堂表扬培养学生自信心

课堂上教师除了认真传道授业解惑和严格要求外，还可以通过课堂表扬提高学生学习兴趣，也可以使用表扬的方式培养学生自信心。

比如，上课前，学生没有进入预备上课的状态，一个简单的表扬——"小朋友们，大家好，上节课大家表现得非常好，能够认真听课，积极举手回答问题，老师给你们点赞，希望同学们本节课继续做好，老师期待你们的表现。"能让学生快速进入学习状态。

比如，上课中，教师让学生表演唱所学歌曲，歌曲结束后，教师给予积极的正向反馈，学生会非常开心。一个简单的表扬，很容易提高小学生的学习兴趣，培养学生自信心。

比如，下课后，教师对作业进行肯定，认为学生们一定能够高标准完成，期待看到大家的精彩作业展示。一句简单的表扬，既可以让学复习课堂教学，又能督促好好完成作业。

课堂表扬是师生美好生活的一部分，能够拉近师生关系，提高学生表现欲。一句表扬常常能使学生备受鼓舞，这就是表扬的魅力。

三灶实验小学　　张爱丽

妙招 42：不要引导学生功利

个人不太提倡用什么小星星、小红花，上课遵守纪律是他应该做的，不是立功，就不该谈什么奖励。这样有助于激发他的主观意识的形成——即自我认识到，小学生就是这个样子的。相反，如果用小红花奖励，那样的行为已经不是自发的了，而是为了得小星星才那样做，并不利于真正良好习惯的养成。当然给学生惊喜除外，比如因为某后进生这堂课进步显著，在接近下课时突然奖励（不是事先预设的，学生对此没有预期）。或某生在课堂上表现得极为出彩，教师给予一定的鼓励，也是在学生没有预期的情况下进行奖励。

三灶实验小学　　张　雷

妙招 43：合作探究让课堂更具活力

在教学中，教师要时刻注意学生的互动性与参与课堂讨论的积极性。在进行课题探究时，可以让学生以小组为单位进行合作探究，这样能让更多的学生参与到课堂讨论中去，增加学生的参与感。

比如，在学习日常生活中网络的用处时，如果只是一个个学生地提问回答，会用掉许多时间；但是如果让学生以小组为单位先进行讨论，之后再由小组代表回答，这样不但所有学生都参与了讨论，而且一名学生代表就可以说出好几个学生讨论的结果，增加了课堂的效率。

又如，在操作练习课时，小组的合作探究可以增加班级的凝聚力，让信息技术能力优秀的同学做小组的小老师，帮助指导小组里的其他同学。不但让学生巩固了知识，也养成了乐于助人的好习惯。

增加合作探究的形式，给课堂添加了许多的活力，让学生有更高的参与感，并且在合作学习的过程中也增加了班级的凝聚力。不可谓不是一种提升学生学习兴趣的好方法。

三灶实验小学　钟振元

妙招 44：正面鼓励提高教学效率

课堂上仅有教师激情满满的授课方式是不够的，再优秀的教学活动都需要学生的主动参与。邀请同学起立回答问题，更好地引导学生说出自己的想法，清楚地表达自己的观点，这个问题很关键。还有在日常学习生活中，培养学生良好的学习习惯，多用激励的的话语也能帮助他们实现自我。

比如，上课的时候邀请学生回答问题，多进行课堂互动，即使起立的学生回答得并不是很正确，我们也不能一棒子打倒，可以说："你说得真不错！只是还有点不够全面，哪位同学再来补充一下呢？"既没有伤害起立的学生自尊，又有效地带动了大家参与课堂。

又如，看见写作业的时候，发现个别学生写字姿势不够端正，我们可以鼓励姿势标准的学生："这位同学写字的姿势真端正呢！"别的学生一听，也会立马抬高头、挺直背。这样一方面对本身做得好的学生是鼓励，另一方面对有点欠缺的学生来说也是矫正。

语文课程没有标准答案，因此每一个学生的答案都值得被关注。课堂上多表扬，激励学习法格外重要。培养习惯从小抓起，尽早地帮助学生形成良好习惯。语文课堂不同于数学、英语，中华文化博大精深，学习语文不是一朝一夕，教师在课堂上多穿插一些故事典故，能给学生带来浓厚的兴趣。

三灶实验小学　陆　杰

妙招45：启发提问，让学生在精彩的问题中创新思维

问题意识的产生展现了学生强烈的求知欲和旺盛的好奇心，提出问题是开启学生思维的钥匙。教学中，教师要引导学生对知识自由地"启疑"，多问"是什么""为什么""怎么做"，尊重学生独特的情感体验和有独创性的理解。如果学生能在学习过程中，学而生疑，疑而发问，则可以反映他在学习中思维的活跃性、深刻性、独立性和创新性。

比如，英语故事阅读课中，让学生聚焦封面，针对图片提出合理的问题，引发学生思考。寻找故事的主角（who），探索故事发生的背景（where），推测故事的情境（what），揣摩故事发展的脉络（how）推敲故事情节的意图（why）等一系列学生自主提出的问题，引导着他们围绕着故事展开无尽的想象，既启迪了思维，又激发了学生的学习兴趣。

又如，故事推进中，引导学生开放式提问，启发学生对故事情节的推测，对角色语言的模拟，对角色的理解，学生能深入剖析，从

而深入阅读，正是在这样经常的尝试和鼓励中，学生的提问能力在不断提升。当学生能提出有价值的问题时，就说明他已经能够快速地理解编者意图，把握教材文本实质，这对学生的核心素养提升是非常关键的。

古人云："学贵有疑，小疑则小进，大疑则大进。""疑"是人类打开宇宙大门的金钥匙。教学中，应该允许学生提出自己的问题，保护学生们提出问题的意识，赞赏他们提出问题的勇气，展现他们在教学中的个性，鼓励他们走出创新的第一步。

三灶实验小学　蔡裕如

妙招46：有效提问

有趣、有效的提问，不但可以改变传统教学中"满堂灌"的教学方法，还可以激活学生的思维，推动学生的思维进程，从而推动教学进程，使沉闷乏味的课堂转变为活泼有趣的课堂。一个好的教学提问犹如一条纽带，将师生的认知和情感紧密联系起来，架起师生双向交流的桥梁。

有效提问的原则是：一节课尽量不要超过5个问题；不要将所有的问题一起出示；每个问题需要环环相扣，由易到难；给予学生充分的思考时间；这些问题需要在每堂课前进行提前设计；当堂回答时，对于学生的答案给予明确点评，进行适当引导。

以语文课文《骑鹅旅行记》为例，可提问的问题如下：

（1）尼尔斯在变成小狐仙之后遭遇了哪些麻烦？

（2）尼尔斯遭遇这些麻烦的原因是什么？

（3）在经历了这些麻烦之后，尼尔斯的心情是否有变化？

（4）根据以上尼尔斯的变化，一起猜猜看尼尔斯是变好了还是变坏了？

从之前的提问原则来看，这几个问题是不能一起出示的。后一个问题一般是前一个问题的答案的总结或者复盘，需要学生解决一个，再接着问下去，必须给学生留出充分思考和理解的时间，对于学生回答的答案随机指导。可以根据学生的回答适当往正确思路上引导，这时的引导非常重要。尽量不要因为着急听到正确答案或者考虑教学进程自己说，一定需要通过提问，培养学生理解问题和思考问题的能力。

课堂提问是一门为教学服务的教学艺术。有效的课堂提问可以使教师在课堂上运筹帷幄，最大限度地激发学生的求知欲望，促进学生的思维发展，从而提高教学质量和教学效果。

三灶实验小学　顾紫雯

妙招 47：课堂指令给课堂教学增添趣味

在以任务和活动为中心的小学英语课堂上，教师指令语的作用尤其重要。有效的英语课堂指令是准确、清晰、简明的，有利于学生快速理解和反应。从而使英语课堂教学节奏流畅、紧凑，学生能积极参与其中，教师能掌控全局，进而使课堂教学高效。

比如，小学英语课堂上朗读、跟读是非常重要的训练，而这两条指令——"Little train, little train. Choo... choo..." 和 "Snowball, snowball. Roll... roll... roll..." 指令一经说出，就吸引了学生的注意力，同时使朗读、跟读更增添趣味性，也让更多的学生参与进来，little train 是以纵向开小火车的形式进行朗读，snowball 是以横向滚雪球的方式进行朗读。

又如，英语阅读课中，故事演绎是学生最喜欢的最终呈现的方式——"One, two, three. Action"引领学生进入一种演绎的环境，投入情感。使观看的学生更理解故事情境，语言的运用。

再如，英语课堂上的即时评价不局限于教师评价，也可以让同学参与进来，进行生生评价——"Let's give him a big hand.""Super, super, you are super."多元化评价更让学生增添自信，同时也鼓励带动其他学生积极参与活动、回答问题。

有效的小学英语课堂指令语应立足于学生的语言水平，注重语言习得。同时多元化呈现指令，给课堂教学增添趣味，吸引学生注意力，保证活动实效。

三灶实验小学　蒋菁菁

妙招 48：教师以眼传神提高教学效率

意大利艺术家达·芬奇说，"眼睛是心灵的窗户"。教师的眼神可用来表示赞同、鼓励、默许、否定、批评、限制、告诫，还可用来启迪、提示等。眼神具有神奇的力量，能激发学生的爱憎，能放射出"耀眼"的光芒，能使学生振奋，给学生以希望。因此在教学中，教师要有洞察秋毫的眼神，要有高瞻远瞩的眼神，要有心领神会的眼神，要有犀利的眼神。教师的眼神在教学中具有极大的技巧。

在课堂提问时，教师用鼓励、期望、探求、征询的目光环视全体学生，让学生感受到教师的信任和期待，鼓励每个学生开动脑筋、积极思考。在学生回答问题时。教师用温和的目光注视他们,全神贯注地倾听。不时流露出鼓励的眼神,环顾四周,暗示其他同学要注意和尊重发言的同学,这会让发言的学生感觉到老师对自己的重视和尊重,从而受到鼓舞,更大胆地表达自己的思想。若学生回答得精彩时,教师点点头用赞赏的目光给予表扬;若学生回答得断断续续,答不下去时,教师用信任的目光看着他,鼓励他继续发言。

课堂中,当学生目光涣散、注意力不集中时,教师可以略微停顿,在几秒钟的时间内,用严肃的眼神去提醒学生注意,学生接触到教师提醒的目光,会迅速地把注意力集中到老师所讲的内容上来。这种无声的提醒,既组织了课堂教学,又不伤害学生的自尊心,还不影响其他学生的听课情绪,于无声中组织了教学。

眼神的信息是复杂的,师生之间的交流也是多维度的。教师要不断修炼自己的"目光雷达",根据变化适时调整眼神,增加眼神的内涵,面朝学生,眼神过处,"春暖花开",这样的课堂自然流淌着生命的诗意。

三灶实验小学　　李秋晨

妙招 49:游戏式教学给课堂增添活力

"游戏"是小学生特别喜爱的活动,借助游戏活动进行教学,能够促使学生更加主动参与教学之中,学习更多的美术知识。小学生活泼好动,喜欢游戏,在教学实践活动中,融入适当的游戏,能够进一步吸引学生参与教学,增加和活跃课堂氛围。

比如,美术课堂上,增加一些与本节课相关的小游戏,在学习、巩固知识的同时充分调动学生的积极性,特别是低年级的学生,注意力不容易集中,过于枯燥的课堂让学生很难保持认真听讲,这时候游戏就能将这部分学生的注意力吸引过来。在《颜色真鲜艳》一课中,采用教师说出一个颜色学生快速找出颜色的方式帮助学生更快认识自己工具盒中的色彩。在《牙蛀了》一课中,学生上台为牙细菌添画武器,在激发学生的想象力的同时让课堂气氛更热烈。

科学设计游戏能够引发学生学习的热情,激发他们的创造力、想象力及观察力,培养他们的团结互助意识。因此,在教学中融入适当的游戏,让学生在游戏中学习和进步,能够使他们更好地掌握新的知识和技能。

三灶实验小学　陆绿茵子

妙招50：通过创设情境让课堂充满激情

教师应该充分相信每个学生都有学习潜能,让学生能自主地参与到教学活动中,使他们真正成为课堂的主人。因此在课堂教学中,我们可以通过创设多元教学情境来激发学生学习兴趣,充分调动学生的主动性,使学生的思维处于积极状态,并使课堂教学充满生命活力。

(1)情感情境。这是以情感人、以情动人的教学方法,它能使学生受到感染和鼓舞。聂耳曾说"音乐是社会的产物",许多音乐具有强烈时代感,一首好歌曲就是一段作者历史的缩影。巧妙地把音乐引进课堂,既能使学生兴奋激动,开拓学生的思维,又能陶冶情操,培养人文素养。学生就能尽快地融入课堂情景之中,产生强烈的求知欲和学习兴趣,满怀期待地进入本节课的学习。

(2)事件情境。所谓事件情景,就是利用各种媒体,如录像、影

视或历史资料等，让学生"身临其境"，激发学生的情感和求知欲，这是传统教学方法所无法比拟的。

（3）图像情境。在教学中，教师可充分利用教材中的图片及图像资料来激发学生的求知欲，拓宽学生的知识面，培养学生的观察分析能力，并对学生进行思想教育。

（4）故事情境。可以从具体的教学目的和教学要求出发，从学科教学内容出发，从学生年龄特征出发，适当引用一些谜语、对联或者典故来吸引学生注意力和培养学生的思维能力、想象力，增加学生对学习的兴趣、活跃课堂的氛围。

（5）角色扮演情境。要激发学生的参与学习兴趣，可创设角色扮演情境。教师可通过教学媒体来创设情境，打破时空界限，缩小时代距离，从而引发学生参与学习的兴趣，激起学生主动参与学习的情绪，使教学更富有吸引力。

"情感如同肥沃的土地，知识的种子就播种在这块土壤上。"在教学过程中，若能创设情境，以情动人，有效调控学生情感，与学生感情融洽、心灵相通，那么就能实现教学双方知识信息的最有效传递与反馈，达到教学的最佳状态。

三灶实验小学　王静雯

优秀教学案例

取长补短，融会贯通
——《时和分》数学教学案例

三灶实验小学　徐　菲

【案例背景】

2020年，一场突如其来的疫情，打乱了原有的学生学习模式和教师教学节奏。"停课不停学，停课不停教"使"在线教学"成为教学的唯一选择。线上教学阶段，教师们都学会了"直播""录播""云批改"等，超大规模的线上教学实践，检验了在线教学模式的可行性。复学后，空中课堂的优质资源也成为了教师们学习努力提升教学质量和专业素养的重要平台。教师从线上和线下教学中取长补短，融会贯通，开启了线上线下混合教学模式。

【案例概述】

《时和分》是九年义务教育课本二年级下册第三单元《时、分、秒》中的教学内容。该课时的学习内容比较抽象，需要有一定的时间观念。但它们比较贴近学生生活，学生有一定的生活经验。

在一年级，正值疫情，学生通过线上教学已经学习了几时、几时半的读写；对12和24时计时法及钟面有了初步认识；对持续的时间段和时刻的区别有一定的了解。同时，通过晓黑板"活动讨论"栏目，上传了学生自行制作的钟表，激发学生的学习兴趣，使学生在轻松愉快的氛围中创作学习，也感知数学与生活的紧密联系。

本节课，在此基础上，进一步学习时、分的有关知识。结合空中课堂资源、教研组研讨及自己的教学设想进行混合式教学设计。借助学生疫情期间制作的钟表，以上学为情景，设置悬念，通过实物钟、电脑演绎等方式，并结合钟面的认识与"拨一拨""画一画"等实践操作活动，使学生通过具体来感受抽象，从而初步建立实际时间观念。

【案例过程】

二年级的学生好奇心很强，活泼好动，求知欲强，喜欢观察和动手操作。他们对现实生活中的数学现象具有一定的敏感性，通过日常生活的观察和积累以及一年级的学习，他们对于时间已经有了初步的认识。本着"以学生发展为本"的原则，遵循低年级学生的认知规律、心理特点和已有的生活经验，为了突破教学重点，分散教学难点，我注重教学方法多样化、教学用具直观化及教学内容正确化，创造性开展教学。下面就通过这几个方面进行阐述。

一、教学方法多样化

本堂课我主要运用讲授法、创设情景法、讨论法、直观演示法、练习法等方法进行教学。课堂伊始，利用学生在一年级时制作的钟表进行关于时间知识的巩固和进一步学习，在勾起学生回忆的同时，激发学生的学习兴趣，使他们学习热情高涨。同时，通过复习巩固旧知，为后面的新课学习作铺垫。

（1）师：今天老师带来了一个"老朋友"——钟表。一年级时，我们已经学习过与时间有关的本领，谁来说一说？

预设：几时、几时半；

　　　指针转动顺序（顺时针旋转）；

分针长，时针短；

有12格，有12个数；

24时计时法。

（2）考考大家，看！这个钟表表示什么时刻呢？（9时）

问：你是怎么观察出来的？（分针指着12，时针指着9，就是9时）

追问：还可以表示什么时刻？（21时、下午9时）

（3）看看，现在又是什么时刻？

（8时半：时针走过8，在8和9中间，分针指向6）

（4）通过一年级的学习，我们已经学会认读几时和几十遍了，还初步了解了24时计时法。今天我们就继续里探究有关时间的本领。

起初的设计是以猜谜语的形式进行引入，达到激发学生学习兴趣的目的。但通过观看空中课堂，让我想起疫情时学生线上分享过的自制的钟表，以此为引入，不仅能激发兴趣，增加童趣，还能让学生回忆起我们一起并肩作战抗疫的时候。

在新授过程中，结合教材教参以及空中课堂，创设情景《走进二年级的一天》，不同于空中课堂动画的形式，通过学生熟悉的班级照片和表示时刻的钟面，构建一个生动活泼、富有个性的数学课堂。在这里，我注意从学生熟悉的生活情景和感兴趣的事物出发，引导学生在情境中观察、思考和交流，使学生感受数学与日常生活的密切联系。

在复习完旧知后，听从了专家的指导，设计了悬念，以激发学生好奇心，产生学习需要。通过猜测、验证和总结一系列过程，让学生参与课堂，感知数学魅力。

师：瞧！现在这个钟面（见图1）表示什么时刻？你是怎么看

的？为了准确判断，我们需要进一步认识钟面，钟面上有什么？

图1

游戏教学法是游戏和教学的巧妙结合，也是培养学生最重要的学习方法之一。在新授后，以闯关的形式，利用"拨一拨""画一画"的游戏进行教学（见图2），抓住重点，突破难点，使学生学得主动、活泼，在轻松愉快的气氛中掌握知识。

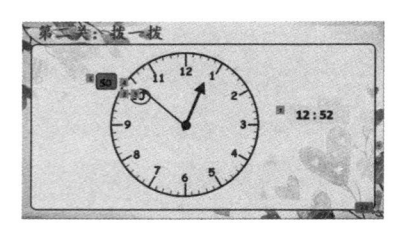

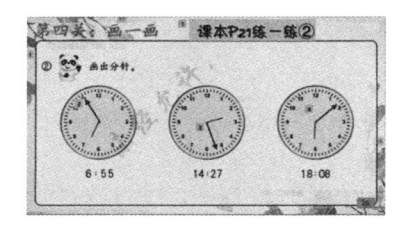

图2

二、教学用具直观化

科学有效地使用教具和学具，不仅能调动学生学习的积极性，激发学生的直觉形象思维，而且能使抽象的概念知识变得直观形象，利于学生更好的理解和掌握。

本堂课的主要内容是认识时和分，学生要知道某个时刻时针和分针的位置，能正确认读钟面上所表示的时刻是几时几分。在这里，如何让学生直观学习、快速记忆成了我教学的首要难题。通过区线上教研、空中课堂等多方学习，我购买了磁性钟面模型。在课上，我一边转动时针、分针，一边让学生数一数。特别是分针位置的认读，分针走过几小格就是几分钟。我以"12"为起点转动分针，一边让学生数一数，一边每转动五小格（一大格）就写上"5""10""15"……以此类推转一圈。同时之后在多媒体上再一起巩固。在这个过程中，直观演示给学生看，让学生主动思考，感受知识形成的过程，为学生学习下面的知识奠定了扎实的基础。

（一）认识钟面

师：让我们继续观察钟面吧！钟面上还有什么？（许多小格）

师：钟面上有大格，还有小格。它们之间有什么小秘密呢？

（1）钟面上有（12）大格。

（2）每大格里面有（5）小格。

（3）钟面上共有（60）小格。

【设计理念：培养学生的观察能力。同时，引出大格、小格以及它们之间的关系，为下面时、分的学习做铺垫。】

问：你是怎么知道钟面上有60小格的呢？

师：通过观察钟面，知道了钟面上有12大格，每一大格有5小格，钟面共有60小格。

【设计理念：通过追问"你是怎么知道钟面上有60小格的呢？"让学生发现快速识别小格的秘密，为后面的认读时刻做铺垫。】

（二）认读时针

师：认识了钟面，那怎么看钟面上的时刻呢？

师：我们先来研究时针所在位置表示的时刻。

(1)时针走过9，表示9时多。

(2)时针走过6，表示6时多。

(3)时针走过11，表示11时多。

(4)小结：时针走过几，就是几时多。

【设计理念：通过3个例子，让学生感知时针所在位置所表示的时刻。】

(三)认读分针

师：知道了时针所在位置所表示的时刻，我们再来增加难度，来看分针。

(1)仔细看！钟面上发生了什么变化？(分针走了1小格)

总：分针走1小格的时间是1分(钟)。

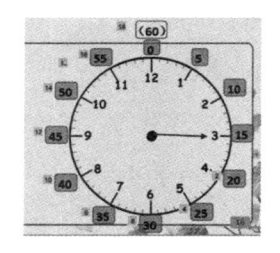

(2)师：继续看，分针一共走了几小格，是几分钟？

(分针从12走到1，走了5小格，是5分钟)

(3)师：分针从12走到2，走了2大格，是几分钟呢？

(分针从12走到2，走了2大格，是10分钟)

(4)想一想：分针从12走到3，走了3大格，是几分钟？

师：请同学们数一数或算一算，看看分针在钟面上从12走过钟面上的每一个数分别是几分？

追问：你是怎么想的？为什么？

（5）总：分针走了1小格就是1分针，走了几小格就是几分钟。

（6）师：现在是33分钟，分针应该在什么位置？

（7）【设计理念：层层深入，从1小格1分钟，1大格5分钟，到2大格10分钟，让学生进一步感受大格与分钟之间的关系。】

三、教学内容正确化

在课堂教学中，教师要注意教学内容的选择，紧抓重点、突破难点，以二年级学生知识与技能、过程与方法、情感态度与价值观三维目标的量的生产为主要目标，实现课堂有效性。

结合教材教参，创设情景，认识钟面，认读时刻，再练习巩固，这样概念性的抽象知识，对学生来说较难。我观看了空中课堂及区教研活动，以及听取了数学专家的指导，线上线下有效结合，认为在巩固旧知后，认识钟面前设置悬念效果会更好。由悬念来引出认识钟面，认读时针，认读分针，最后认读钟面所表示的时刻，再以闯关形式进行巩固练习。

【案例效果】

整堂课，学生积极性高，主动参与各项教学活动。教师教态自然、语言亲切简练，课堂充满了民主、愉悦、和谐的学习氛围。《时和分》对于低年级的学生来说是很抽象的概念，很不容易被理解，教师应充分有效地利用课件，利用钟面的模型，让学生在实际观察中掌握概念和知识。本堂课突出了创新精神和实践的培养，激发了学生的学习兴趣，在教师的指导下学生能够进行自主探究，学习氛围浓郁。整节课结构非常完整，而且在本节课的授课中，渗透了德育教育，把教育学

生珍惜时间融入了课堂中，体现了数学与生活是息息相关的。充分体现了线上线下混合式教学设计的教学改革及资源的充分运用。

一、以"活动"为主线，把"学数学"变成"做数学"

学生之间互相补充，互相完善，主体性与能动性得到充分发挥。在整个教学活动中，既有学生的观察和思考，又有学生的操作与表述；既有小组的合作交流，又有学生个体的独立思考；既有学生的自主探究，又有教师的恰当指导和点拨，使整个教学活动形成一个师生之间、生生之间、组与组之间的立体式交叉互动。在这一多维互动过程中，每个学生都得到了均等的参与机会，每个人的才能都得到了充分展示，每个学生都体验到了成功的快乐。真正使学生动了起来，课堂活了起来，实现了新课程标准要求在活动中探索、在活动中发展的目的。

二、从生活中来，到生活中去

时间对学生来说并不陌生，但是光认识还不够的。认识时间的目的是为便于使用它，以及体现它的价值。所以整节课围绕《走进二年级的一天》，组织学生活动。感受生活中处处有数学，数学就在身边。

三、关注情感、态度、价值观的培养

纵观整节课，整个教学过程师生是朋友式、伙伴式的合作关系。课堂氛围和谐、轻松。同时，良好的行为习惯养成是非常重要的。所以本节课的最后，教师还提醒小朋友们要珍惜时间，富德育于教学中。

另外，这节课始终在积极思考、自主探究与合作交流的氛围中，让学生有更多的机会去倾听、交流和分享自己的想法。在释疑解惑中碰撞思路，启迪思维，充分体现了学生的主体性、能动性、协作性、独立性以及教师的引导作用。

【案例反思】

《时和分》这节课是概念教学，只有为学生提供充分的可感知的现实背景，才能使学生真正理解时刻的含义。因此，我根据数学教学的直观性原则，摒弃了识记概念的教法，从学生生活背景出发，试图引导学生经历认识钟面、认读时针、认读分针到最后认读时刻，通过学生自主探索与教师因势利导的有机结合，将数学教学生活化、过程化与活动化。陶行知说："教而不做不能算教，学而不做不能是学，教与学都应以作为中心。"受陶行知先生"教学做合一"思想的启发，我努力创造"做"的机会与情境，将学生求知的过程放在"做"中去完成，从而实现教学目标。根据此次教学，我总结以下几点不足的地方。

一、教学环节时间的分配情况

本节课的重点是正确读写钟面上所表示的时刻是几时几分，知道某个时刻，时针和分针在钟面上的位置。在教学过程中，在复习巩固及认识钟面上时间花的过多，导致认读时刻、学生操作、练习等环节过急。

二、教师用语

课堂以学生为主体，教师作为引导者，应提大问题，并给学生留有思考时间和空间。但是我在实际教学过程中，生怕学生回答不上来，而把问题细化，提小问题，导致教师说得过多，学生想的、说的太少。故应该更加精炼教师用语，大胆放手，把课堂还给学生。其次，本节《时和分》是一节概念性较强的数学课，教师的教学语言需要规范，我在这方面不够严谨，研究教材教参还是不透。

省特级教师、宁波市效实中学副校长张悦认为："线上教学是常态

教学的补充与延伸，是个性化教学实施的有效途径。"省教育厅教研室副主任柯孔标说："复学后的理想教学组织形式是混合式教学。"通过实践，我认为，线上和线下教学是相辅相成的，应取长补短、和谐发展。通过"线上线下"有机结合，混合式教学，创造更多更丰富的色彩学生，让爱上学习和学会学习。

站在巨人的肩膀上，让实验教学更有效
——小学自然线上线下混合式教学初探

三灶实验小学　姚丽红

【概述】

混合式教学是指在线学习和面授相结合的学习方式。中小学教育教学目前正处于后疫情时代，广大教育工作者应关注线上线下混合式教学的实践与反思。本文就小学自然教学中线上线下混合式实验教学做了简要探讨，主要从借鉴空中课堂优质资源改进实验教学，依托线上学习平台助推长周期探究两方面展开实践研究，并取得了一定的教学效果。

【背景】

2020年初，一场疫情打乱了所有人正常生活与学习的轨道，在教育部"停课不停学，停课不停教"的号召下，上海市教委顺应时势要求，推出了以"空中课堂"为主体的线上教学模式。5月中旬，疫情得到平稳控制，学生们分批回归线下课堂，又重新踏上了正常的学习轨道。线下教学期间，我一边查缺补漏，弥补线上教学的不足之处，另一方面，结合着"空中课堂"的优秀教育资源及线上学习平台，将

线上线下有机融合，夯实课堂，提高课堂效率，促进学生的能力提升。

【过程与反思】

一、线上线下混合式学习的概述

混合式教学的概念是指在线学习和面授相结合的学习方式。上海师范大学黎加厚教授将其翻译为"融合式学习"，他指出：所谓融合式学习，是指对所有的教学要素进行优化选择和组合，以达到教学目标。融合式学习是当前比较流行的教学理念，它将原有教学的优势和网络学习的优势结合起来，目的是达到最优的学习效果。

二、线上实验教学、线下实验教学、线上线下混合式实验教学的比较

小学自然学科强调以探究为基础对学生进行科学启蒙。科学探究是学生的学习内容，也是重要的学习方式。科学探究能力是学科核心素养的重要组成部分，是学生通过小学自然学科学习应具备的关键能力，而实验是学生开展科学探究的重要方式之一。

在线教学期间，学生主要是通过观摩实验来得出科学结论。尽管部分实验教学在设计上选择了可操作性强的家庭实验来展开，但是由于线上监管不到位，缺少教师的针对性指导，探究式的实验类教学逐步转变成了传统讲授式的填鸭类教学。缺少了主动建构的过程，学生往往是在看过一遍以后，便出现了选择性的遗忘，授课的效果往往并不能达到最佳，学生的科学探究能力也不能得到较好的培养。

传统的线下教学方式给予了学生较好的硬件支持与环境氛围。但是纵观全册教材，并非所有的实验都具有较好的教学效果。在教学中发现部分实验存在实验现象不明显、器材准备复杂、部分器材不易获

得，实验方法较老旧，缺少新兴技术的融入等问题。此外线下教学通常是由固定的教师结合自身经验来展开教学，存在个人思维及教学方法的局限性。

线上线下混合式实验教学可以利用优质师资资源，丰富教学方法和手段，特别是对实验的改进和新兴技术的融入方面，既能提高学生的学习兴趣，用更科学有效的手段推进科学探究的展开，又能拓展教师的个人见识，集百家之长，更快提高自身的教学水平。此外，对于长周期探究实验，通过线下结合教学布置任务、线上打卡记录、讨论区自由研讨、线下交流展示的方式，能够更好地促进课外长周期探究的有效进行。

三、线上线下混合式实验教学初探

（一）技术融入有方法，实验改进有成效

三年级第一学期《热传导》一课中，需要学生通过实验知道热是沿着物体从温度高的地方向温度低的地方传递。教材中原本的实验设计是在笔直的金属棒上依次放上火柴棒（火柴棒用蜡固定在金属棒上），通过比较火柴棒掉落的先后顺序知道热传递的方式。实验本身的设计并无问题，但是用蜡将火柴棒固定在金属棒上的过程十分费时，如果要将一个班学生的实验材料全部准备好，所需的工作量是非常大的，加之自然学科的教师往往同时任教多个班级，这就意味着每上一个班就要将这一过程重复一遍，前期实验准备的工作量大到让许多老师望而却步。

空中课堂的这节课中，授课老师采用的实验方法给了传统教学方式一个全新的思路，该方法不仅简化了实验器材（不需要铁架台作为

支架），而且实验操作具有可重复性，不需要老师每上一个班再重新准备一次实验材料，大大减轻了教师的工作量，同时实验效果却依然十分明显，这其中不得不感叹于新兴技术对于课堂教学的有利帮助。改进的实验中，将温变油墨（油墨在常温下显示某种特定颜色，经加温后颜色消失变为无色，冷却后立即恢复到原有颜色，因其变化过程可逆，又称为"可逆温变消色油墨"）涂在金属棒上，对其一端进行加热，通过观察其加热后颜色变化的先后顺序，从而知道热在物体中的传递方式。在后疫情时代回归线下课堂后，我用此种方法顺利有效的开展了教学，不仅有效达成了教学目标，同时在课堂上也听到了学生们观察到现象后的阵阵惊叹欢呼之声。温变油墨的引入，激发了学生学习的高涨兴趣，减轻了教师实验准备的工作量，可谓是一举两得的成功创新之举。

（二）线上记录有平台，科学探究易留痕

长周期探究是小学自然教学中一个必不可少的重要部分。由于自然课时限制，长周期探究只能让学生在课外完成，而课外探究由于受到种种条件限制，其效果往往远远不如课堂探究，学生之间的探究结果层次差异也较大。课外探究活动中教师不可能像传统课堂中那样进行有针对性的及时指导，此外由于课外探究基本以个人独立探究为主，氛围也不如课堂中浓厚，学生较难长期坚持，容易半途而废。

前疫情时代的在线学习，让学生和老师们掌握了线上学习的技术方法，虽然后疫情时代转入了线下学习，但线上学习中培养的一些学习方法、教学方法不应被我们遗弃，教师应当结合实际教学内容有效开展线上线下的混合式教学。如三年级第一学期《根怎样生长》一课中，要求学生将黄豆、绿豆等植物发出的芽朝4个方向摆放，每天观察芽的生长方向，从而探究植物根生长的规律性。传统的线下教学中，能坚持到最后的一个班往往只有几个学生，这其中还包括了个别操作方法有误导致最终结论错误的同学，这其中很大一部分原因在于课外探究教师不能及时跟进指导所致。

有了前期线上学习的基础后，此次《根怎样生长》一课的教学我采取了线上线下混合式教学的方式，达到了较好的效果，探究的成功率相比单纯的线下教学有了质的飞跃。在新课的教学最后我布置了相应的探究任务，然后要求学生以线上打卡的方式每日观察记录，教师根据学生的打卡情况，不仅可以知道哪些学生某天没有观察及时进行提醒，还可以根据学生的打卡内容了解学生的探究进展，发现探究中的问题所在，及时跟进指导。此外，我还开辟了线上讨论区允许学生自由研讨，学生可以将自己探究中的困惑提出，请求其他同学的帮助，还可以主动展示自己的探究近况，如此一来探究的氛围浓厚了，学生的兴趣始终高涨，也促使探究进一步有效顺利实施。在教师规定的探究周期结束之后，全班再举行一次线下交流展示会，这样学生经历了一个完整的长周期探究过程，能够较好的提升科学素养的提升。

【结语】

路漫漫其修远兮，时代催着人进步，也催着教育不断地向前发展。优质的空中课堂教学资源和不断完善的线上学习平台就好比是巨人的肩膀，站在巨人的肩膀上，我们已经拥有了巨大的教学优势，而下阶段要做的就是继续统筹兼顾，做好线上线下的混合式教学。我深知在这条未知的道路上，我才刚刚起步，还有许多需要学习和探究的问题，只有不断探索，不断改进，不断完善，才能实现线上线下混合式教学的价值，而我也将为此继续努力。

融优质资源，聚集体智慧，扬教学风采
——英语组集体备课案例
三灶实验小学英语教研组

【案例背景】

我校英语组是一支年轻充满朝气的团队，在整体平均教龄较短、教学经验相对缺乏的背景下，为切实提升青年教师的教学专业水平，加强组内教师的英语学科素养，有效融合线上教学资源，打造有趣、实效的线下英语精彩课堂。我校英语组整装待发，在第五周开展了以"构建'情趣、兴趣、童趣'的课堂文化"为主题的集体备课周活动。本次集体备课由谈鑫老师执教 1BM2U2 Food I like 进行课堂展示，谈鑫老师同英语组教师反复打磨本节课，多次试教，不断改进，展示了一节思路清晰、环节紧凑、趣味十足的英语课，并获得了新区教研员的高度评价。

【案例描述】

阶段一：结合空中课堂资源，执教教师预先说课

英语组聚焦单元整体，开展教研活动。首先，依托"空中课堂"这一标准"参考书"，充分利用其中的优质教案资源及教学视频资源，梳理单元教学目标，细化单课教学任务，并观看学习本单元在线教学片段；而后聆听由谈老师对教材、学情、单元教学内容、教法、学法指导进行的梳理，结合空中课堂资源有效融入本节课的设计，有的放

矢地推进教学环节,保证学生"听、说、读、看、演"各个环节的语言技能训练。

比如,融合空中课堂资源,英语组给出教法建议。第一,语段带动语言的学习。在聆听语段时,注意倾听、积极思考。接着通过问答、观察图片等进行核心词汇的学习,最后通过师生对话、生生对话进行语段扮演与体会,培养学生的语言思维。第二,多样的学习训练形式。如先聆听三遍核心词汇,将其正音,再进行单词的拼读,培养学生的倾听和朗读能力。在学习核心词汇时,设置悬念,让学生进行猜测,再通过看一看、听一听、说一说、填一填、演一演等形式巩固核心词汇。第三,板书的语义功能体现。本课时,通过小猪佩奇和她的家人朋友:小猪乔治、小狗、小兔的食物分享,学习核心词汇 jelly,sweet,ice cream 和 biscuit,以及核心句型:Do you like...? Yes, I like.../ No. 为学生呈现出本课时的主要学习内容。第四,评价过程的激励功能。《小学英语单元教学设计指南》中指出:低年段主要关注"观察习惯"、"倾听习惯"、"交流习惯"和"书写习惯"。考虑到一年级学生的特点,在课堂中,教师从 eye(观察习惯)、ear(倾听习惯)、mouth(模仿习惯和表达习惯)三个维度进行分项评价。在授课过程中,从这三个评价维度出发,关注学生,评价伴随,定向激励。

阶段二:执教老师初次试教,集体聆听交流整改方案

谈鑫老师执教了 1BM2U2 Food I like 词汇教学课型,谈老师创设了 Peppa Pig 和伙伴们开小吃派对的情境,展开学习4个核心词汇 sweet、biscuit、jelly、ice cream,并在对话中分享交流各自对喜欢的食物及不同感受,学会分享。谈老师通过歌曲进行热身,在愉悦的氛围中开始了英语教学,在整个教学过程中,通过视听文本,帮助学生从文本中提取核心信息,谈老师设计并开展的每一部分教学都有对于核心单词、句型的操练环节,层层递进,由扶到放;同时,运用大量趣味横生的图片、声效和视频等调节气氛,保证课堂节奏有张有弛;并用游戏代替机械训练,攻克教学难点;还融入了节奏感强的 chant、儿歌、绕口令等教学活动,在学生不知不觉、饶有兴趣的抢答过程中,落实核心词汇的音、义、形。并借助实物的品尝环节,大大提升了课堂的趣味性,使学生能够更热情地投入课堂,让学生在真实的体会与感受中理解、活用语言。

全组共同聆听了谈老师的试教课后,老师们聚焦课堂,结合自身教学经验,从课堂氛围、课堂用语、教学环节设计与方法、板书设计、教学评价等方面,及时进行交流反馈,各抒己见,共同探讨整改方案。首先,对文本进行了改编,第一稿文本中 Touch it and taste it. 不够符合逻辑且读起来对一年级学生较为拗口,因而简化为 Taste it, please。其次,在 biscuit chant 中,big biscuit, small biscuit, 不够朗朗上口,增加了学习难度,反而会使单词操练效果大打折扣,从而进行二次修改。再次,可适当增加 Do you like...? What do you like? 等教师语言输入。最后,应二次利用板书,回顾本课所学;在 post-task 中,输出表演的层次较为混乱,操练对话的过程中应加强示范,从集体操练到个体自由选择演绎对话,并凸显角色扮演中的演绎。

阶段三:课堂教学展风采,执教教师勤反思、听课教师集经验

展示课当天,我校有幸邀请到了新区教研员叶建军老师做评课指导。叶老师从单元整体、语用任务出发,给予了本节课细致点评和建议。第一，叶老师指出语用任务来自教学目标，是学生通过课堂学习后所达成的一种能力。因此在本节课的 post-task 环节中，单单要求学生会朗读文本没有很好地体现学生的语用能力。叶老师建议 4 个对话从聆听到跟读到朗读，最后应做到能演绎，演绎可以是师生扮演、男女生扮演、小组扮演到最后的生生扮演，让学生在 snack party 的主题语境中，达成以对话的方式表演故事的语用任务。第二，叶老师强调，课堂输入一定要大于课堂输出。输入文本可以是对话，输出文本可以做适当变化。叶老师建议，本节课的输入是对话形式，输出可用 It's.../It's .../I like... 三句话作为输出，既能检测学生对于本课时核心词汇的理解，也能加强巩固本单元核心句型。并且可在黑板上做归类训练，能有效地帮助学生区分核心词汇的可数与不可数。英语组在共同观摩了本次集体备课的最终课堂呈现及专家点评后，加强组内的总结反思，以本节课为落脚点，自由评课，以评促研，执教教师撰写好教学反思，达成组内共成长。

【案例启示】

一、聚焦单元整体，创设趣味情境

读懂学生，读懂教材，是备课的根本。本单元教学内容是牛津英语 1BM2U2 Food I like，是学生非常喜欢的食物类话题，谈老师基于课标和教材，紧扣本单元主题，合理设定分课时话题，基于教材和学情，结合旧知再架构本课时文本。在 Food I like 的单元主题下，创设了 Peppa Pig 和伙伴们开小吃派对的情境，展开学习 4 个核心词汇 sweet、biscuit、jelly、ice cream，并在对话中分享交流各自对喜欢的食物及不同感受，学会分享，情感渗透的同时体现课时的育人价值。

二、关注核心素养，有效课堂实施

第一，基于学生学情，激发学习兴趣，培养学习习惯。结合低年级学生注意力集中的时限，谈老师在教学设计时，运用大量趣味横生的图片、声效和视频等调节气氛，保证课堂节奏有张有弛，从而使其能够始终保持高昂的兴趣。并用游戏代替机械训练，攻克教学难点。本课 sweet 同词的两种不同词性和 biscuit 的发音是学生学习的难点，谈老师融入了节奏感强的 chant、儿歌、绕口令等教学活动，在学生不知不觉、饶有兴趣的抢答过程中，落实核心词汇的音、义、形。并借助实物的品尝环节，大大提升了课堂的趣味性，使学生能够更热情地投入课堂，让学生在真实的体会与感受中理解、活用语言。

第二，基于任务驱动，搭建语言支架，促进语言运用。谈老师运用句式统一的语言架构，帮助学生感知、学习语言知识，而后逐步支架撤离，层层递进，从完整呈现、挖空呈现，最后自由输出，展现了由扶到放的教学过程，逐步提升学生的自主语用能力。

第三，开展适切策略探索，激发学生思维品质。在教学过程中，通过视听文本，帮助学生从文本中提取核心信息，结合问答的方式，多处采用问题（What is it? Do you like...?）等引导学生在思考中增进语用。以目标导向下的问题链激活学生的思维，提升学生的思维能力。

第四，深入理解文化意识，无形落实学科育人。本节课在交流各自喜好的食物过程中，学会分享，情感渗透的同时体现课时的育人价值。并且在教学过程中，交替出现如 Here you are.Thank you. 的礼貌对话，无形中渗透情感价值。

三、采撷集体智慧，探索适切方法

众人拾柴火焰高，全组共同聆听试教课后，聚焦课堂，结合自身教学经验，从课堂氛围、课堂用语、教学环节设计与方法、板书设计、教学评价等方面，及时进行交流反馈，各抒己见，共同探讨整改方案。在交流中取长补短，促进创新，不断提高英语组的整体业务能力。

四、紧跟专家引领，启迪探索之路

邀请专家指导，指明教学方向，助推教学成长。展示课后，英语组的教师们一同向经验丰富的教研员专家取经求学，针对两节展示课中的优缺点以及教师们在日常教学中的困惑进行探讨。叶老师不仅从单元整体、语用任务出发，给予了本节课细致点评和建议，也为青年教师们指点迷津，给在场的年轻教师们一一解答教学设计的想法，为三实小的英语组提供新思路新方法。

本次集体备课活动借助线上教学的力量，凝聚了集体的智慧，既为青年教师提供了锻炼成长的平台，又为学校全体英语教师互观互学、交流研讨创造了机会，教师们聚焦课堂，取长补短，共同提高备课质量，努力打造精彩课堂，进一步推动了教师专业化成长的进程。

优秀教学论文

多样化小学数学作业设计

三灶实验小学　范文俊

摘要：强化小学数学作业设计，积极探索并实施多样化的数学作业形式，培养学生的自主性与创造性，才能符合新时代的教学要求。本文通过"平均数"教学模块中的构建作业设计目标、多样化作业设计和具体作业案例，详细描述了情境式、生活化、趣味性和实践性等不同类型、不同层次的作业设计的要求和目标。多样化的作业设计促发学生灵活发散的数学解题思路，提高学生主动思考、自主学习的能力。

关键词：作业设计；多样化；平均数；综合运用

一、前言

数学作业是复习巩固课堂教学内容的必要环节，也是学生学习知识、提高能力的重要途径。在信息化的今天，传统的题海战术很难适应当前的教学要求。因此，强化小学数学作业设计，积极探索并实施多样化的数学作业形式变得尤为重要，是需要广大教师思考的问题，也是检验教师教学教育水平的一个关键形式。

单元作业设计是课堂教学的延续和补充，是提升数学教学的效率和质量的有效途径，是课程改革一个至关重要的切入点。教师要根据课程标准要求和学生课堂学习实际，设计更加符合新时代需要的作业。

二、构建作业设计目标

为了准确地确定作业目标，第一，研究课标、分析教材；第二，

明确单元教学目标;第三,根据教学目标制定作业目标。

作业目标是作业设计的前提。我们要落实三个目标:理解知识、识记要点、综合运用。理解知识,是要帮助学生熟练理解所学知识;识记要点,是要学生能够掌握课上所学知识的重点和难点;综合运用,是要学生运用知识,分析及综合解决实际问题。

比如,平均数所属的教学模块是"数据整理与概率统计",单元教学内容为平均数的概念、平均数的计算和平均数的应用。以往在教学此内容时,教师往往比较重视平均数的求法,而《义务教育数学课程标准》则明确要求学生能通过丰富的事例来了解平均数的意义,并能解决简单的平均数实际问题。平均数的作业目标见表1。

表1 平均数的作业目标

单元名称	平 均 数	课时	6课时
作业目标	具体表述		学习水平
	1. 让学生在具体的情境中,体会平均数的意义。		理解
	2. 知道平均数的取值范围在该组数据的最小值和最大值之间。		识记
	3. 会利用公式求出平均数。		运用
	4. 能依据数据的特点,体验用"移多补少""找基准数等"方法求平均数。		识记
	5. 会使用平均数的知识解释简单的生活现象。		运用
	6. 能运用平均数的计算解决简单的实际问题。		运用
	7. 能运用平均数的概念来推测事物的总体情况。		综合

三、作业多样,提高成效

有了明确的作业目标,就要根据单元教学内容进行整体作业设计。作业是课堂教学的延伸拓展,是教学内容的升华融合。作业设计,既要考虑学生的年龄特点,还要关注学习水平的循序渐进。关键是重视从问题出发,设计以解决问题为核心的数学学习过程,为学生探索问题提升能力创设合适的情境。因此，教师一定要依据学生学习的实际情况，设计多样化的作业，提高数学教学的成效。

（一）设计情境作业，加强理解识记

对小学生来说，平均数概念还是较为抽象难以理解的，这与学生缺少一定的生活经验有关。基于以上认识，在设计本单元作业时，创设诸多与学生生活环境、知识背景密切相关的、学生感兴趣的问题情境，如平均体重、平均身高、平均价格等，以"解决问题"的形态呈现，重在基础与拓展的结合，重在兴趣与能力的培养，体会"平均数"在现实生活中的实际意义及广泛用途。如：

> 小红到玩具店买玩具，她选了一个32元的洋娃娃，一副50元的乒乓板和一盒8元的乒乓球。下面哪个价格是这三样学习用品的平均价格？　　　　　　　　　　　（　　）
> A. 8元　　B. 50元　　C. 30元

这道题目的设计意图，并不是直接让学生进行平均数的计算，而是让学生依据平均数的特点进行估算。为的是巩固学生对平均数概念的理解，同时培养学生通过估算进行检验的能力。这就是典型的"理解知识、识记要点"，将大量重复的技能训练省去。学生可以根据"平均数的取值范围在该组数据的最小值和最大值之间"。这一特征用排除法找到选项C。

教师要激励学生勇于从不同角度思考问题，培养学生思维的敏捷性和延展性，使学生理解能力得到发展。让学生"多想一种解法"中另辟蹊径，灵活理解识记所学知识。

（二）设计生活作业，形成数学思维

好的数学作业，来源于生活，有助于解决实际问题。设计贴近生活的数学，应该让学生体验到数学在生活中的应用价值，能够帮助学生形成数学思维。在作业中设计生活性的实际问题，能促使学生尝试运用所学的数学知识和方法寻求解决问题的途径，体验数学在现实生活中的价值，使学生认识到生活中处处有数学，生活离不开数学，从而逐步成为一个知识的实践者。

表格为李明家2021年各季度用电量统计情况。

	第一季度	第二季度	第三季度	第四季度
用电量/度	600	550	715	580

算一算：

1. 李明家平均每季度用电几度？算式：_____
2. 李明家平均每月用电几度？算式：_____
3. 李明家平均每天用电几度？算式：_____

答案：1.（600+550+715+580）÷4

2.（600+550+715+580）÷12

3.（600+550+715+580）÷365

这类作业设计的目的是为了让学生在计算平均数时，能够分清问题中的"季度""月"和"天"，这些都是学生在平时作业中最易出现错误的地方，往往一个忽视，导致平均数计算结果的错误。因此，在作业设计时，教师要有意识的加强训练，引导学生养成仔细审题，认真答题的良好数学习惯。

（三）设计趣味作业，培养数学兴趣

在设计作业时，教师切忌急功近利，切忌搞题海战术。我们不能忽略学生的年龄、天性等因素，不能只布置机械重复的作业。针对小学阶段的学生，教师应多设计趣味性强的作业，让学生不再枯燥地写作业，而是在趣味性的促使下，饶有兴趣地完成作业，更加有效地巩固单元知识。学生学习数学知识是从兴趣起步，要让学生意识到数学不仅是数字和计算，数学也是探究有趣世界的有力工具。因此，作业应该突出趣味的特征，激发学生学习兴趣。

> 小莉用三个同样的杯子装水，水面的高度分别为 8 厘米、6 厘米、7 厘米。
>
> 1. 请你算一算，这三个杯子里水面的平均高度是多少厘米？
>
> 2. 如果第 2 个杯子的水面高度增加 3 厘米，这三个杯子里水面的平均高度还会是 7 厘米吗？又会怎样变化？（请通过计算验证）
>
> 3. 如果第 2 个杯子的水面高度减少 3 厘米，这三个杯子里水面的平均高度还会是 7 厘米吗？又会怎样变化？（请通过计算验证）
>
> 结合上面三种情况，你对于平均数有什么发现？

这题中的三个问题都是平均数的计算，但设计此题的用意并不在计算本身，而是希望学生能通过计算、比较进一步发现平均数变化的规律：当数据中的任何一个数据发生变化，都有可能使平均数发生变化。

设计趣味性作业是训练学生适应变化、发散思维，引导学生发现问题、思考问题，强化学生的应变能力。

(四)设计实践作业,提升综合能力

"行是知之始,知是行之成。"通过设计实践性作业、单元整体作业促进学生在学完单元知识后,将头脑中分散的知识点形成网络,使知识系统化和网络化,促进数学基本知识和基本技能得以综合运用。现代社会越来越需要综合能力和综合素质。实践性作业就是让学生通过观察、讨论、合作、总结等具体的实践活动,提升参与意识,促进综合能力提升。这类作业可根据教学单元研究专题,采取小组分工合作的形式进行。

小组合作,利用步测的方法计算一个操场的周长。

1. 任务安排

	步行	测量	记录
小组成员1:			
小组成员2:			
小组成员3:			
小组成员4:			

说明:1人负责步行,2人负责测量,1人负责记录。

2. 记录数据

(1)测量组员1步的步幅。(测量结果用"四舍五入"法保留一位小数)

次 数	第一次	第二次	第三次	第四次	第五次
1步的步幅(米)					

(2)测量这名组员已走的步数。

次 数	第一次	第二次	第三次	第四次	第五次
步数(步)					

> 3. 汇总计算
>
> （1）平均1步的步幅：
>
> （2）平均步数：
>
> （3）学校操场的周长：
>
> 4. 小组收获
>
> 5. 精彩时刻

实践性作业，要在把握教材基础内容的情况下拓展开来，让学生能在生活化、主题化、项目化的体验中开拓思维，提升能力，让他们能把所学到的知识应用到实践中去。单元作业在减负的同时增效于孩子"学"的过程和结果，提高孩子"学"的品质，也提升了教师对学科课程整体的把握能力以及对教学系统的设计能力。

四、结论

（1）单元作业设计是课堂教学的延续和补充，是提升数学教学的效率和质量的有效途径，是课程改革一个至关重要的切入点。

（2）为了准确地确定作业目标，第一，研究课标、分析教材，第二，明确单元教学目标，第三，根据教学目标制定作业目标。作业目标是作业设计的前提。我们要落实三个目标：理解知识、识记要点、综合运用。

（3）学生完成数学作业的过程是一个理解掌握和思考运用数学知识的过程。传统的题海战术很难适应当前的教学要求。教师应该更多地顺应时代特点，设计一些具有情景化、趣味性、生活化、开放式、实践性的作业。

（4）生活处处有数学，在完成作业的过程中，学生运用课堂上学到的知识来识记要点、训练技巧、探索未知，从而培养学生的自主性与创造性。因此在设计作业时，要讲究趣味性，主要表现在多一条思路、多一种方法，多样化，不唯一。给学生足够的想象空间，有助于学生从不同角度去思考分析，有助于开拓视野、培养学习兴趣。促发学生灵活发散的数学解题思路，提高学生主动思考、自主学习的能力。

（5）实践性作业，是以学生观察、讨论、合作、总结为主的综合性作业。教师要创造一个环境，使作业不再是一个被动吸取知识、反复练习、强化记忆的过程，而是明确分工、自主规划、积极实践、经验交流的活动。教师要引导学生以探索的心态，应用知识和经验，尝试解决新问题，帮助学生建构知识的综合性，形成知识的网络系统。

参考文献

［1］陆永兵.谈小学数学作业的多样化设计［J］.江西教育，2015（9）：81.

［2］康家芬.如何设计小学数学作业［J］.软件（电子版），2016（9）：68.

［3］彭国庆.小学第二学段数学个性化作业设计的策略［J］.现代中小学教育，2014（8）：55—58.

［4］李海强.刍议小学数学个性化作业设计方法［J］.新课程：上，2015（7）：56.

［5］黎勇.小学数学作业设计浅析［J］.《小学教学参考（数学）》，2020（29）：96.

关注兴趣培养，提高低年级学生数学学习的专注力

三灶实验小学　胡晓燕

"专注力"是认知活动的动力功能。认知活动包括听知觉、视知觉、记忆、思维、想象、执行、反馈等活动。专注力不是天生的，需要后天的培养，是一个持续且坚持的状态。影响专注力的因素包括：事物本身的吸引程度，自身的意志表现，自身的情绪状态等。低年级学生年龄小，有意注意时间不会长，但往往充满好奇心，对自己感兴趣的事物有强烈的探索欲望，并保持长时间的有意注意，就会有很好的专注力。在数学学习和数学应用的过程中，提高数学学习兴趣，形成良好学习态度；对日常生活和周围环境中的数学现象具有好奇心，并有探究的欲望；能够获得成功体验，树立学好数学的信心。因此数学课堂上注重从兴趣培养出发，增加学习数学的快乐体验，以此来提高学生数学学习的专注力。

一、将学生感兴趣的情境融入课堂，提高学习专注力

1. 故事情境的融入

故事中特有的各种人物形象和情节吸引着每一位学生，将数学知识与故事相融合，利用故事鲜明的特性使学生在有趣、愉快的氛围中展开学习。低年级数学故事情境包括寓言、童话、绘本、传统文化故事等。故事情境的融入可以体现在导入环节，也可以串联在整堂课的情境中，教师需要寻找和挖掘与数学知识有关的故事，课堂上通过学生听故事、讲故事、全体学生一起阅读绘本故事的方式融入课堂，引导学生从故事情境中寻找数学信息，或者在故事中留下悬念继续探究。如"数的起源"故事、"幻方"传统文化故事、"龟兔赛跑"寓言故

事等。

以《幻方》一课教学为例，运用传统文化故事进行导入，课堂上阐述幻方的由来：公元前三千多年，有条洛河经常发大水，夏禹带领百姓去治理洛河，这时，从水中浮起一只大乌龟，背上有奇特的图案。你怎么理解这上面的图案呢？学生会好奇龟背上的图案到底有什么秘密，为接下来的探究环节做好了铺垫。新授环节就能主动探究龟背上图案的秘密，然后继续情境贯穿，恰当设疑，除了这只龟背上有这样的规律，其他的龟背上的秘密又是怎样的呢？引导学生继续探究，吸引了学生的注意力，有效提高了专注力。

又比如，100以内数的认识这一教学内容，用"数字的起源"这个故事导入主题，最早人们利用自己的十个手指来计数，当手指不够用时，人们开始采用"石头计数""结绳计数"和"刻痕计数"。在经历了数万年的发展后，直到距今大约5000多年前，才出现了书写计数以及相应的计数系统。虽然故事对学生来说是陌生的，但传统文化故事中的神秘感引起了学生的好奇心，又加上多媒体动画的展现方式，激起了求知欲望，巧妙地调动了学生自主探索和学习的兴趣。

再比如，长方形、正方形周长这一教学内容，以"龟兔赛跑"的故事为开头，小兔子之前输了比赛很不甘心，这次又要和小乌龟开展跑步比赛了，他们想让小朋友来做裁判，看看比赛公平吗？这时出示两个赛道，一个是正方形赛道、一个是长方形赛道，问学生怎样才算是公平？学生马上答出求出两个赛道的长度，比一比是否一样长，那怎样求出这两个赛道的一圈的长度呢？问题激发了学生探究的兴趣，学生进入到裁判的角色开始探究，用自己的方法求出这两条赛道的长度，求赛道长度的过程也就是解决了求长方形和正方形的周长，通过故事的方式激起学生解决问题的需求，让学生积极、主动地参与进课堂，提高了学习专注力。

2. 生活情境的融入

我们都知道数学源于生活，所以课堂中经常会将平时生活中学生熟悉的与数学知识相关联的场景有选择性地搬入课堂，虚拟出类似的生活场景。低年级学生较为熟悉的生活场景包括游乐园、动物园、商店、家里或学校的学习生活等，在这些场景都可以找到代入感。与学生平时生活有关联的情境，从中挖掘出可运用于数学课堂的情境，架起课堂与生活的桥梁，成功激发了学生主动学习的兴趣，化被动为主动，课堂的专注力自然而然就提高了。

数与运算类课中可以采用让学生在生活场景中扮演其中一个参与者，以参与者的角色来体验，从而在发现问题和解决问题的过程中获取数学知识。如《加法（合并）》《几时几时半》和《认识人民币》等的教学都可以融入生活情境。

《加法（合并）》课堂中创设游玩动物园的有趣情境：今天数学小伙伴们来到野生动物园春游，首先参观了老虎馆，他们看到了几只大老虎？几只小老虎？你能编一个数学故事吗？在游玩各种动物馆的场景中反复让学生训练像"有3只大老虎、5只小老虎，一共有几只老虎？"的数学故事，理解加法合并的含义，通过不同场景的表达练习，在脑中建立加法合并的模型。《几时几时半》一课，以小胖的一天作息时间为生活情境：数学小伙伴小胖根据他一天的作息时间做了一张时刻表，小胖是几点起床的？你认识钟面上的时间吗？通过小胖的时间安排表熟练掌握整时与半时的认读，并总结出认读时间的规律。又如沪教版一年级下册《认识人民币》一课，创设爱心义卖场景：学校开展了爱心义卖活动，这是我们班小朋友捐赠的物品，看一看都有哪些物品？你想买哪一件？这是你钱包里的钱，准备怎样付钱？让学生体验商品买卖和人民币兑换的过程，促进知识的理解与掌握。动物园、小胖一天的学习生活和爱心义卖的生活情境都是学生平时喜欢和熟悉的，学生能将生活中的感受带入课堂，更容易融入其中，产生学习的兴趣。

图形与几何类课中通过从生活中找到原型的方式，让几何图形与生活产生联系，促使学生更好地理解抽象图形，产生学习的欲望和兴趣。例如，在关于"角"的知识学习中，角本身就是抽象图形，学生较难理解，所以从生活中找到原型，在学生熟悉的游乐场的场景中让学生指出角，找到藏在游乐场中图形的方式吸引了学生的注意，也为后续角的概念理解做好了铺垫。

统计与概率类课中让学生从生活中找到研究对象，对生活中熟悉的事或物进行统计，归类整理。比如，《统计初步》的教学，为了要准备六一儿童节联欢会的水果，要统计全班学生喜欢吃的水果，在此生活场景的设定下学生参与统计的过程，掌握统计的知识，感受统计与生活的联系，在经历中激发兴趣。

生活的魅力就在于处处有奥秘，教师要做一个有心人，将数学学习与生活紧密联系，在挖掘兴趣的同时又能培养学生解决问题的能力。

3. 问题情境的融入

数学课堂的教学是在不断地提出问题、分析问题、解决问题的过程中展开的，创设问题情境围绕着某一教学目标展开，对学生有一定的吸引力，能激起学生的关注和兴趣，在课堂中起到启发和引导的作用。一般包括教师根据情境巧设问题引发思考，学生主动提出问题，解决问题。

比如，在《东南西北》这一课中，教师根据生活中遇到的情境提出问题，在陌生的环境中迷路了，身边既没有指南针，也没有可识别的路标，该怎么区分东南西北？引发学生在这样的情境中思考解决问题的方案，自然而然地将学生导向了探讨生活中识别东南西北的方法。又通过画校园平面图这个环节，发现学生画的校门都不是在一个方向上的，有的在上面的左边或右边，有的在下面的左边或右边，那么该如何在图上区分东南西北？这一问题制造了矛盾冲突，引发学生思考在图上统一方向的方法，不但体会到了统一方向的必要性，而且顺利地从解决生活中的方位问题过渡到解决图上的方位问题。

又如，《周长》一课中，教师直接出示概念性课题"周长"，让学生对课题提出问题，学生提出"什么是周长？""怎么求周长？""周长和面积有什么不同？"等的问题，教师将这些要解决的问题板书在黑板上，学生提出的这些问题其实就是这节课要解决的重难点，将学生带入了自己提出的问题情境中，因为是自己提出的问题，增加了探究的欲望和自学能力，整堂课围绕着这几个问题探究，在课的最后再点题回答这些问题，又一次巩固了知识。

追求知识，了解未知是学生的天性，这两节课都是通过问题情境的融入，巧设疑问，将他们引入"心求通而未得，口欲讲而不能"的状态，产生强烈的求知欲和学习兴趣，推动学生自主探究，激起思维火花，以此提高学习专注力。

二、将游戏化教学方式融入课堂，增强学习专注力

1. 游戏化导入

在课堂初始的环节将学生感兴趣的、课堂可操作的游戏作为媒介结合数学知识导入，既能一下子激发学生兴趣，开个好头，又能为接下去的课堂学习做好铺垫。游戏导入的方式可采用小游戏、猜谜语、竞答和角色扮演等。比如，《左与右》一课中，用小游戏"跟我做"，师生活动的方式导入，伸出右手摇一摇，伸出左手摇一摇，抬起右脚轻轻放，抬起左脚轻轻放，摸摸右耳朵，摸摸左耳朵，右手拍右肩，左手拍左肩，大家一起拍拍手。再揭示课题"左与右"。俗话说，好的开始是成功的一半，用游戏的方式开始，学生多感官参与，带来了愉快的情绪，活跃了课堂气氛。

又如，《认识钟表》这一课用猜谜语导入的方式导入新课，"有个好朋友，会跑没有腿，会响没有嘴，它会告诉我，什么时候起，什么时候睡。"学生在猜谜语的气氛中预热课堂，激起了学习兴趣。

2. 游戏化探究

在探究环节构建游戏化的学习环境，可采用感官参与、小组竞赛等方式，根据知识点的特征量身定制小游戏，可包括益智游戏、猜测游戏和操作游戏等。

比如，《物体的形状》一课中，目的就是要通过感官体验了解长方体、正方体、圆柱体和球的基本特征，所以在探究环节教师把这些形状的物体放入圣诞老人的礼物袋中，让学生猜猜礼物是什么？学生参与到猜测游戏中，先通过手的触摸感知物体的特征，学生会说："我摸到一个光滑的、圆圆的物体，我猜它是球。"在学生描述特征的猜测过

程中就完成了自主探究，而且全程兴致勃勃，都注视着袋子里究竟藏着什么物体，一个学生上来摸和猜时，其他学生也都聚精会神，根据这个学生描述的特征在脑中逐渐形成表象，达到了较好的效果。

又如，在长方体与正方体的初步认识教学中，教师为了让学生掌握长方体、正方体的特征，设计了用小棒和小球搭一搭长方体、正方体的游戏，学生通过操作游戏，搭建出各种各样的长方体和正方体，再根据搭出的长方体和正方体分类小结出特征，这样的操作类游戏让学生人人参与其中，每个人都在想办法搭建自己的立体图形，全神贯注，积极性高。所以探究环节加入游戏可以激发学生学习的欲望，让学习变得更加主动。

3. *游戏化巩固*

通常到了一堂课的后半段巩固练习环节，学生往往情绪不高，注意力开始不集中，所以用新颖的游戏来代替传统的做题模式可以再次吸引学生。巩固游戏可采用闯关、竞答、参与角色等方式。

比如，《几个与第几个》一课在巩固环节设计了闯三关游戏，第一关猜猜这是谁的座位，第二关看谁反应快，第三关小小裁判员。通过学生感兴趣的游戏带动了课堂气氛，当一组组、一排排往下轮着玩游戏的时候，基本上全班学生都兴致高昂，特别是"看谁反应快"的游戏，学生都会竖起耳朵，专心地听着老师的指令，学生的注意力一下子集中了，一个个都主动思考应该是谁做出正确反应，不对的能快速提醒，大家都露出了兴奋的表情。

又如，《加法（添加）》一课中采用了角色扮演的乘车游戏，学生纷纷举手，表示"我参加，我参加！"随着小儿歌的响起"小火车，开起来，开到哪里去？开到这里来！"气氛一下子活跃了，接下来让学生根据这个游戏来编数学故事就水到渠成。基本上全体学生都举手想尝试，这比传统的做题巩固有趣了，提高了学生的参与度，在游戏中也对加法添加的模型掌握得更加牢固，并在学生心中形成了深刻的印象。

游戏化的教学方式可以在学生脑中呈现出具体画面，产生模拟场景，对学生来说感官上更加直接，产生了吸引力，有了吸引力也就产生了兴趣，增加了学生学习数学的快乐体验，专注力的提升也就水到渠成了。

三、将学习的成功体验融入课堂，发展学习专注力

1. 目标达成带来的成功体验

如果学生在数学学习中通过自己的努力经常被肯定，就能满足学生内心的成就感，增加信心，也就有了学习数学的动力，产生了兴趣。因此可以从建立信心角度思考，用目标去激励学生，这个目标可以是短期内的，学生通过自己的努力和意志力能够达成的，达成后获得成功体验，再建立新目标，获得新的成功，形成良性循环，要注意的是目标的设定是需要循序渐进的，要根据实际的可行性调整。比如，获得好的等第，优等生能对所学知识提出不同的见解，难题攻克了，或能做到一题多解，学困生课堂上能多多举手、答对题目，获得不错的等第，针对不同层次学生建立不同的目标，在目标设定后，学生就会一直朝着这个方向努力，在一次次的达成目标中获得学习的成功体验，增加数学学习的自信心，发展专注力。

2. 自主探究带来的成功体验

传统的课堂是教师注入式的教学方式，并不能带给学生学习的成

功体验，因此数学课堂中要让学生自主探究，如果学生知识的获得不是来自教师的灌输，而是自己探究学到的，那么就会觉得自己很了不起，建立起信心，不断发展专注力。做法包括同桌或小组合作探究、知识迁移探究、方法多样化探究等。比如，《连加、连减及加减混合》这一教学内容中，学生已经有了两位数加、减两位数的竖式计算知识和经验，在此基础上进行知识迁移类的自主探究是完全没有问题的，设计探究竖式计算方法的环节，教师在巡视的过程中发现学生能将学过的一步式竖式计算的方法成功迁移到了这堂课中，虽然在列竖式时还是会有一些小问题，但都能表达出自己的方法，再通过集体分析，学生间作业对比，发现学生能对他人的方法进行评价，指出问题，学生的自主探究完成得很出色，整堂课兴致高涨，一个个举手表示"我知道""我会"，当说对了后脸上露出了兴奋和喜悦的表情。在学习中获得成功的快乐是无可替代的，会转化为对数学学习的热情和兴趣。

3. 创新思维带来的成功体验

在数学学习中不能忽略学生的创新能力，教师要多创造机会锻炼学生的创新思维，促使学生获得成功体验。创新思维可以是课堂中思维碰撞出的新方法，也可以是在所学知识基础上的新突破。做法包括迁移和类推的创新、猜想和验证的创新、算法的创新等。

比如，在图形与几何类课的教学中，常常会用到猜想、验证的过程，在学习三角形面积时，学生已经学过正方形、长方形的面积，完全可以让学生在已有知识的基础上，猜想如何求三角形的面积，再进行验证，经历猜想验证的过程激发了求知欲，验证结果符合猜想就会增加信心，若不符合，也能通过验证完善猜想，牢固知识。学生的思维能力得到了锻炼，在获得学习数学快乐体验的同时继续发展专注力。

又如，在《两位数加两位数（进位）》这一课中，当要求学生用自己喜欢的方法进行计算时，学生根据自己的理解一一出示方法，这时教师问：还有其他方法吗？一个学生举手回答："我的方法跟他们的都不一样。"他边说计算过程边解释说："我先把离整十数比较近的加数看成是整十数，加上整十数计算起来比较容易，再把多加上的减去就可以了。"当其他同学都听懂后，他表情是得意的。算法的创新让他获得了成功体验。

成功的体验是要积累的，因此需要教师长期培养，增强学生的自信心，获得学习数学的成就感，也就激发了兴趣，使学生的专注力不断发展。

四、将实践活动融入课堂，延伸学习专注力

兴趣的产生还可以来自实践活动，《义务教育数学课程标准》针对"综合与实践"指出：通过实践活动，感受数学在日常生活中的作用，体验运用所学知识和方法解决简单问题的过程，获得初步的数学活动经验，进一步理解所学的内容。体验实践中的数学能让学生感受数学学习的乐趣，从而延伸学习专注力。

1. 融入前置活动

实践活动可以先于教材，教师可根据即将所学习的内容设计学生感兴趣的前置作业，这个作业不是传统的做练习，必须是有充分的生活实践性，且为课程内容做准备和预热的。可包括观察和记录、搜集素材、画平面图等。

比如，在学习《东南西北》这一教学内容，课前可以设计学生画

一画学校的平面图，低年级学生对画图都是非常感兴趣的，通过画笔创造出美丽多彩的校园，再将这份兴致延伸至课堂上，展示大家的平面图，在欣赏的过程中发现大家画的校门都是朝不同方向的，引出地图上如何统一东南西北方向，让学生结合实践活动体验到了统一方向的必要性，经历知识形成的过程，在感兴趣的活动中掌握了知识。

又如，在学习《认识人民币》这一教学内容前，先分析学情，现在的孩子生活实践方面的经历较少，买东西大都网购，付钱大都刷手机，所以设计了观察和记录的前置作业，寻找人民币在生活中的运用，可以在父母的陪同下去超市观察各类物品的价格，可拍照或记录下来，也可以搜集各类账单或收据，让学生先收集数据，为人民币的学习做好铺垫。在课堂上就可以展示学生观察到的照片或记录，经过分类整理，了解到人民币的单位元、角、分一般都在哪些地方用到。让学生学到知识的同时积累了生活经验，也感受到数学知识来自生活，并产生浓厚的兴趣。

2. 融入动手操作

课堂上应注重学生获得知识的过程，在动手操作中理解所学知识，同样也是激发学生兴趣、吸引注意力的方式。主要包括以下几类。

（1）把生活场景搬入课堂，用真实的操作体验辅助课堂教学，解决应用类问题。比如，《认识人民币》的教学，课堂上设计了"爱心义卖"活动，让学生在角色扮演的商品买卖过程中体验怎样用人民币以及合理分配人民币。

（2）通过操作学具的方式找出解决问题的各种方法，体验方法多样化。在计算课中加入学具操作，比如《两位数加两位数（进位加法）》的教学过程中给学生双色片、数射线、计算条、计数器等学具，让学生用这些学具探究算法，小组合作在位置图上摆一摆、在数射线上画一画、在计数器上拨一拨等，自主小结出多种算法，并体验满10进1的过程，突破难点，又通过小组合作、全班交流学到不同的算法，更优化了算法，学生学习的激情也提高了。

（3）运用动手摸一摸、掂一掂、滚一滚等的直观体验方式让学生感知物体的特征。低年级学生空间想象能力较弱，所以在图形与几何类的课堂中可加入直观感知的活动，比如，在《物体的形状》这一课教学中，可以让学生把生活中相关的实物带到课堂上，通过观察、动手摸和滚的操作活动在脑中形成物体特征的表象认识，再对几何体进行分类就容易得多。

（4）在做实验的过程中让学生体验同一种单位之间量感的区别，加深知识的理解。低年级学生对一些量感接触得少，没有实际的认识，更缺少生活经验，比如在《毫升与升》的教学中设计了体验1毫升与1升的实验，先在量杯中倒入1毫升的液体，学生观察并感知1毫升的量有多少，再在量杯中感知100毫升的量有多少，用100毫升的杯子一杯一杯地倒入桶中，10杯就是1000毫升，感知1000毫升的量，即1升的量。学生在实验的过程中全神贯注，激情洋溢，各抒己见。

动手操作的课堂活动不但辅助课堂教学，也是培养学生学习兴趣的一种方式，更是直接作用于延伸学生的学习专注力。

3. 融入课后实践

课堂上的实践活动还可延伸至课后活动，让学生对学习的兴趣得以延伸。根据课堂教学内容设计操作性的课后综合性探究作业，可以是创作类、观察搜集数据类、拓展活动类等。比如，学了轴对称图形，可以让学生去发现生活中轴对称的图形有哪些，再自己创造画一幅轴对称图形，在班中展示、评比；学了条形统计图，可以结合自然学科，让学生观察一个月中的天气情况，记录数据，绘制条形统计图，并进行简单分析；学了时分秒，可以让学生制作一天计划安排表，在班级中交流看看谁的时间安排表更合理；学了面积，可以让学生通过测量计算自己房间的面积等。还可以设计拓展型活动，了解数学家的故事，在班中方分享故事，让学生了解更多的数学课外知识，注重实践中培养兴趣，延伸学习专注力。

长期的兴趣培养能够内化为学生学习上的动力，作为教师要多动脑筋、勤于思考、不断探索、敢于尝试，从情境创设入手，引入游戏化教学，通过目标达成、自主探究和创新思维带领学生体验成功，为学生打造有趣的数学课堂，在实践活动中延伸兴趣，创设良好的数学学习氛围。只有让学生主观上爱学习、有求知欲，才能实现提高学生数学课堂专注力的目标，从而提升课堂效率。

"双减"背景下小学一、二年级英语作业设计浅谈
——以牛津英语一、二年级的作业为例

三灶实验小学 郑钧文

摘要： 在"双减"政策背景下，教师在进行作业设计时，依据单元教学目标和课时目标制定适宜的作业目标，通过分层作业、个性化作业、跨学科整合等，培养学生的高阶思维，努力使参与作业的过程成为学生发展语言能力、形成文化意识、提升思维品质、提高学习能

力的过程，真正实现"减负提质"。

关键词："双减"政策；作业设计；减负提质

2021年7月，中共中央办公厅，国务院办公厅印发《关于进一步减轻义务教育阶段性作业负担和校外培训负担的意见》。文件指出，要全面压减作业总量和时长，减轻学生过重的作业负担。作为一名英语教师，要减轻学生过重的作业负担，就要改变传统的英语作业模式。传统形式的英语作业一般是布置一些抄写单词、句型的机械性任务，目的在于强化学生当日所学习知识内容，但简单地抄写不一定能够真正达将所学转化为所用的效果。由此，科学且具创新的作业设计成为学校研讨分析的重点对象。

"双减"政策下，对于英语学科来说，作业的设计要全面贯彻党的教育方针，落实立德树人根本任务，基于课程标准，体现单元意识，以育人为本、目标一致、设计科学、类型多样、难度适宜、时间合适、结构合理为目标，布置一些融入生活、跨学科、形式多样的作业，引导学生的思维由低阶走向高阶，从而使学生更有效地汲取知识。本论文以上海版牛津英语教材一年级和二年级课本中部分单元作业设计为例，进行简单的阐述和分析。

一、关注单元整体，精准设计作业

在由全国小学英语学科教研基地主持人、上海市教委教研室特级教师朱浦老师的主题为《"双减"背景下小学英语作业设计思考》的讲座中，我们可以得知，作业设计绝不是单纯的作业变化，而是整体联动，综合治理。朱老师指出：作业绝不是悬空的，它作为英语教学设计的第二层相关要素，是建构在关键要素之上，什么样的教学目标、教学内容都与之息息相关。因此作业的设计与实施，作业的内容与形式，作业中英语语言的知识与技能要整体思考，要围绕教学目标，针对教学重难点，设计作业目标。并且作业目标和作业内容的设计也必须是一致的。可以看出作业目标是基于甚至是高于教学目标。学生通过完成作业，掌握好重点的学习内容，并在完成一定量的作业中，达成学习目标。

课堂教学基本要素与上海英语课程目标如图1所示。

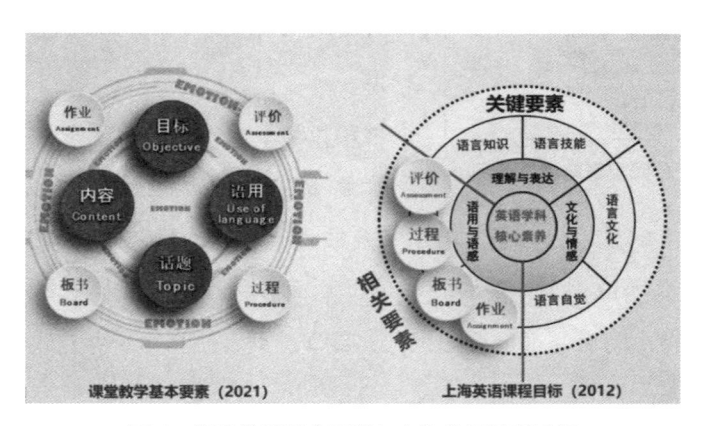

图1 课堂教学基本要素与上海英语课程目标

二、注重作业分层，指向能力提高

依据学生的学习水平从低到高依次递进，在课程目标的指引下，明确每个阶段学生的知识目标及能力目标。不同学生在知识、记忆、问题解决过程的态度和表达方式等方面不尽相同。本案例中根据学生学习水平将作业设计划分为记忆性作业、理解性作业及应用性作业三个类型，并遵循"两类三层"的原则进行展开，确保不同层次的学生能进一步掌握基本的语言知识和语言技能，同时又能提升学习策略与文化意识。

（一）记忆性作业

图2 单元配套朗读纸示例

一、二年级教学的记忆性作业设计主要是为了巩固课堂核心知识点，强化学生对于核心内容的掌握及运用，多为听读课文，模仿音频，学唱歌曲，观看视频等，同时校内教研组可结合学生学情和教学内容编制单元配套朗读纸（见图2）来检测单元基础知识掌握的情况。

根据《上海市小学英语学科二年级教学基本要求》，从二年级开始，学生将进行书写练习，包括字母书写及核心单词的抄写，为避免重复性、机械性的抄单词等作业，将字母、单词抄写作业变成描红本（见图3），规范书写后，进行看图识词、听词选词、补全句子等方式，巩固词汇学习。

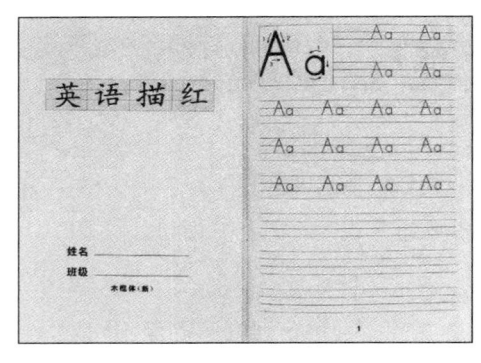

图3 描红本

记忆性作业是必做类作业,属于"两类三层"中的第一类。记忆性作业涵盖了课堂中基础知识和核心内容,指向的是基础层水平,要求全体学生全面掌握。

(二)理解性作业

理解性作业是在记忆性作业的基础上加以简单的运用,低年级的学生多以听读、听看图文进行展开。利用图片和实物建立学生音、形、义的进一步理解,并得以简单运用。2AM3U3 In the kitchen 一课围绕餐具进行展开,而"厨房"是每个家庭中都存在的地方,与学生日常生活密切相关。故在学习核心单词之后,布置了学生回家后,数一数家中厨房中的物品,并用英语记录下来。学生们既能在生活中寻找答案,增加了生活体验,细致入微的观察家里的事物,在记录时,也同时复习了数字类词汇以及名词的单复数变化。在新旧知识的融合中,巩固所学,学以致用。Count and write 作业示例如图 4 所示。

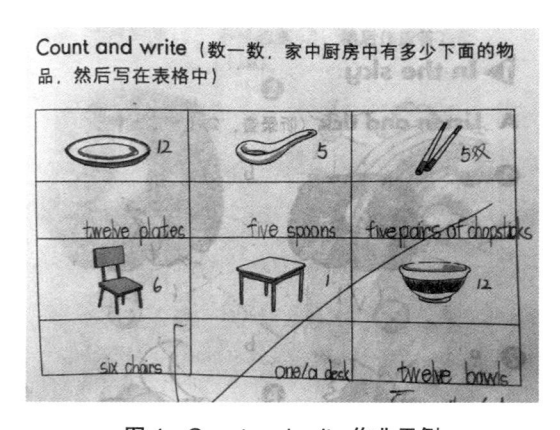

图 4　Count and write 作业示例

理解性作业是必做类作业,属于"两类三层"中的第一类。理解

性作业涵盖了默写、表演歌曲、演绎对话等简单的综合题，指向的是中层水平，要求班级中中等水平的学生进行掌握。

（三）应用性作业

应用性作业能有效地增强学生的英语体验感，通过听说结合、动手操作、相互合作、共同演绎等方式，让语言变语用。2AM4U2 In the forest 一课围绕森林中的野生动物进行展开，是学生较为感兴趣的话题。关联一年级的 1AM4U1 On the farm 一课中，结合课本 Play a game 板块内容，布置了让学生动手制作一个农场动物面具的作业，学生们兴趣高涨。故布置本课时作业时，首先帮助学生区分了农场动物和野生动物的不同，并要求学生制作一个野生动物的面具，先介绍所画动物的特征，再戴上面具，扮演动物，运用单元所学句型介绍自己的特征、能力和饮食习性。学生在作业的完成中有巨大的选择性和探索性，将不再局限于课本，对于自己喜欢的动物，能动手进行绘制，有效地提升了动手能力，在探索其特征及习性后，既横向地拓展了知识面，也在用英语进行扮演演绎时，有效地提升了语用能力。学生制作的动物面具如图 5 所示。

图 5　学生制作的动物面具

应用性作业是选做类作业，属于"两类三层"中的第二类。应用性作业涵盖了编故事、写日记、做调查、演故事等探索型和综合型问题，指向的是高层水平，适合学习能力较强的学生。

三、丰富作业内容，指向兴趣培养

低年级的教学重在激发学生的学习兴趣，这不单单只是对课堂教学而言，更应贯穿教学的任一环节。因此，除了寄托课本衍生出的常规作业，横向地拓展具有多样性和创新性的作业至关重要。

（一）丰富口头作业　多维提升表达

英语学科是一门语言类学科，只有不断丰富学生的语言输入，才能有效提升学生的综合语言运用能力。因此，教师在教学中要为学生提供丰富的学习资料，除了将课本知识进行消化吸收，也为学生提供教材匹配的课外相关资源。开学前期，我校一、二年级备课组在教研组的带领下，开发了一年级的英语歌曲资源包（见图6）以及二年级的字母资源包，通过收集难度适宜，易于模仿的儿歌或者歌曲来丰富单元内容，让学生在唱跳中，提升自信，增强表达欲。

图6　英语歌曲资源包

好的口语表达也离不开丰富的知识储备，教师也可挑选一些好的英语书籍进行内容的拓展，比如英语绘本故事、经典寓言、分级书本等激发学生自主阅读的兴趣，引导学生学会阅读的方法，学会积累词汇和丰富句型，并制作属于自己的阅读记录卡，如图7所示。

英语阅读记录卡		
Title:	Date:	Time:
Word Box		
Phrase Box		
Sentence Box		
Show time		

图 7　英语阅读记录卡

通过阅读记录小达人、阅读之星的展示和评比，让学生的英语阅读得到量化，拓宽学习视野，提升口头表达能力。

（二）变形书面作业　新知连接旧识

英语知识的习得不能忽略书写，每个单元的设计从对话、词汇到小的篇章和故事，都是循序渐进的，作为基本知识的积累，还是要通过一定的书面作业做巩固。

日常布置抄写作业时，重复性、机械性抄写易使学生感到乏味、枯燥。可将单元的核心单词按照自己的喜好抄写，即根据自己喜欢的程度来完成抄写。相对于教师要求抄什么，学生必须抄什么的作业，更能迎合学生的心理。2BM2U2 My favorite food 一课中，所教授的是食物类单词，包括 salad, carrot, fish, chicken, banana, meat, noodles, carrot, hamburger 等。布置学生根据自己是否喜欢以下食物来进行抄写，喜欢的写 4 遍，一般喜欢的写 3 遍，不喜欢的写 2 遍。学生在完成作业的过程中，能清晰地认识到自己的食物偏好。在作业反馈时，教师也能针对学生的饮食爱好给出适当的建议。

低年级的学生热爱绘画，教师可以迎合学生的兴趣，将英语书写与日常兴趣结合就能让简单的学习变得生动有趣。教师可让学生发挥想象，将字母以绘画的方式进行呈现，学生在绘画的过程中不仅能进一步的认识到字母，使字母的记忆变得形象又有趣，让学生的想象力插上创意的翅膀。学生作品如图 8 所示。

图 8　学生作品

四、创新作业形式，指向语用提升

（一）思维导图，抓住主线易识记

《课程标准》中指出：语言既是交流的工具，也是思维的工具。简单的思维导图也可在作业中推广和运用。常见的思维导图有 8 种，分别为 circle map（圆圈图）、bubble map（气泡图）、double bubble map（双重气泡图）、flow map（流程图）、multi-flow map（多重流程图）、tree map（树状图）、brace map（括号图）及 bridge map（桥型图），如图 9 所示。教师可根据不同类型的课型选择适配的思维导图。在学习完 1BM3U1 Seasons、

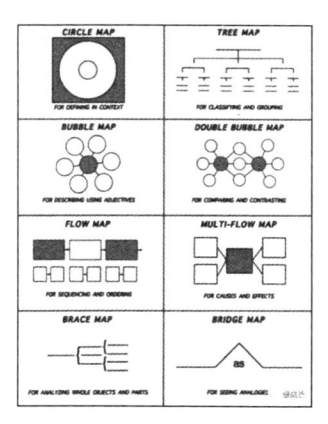

图 9　常见的思维导图

1BM3U2 Weather、1BM3U3 Clothes 及 1BM4U1 Activities 4 个单元的内容后，可将 4 个单元中的核心词汇通过思维导图的方式进行整体复习，这种复习不是零散、断裂的，而是需要学生进行思考后完成。教师绘制了一张思维导图（见图10），学生将根据不同季节的特点，选择适合的服饰，开展对应的活动。基于一年级的学生还不会书写，教师课给出对应的图片，或者单词让学生进行选择，完成思维导图，并根据文本框架，进行表达阐述。

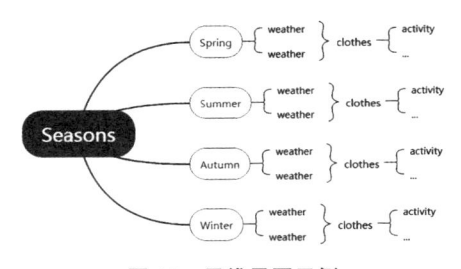

图 10　思维导图示例

在故事教学中，亦可通过运用思维导图来给出故事的主要框架、关键词汇，引导学生进行故事的复述，提升归纳总结能力和口语表达能力。在学习了 2AM4U3 In the street 的故事 In the park 之后，教师可帮助学生制作流程图，明晰整合故事框架。包括故事的人物（character）、起因（setting）、遇到的困难（problem）、如何解决的（slove），以及最后的结局是怎样的（Ending）。

让学生根据给出关键词条，自己尝试复述故事内容。或者是选择如图11所示的故事步骤卡。用流程图看起来也会

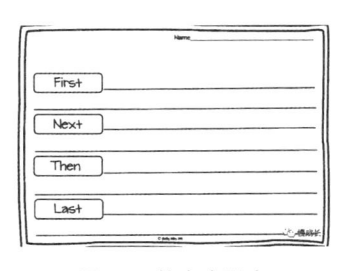

图 11　故事步骤卡

更一目了然，但更加考验学生的语言能力。

（二）配音与分享，培养语感易激趣

如何让学生在日常学习过程中积累知识，提升兴趣。配音和演讲是不错的方式，配音是提升口语表达的一个很好的训练方式，学生通过配音软件，进行故事绘本、影视作品的台词模仿，提升自己的语感，通过配音，感知连读、爆破等技巧，在无形中能培养学生的语感。

结合之前提及的阅读记录卡的作业实施，教师可每月开展一次书本阅读分享，让大家选择自己喜欢或觉得有意义的故事书，分享给全班同学。此项作业实施初期可邀请班里英语水平相对比较好的学生先进行分享，分享时需脱离书本，声情并茂地讲述原因，并选择片段进行朗读，这不仅能提升学生的英语学习兴趣，同时，吸取优秀同伴的经验，激发其他同学的表现欲。

（三）学科整合，丰富体验易牢记

小学英语教学内容涉及的知识面很广，单纯的就内容和教材进行教学，学生学习缺乏积极性。教师可以整合相关的学科知识，利用学生已学，激发英语学习兴趣，同时加强学科间的融会贯通。通过一、二年级的学习，学生已经掌握了英语数字0~10，教师可将英语联合数学，设计让孩子们用英文出数学算式题的作业。这让部分平时不喜欢英语但喜欢数学的孩子也积极参与了进来，大大提高了作业完成效率和质量。另外，在学习了颜色类词汇后，教师可将英语联合美术，让孩子们回家进行实验（见图12），学生们在动手实践中，发现颜色的变化，丰富了生活体验，同时习得了英语知识。

```
(       ) + (       ) =black
(       ) + (       ) =blue
(       ) + (       ) =green
(       ) + (       ) =orange
(       ) + (       ) =purple
```

图 12　颜色实验

（四）联系实际，实地观察丰富生活经验

学生还可以在学习了四季之后，到公园去走一走，找一找公园里的春夏秋冬，体会不一样的四季。通过实地观察，了解植物的特点，花朵的美丽，通过实地考察，结合科学知识，也让学生的生活经验更加丰富，并可简单的撰写小作文。

学生在学了 2BM1U2 Touch and feel 一课的触感类词汇后，通过填写表格"我的发现"的方式去记录不同事物的触感，了解不同事物的特征，在进行分享时，可能学生间会出现不同的答案，教师可引导学生进行讨论和分析，让学生针对矛盾点进行头脑风暴，激发学生的思维，辨析能力。

（五）自主创新作业，共思作业设计

学生作为作业的实施对象，对于作业的体会与感受更深刻。教师可利用周末时间，布置一些自主创新的作业，让学生充分地利用这段可支配时间，根据自己的认知和自身的学业水平，依据偏好和倾向，参与作业的设计。

这样的作业尝试充满了未知性，但也让学生感受到趣味性。大部分学生会制定一些简单易行的作业，一方面，学生初次接触，还不知

道如何选择；另一方面，学生对易达成的事情充满自信，从而获得成就感。部分优异的学生会发挥自身优势，设计出新颖且具实效的作业，教师在对各种作业进行尝试的过程中，要学会耐心等待，总有个别学生的作业会带来惊喜。教师通过展示与示范独具创新的优秀作业设计，在班级中起到点拨的作用，从而激励其余学生也参与到优质作业的设计中来，使得作业的落实更加有趣且到位。

结语

"双减"政策的出台并不是让英语学科变得脱离原来的轨迹而另辟蹊跷，而是让学生完成高质的作业又提升能力。所谓"教者有心，学者得益"。一线教师应以"双减"政策为契机，持续探索有效的趣味作业设计，不断优化英语作业模式，让学生在作业中寻找到学习英语的快乐，并且学有所得，学有所用，真正实现"减负提质"的目标！

参考文献

［1］中华人民共和国教育部.义务教育英语课程标准（2022年版）［M］.北京师范大学出版集团，2012.

［2］董玲，吴建新，范博文.小学英语课程与教学论［M］.成都：电子科技大学出版社，2020.

［3］霍叶敏.小学英语课后作业的有效布置之我见［J］.学周刊，2016，11：197—198.

［4］庄艳传，赵双阳."双减"背景下小学英语分层作业的设计开发［J］.小学教学设计（英语），2021（11）：63—64.

"双减"背景下小学低年级英语课堂趣味性教学

三灶实验小学　杨晓婧

"双减"政策是教育部发出的《关于进一步减轻义务教育阶段学生作业负担和校外培训负担的意见》政策，减轻义务教育学生作业负担，减轻义务教育学生校外培训负担；进一步减轻义务教育阶段学生负担，提高教学质量。在"双减"背景下，低年级学段不布置书面回家作业，关键还是要提高学生的课堂效率，因此我们要通过各种趣味教学方式进一步完善小学低年级的英语课堂，吸引学生的学习注意力，进一步激发他们的学习兴趣，真正达到减负增效的最佳效果。

一、将TPR体验式教学融入英语课堂，激励学生用各种感官参与学习

TPR是Total Physical Response的缩写，意为完全形体反应的教学，是用来学习第二外语的互动模式，TPR教学法是一种寓教于乐、寓教于玩的教学方法，非常适合小学低年级课堂教学。

（一）TPR的字母教学——直观形象，充满乐趣

在英语教学过程中，低年级的学生首先接触到的是英语字母。在字母教学过程中，教师利用学生好动、好玩的年龄特点，增加TPR体验式的教学方法，结合多种形式的肢体动作进行展现。

首先，利用模仿字母的形状用手势或者体态摆出造型来认知字母。学生十个灵活的手指靠着自己的创意，组合重现每一个字母，比如字母A，两个食指对碰并用中指置于两者之间；又如字母D，用一个手指和另一只手呈C形状，组合而成字母D。学生通过自己的创想用手指和手不同的组合方式展现出不同的字母，以巩固学习字母，加深记

忆力，直观生动、充满童趣，深受学生喜欢。低年级英语课堂上，老师利用TPR教学字母操，用肢体语言摆出26个字母的造型，伴着节奏感超强的音乐和律动，带领学生用眼、耳、手、脚等各种感官参与学习和掌握字母，开启学生的创意思维，鼓励学生创造性地用适合他们思维的肢体动作来形象地展示字母的形状。

其次，教师将字母制作成卡片，用开火车的游戏形式随机让学生认读识记，小组间可采用竞赛形式，看哪一列火车开得又快又好。这样可以激发学生学习兴趣，提高思维能力，进一步激励他们的主动学习。还可以将卡片随机发给全班同学，教师念出字母点名，随后持有相应字母的学生站起来回答，如"Aa, Aa, I'm Aa!"，一边举起字母卡片一边站起身来做出字母形状，并做快速反应等，不同形式的TPR教学活动开展字母的教学，学生在灵活多变的形体反应及表现过程中收获学习英语的快乐，更加深了对字母的理解和记忆，轻松愉悦的学习有效促进低年级英语教学。

（二）TPR的单词教学——强化记忆，拓展思维

学生通过和老师的肢体互动，在TPR的教学模式运用理解，更快速且有效记忆所学单词。

用手势引出相应单词的教学。如牛津英语1AM3U1 In the classroom的第一课时，教授核心词汇one, two, three, four, five, six，通过出示手指引出相应的数字，学生用手指最直接地表达数字。此时教师与学生同步互动，通过手指位置的变换（忽近、忽远），提高学生的关注度与有效注意力。并且在教授数字five这一单词时，结合give me five这一个动作和全班同学进行击掌，加深他们对于five这个

单词的理解，拓展他们的学用渠道，提高了记忆的趣味性和有效性。

利用身体部位让学生学习和掌握单词的教学。在牛津英语1AM1U3 My face 的第一课时中，本课主要新授脸部的各个器官。结合核心句型"This is my ..."，做出相应的回答。师生互动中，教师用"Touch your ..."的指令来调动积极性，学生一边指出脸上的器官并响亮回答"This is my ..."，教学活动简单易行且参与率高。

除此之外，我们每节课的单词卡片，在学生面前快速"闪现"，训练学生瞬间记忆的能力。学生通过同桌比画动作来猜测单词的含义等，有趣的学习活动不仅能激发学生思维，更能促进学生对于知识的进一步掌握。

（三）TPR 的故事教学——肢体感受，真实体验

绘本故事，需要创设有趣情景，吸引学生进入英语课堂，通过肢体感受，真实体验，让学生在学习过程中沉浸在情景故事里。比如，在牛津英语 2BM2U3 Animals I like 中的第一课时，创设了《井底之蛙》的故事，以小青蛙 Froggy 为主人公，一路上寻找自己的新朋友为故事背景。在新授核心单词"giraffe"时，先用课件中漂亮的图片吸引学生引出新授单词，再拿出一个可爱又栩栩如生的长颈鹿玩具，让学生近距离触摸并感受"长颈鹿"。学习不仅利用多媒体的图片呈现，更利用实物道具加深了学生对于长颈鹿 giraffe 的印象。

在新授完单词之后，让学生继续触摸并感受"长颈鹿"，继续问题链式引导："What can you see? How is it? What colour is it? What part is it?"一连串的问题，将学生注意力全部集中在了长颈鹿的脖子上，引出了 neck 一词，让学生不仅通过视觉的观察，更是通过手的触摸

touch 的真实体验，进一步感受动物的特征。紧接着，教师用肢体语言模仿长颈鹿的特征，将自己的脖子最大可能地伸长，让学生通过效仿动作来感受 neck 一词，提高了趣味性，激发了学生的学习兴趣。

二、将游戏化教学融入英语课堂，提高学生的学习兴趣

（一）导入型游戏，鼓舞学生热情

导入型游戏利用活泼有趣的英语小游戏，在正式进入英语课堂教学前利用好玩易操作的游戏来激发学生兴趣，并用之前学习过的知识进行巩固，达到承上启下的作用。比如，Simon says，教师做出指令要求"Simon says: Stand up!"学生立刻站起来，随之教师说"Simon says: Sit down!"学生立马坐下，利用自己的语速变化和重复性指令让学生在过程中锻炼他们的专注力。再比如，I point you say. 在 1B 牛津英语中，学生需要认知 This is.../That is ... 老师利用游戏通过自己的手指指向远近位置，让学生说出 This is... 或者 That is ... 结合文具，如 This is a pencil. That is a rubber. 用以前学习过的文具类单词再进入本节课动物单词教学，游戏化的课堂导入型模式推动学生的英语学习兴趣。

（二）操练型游戏，促进知识吸收

操练型游戏通过同一个新授单词的反复练习，操练核心单词和核心句型，在过程中充满童趣和游戏感，学生乐于在游戏中记忆单词，进一步加深学生对于新授内容的理解和掌握。比如，在操练单词 pencil 时，教学过程中融入趣味性的操练型游戏，用两种不同声调 Voice Game 的朗读法，分别是 Follow my voice 和 High low voice。通过声音的不同，让学生跟着老师念出单词。Follow my voice 针对一年级学习准备期，老师可以利用肢体语言，弯下腰用手势动作从最低位

置开始一点点上升到最高处，同时利用声调与位置相匹配的变化，让学生和老师一起从低到高逐步递增音量并达到记忆单词的效果。

操练型单词游戏 High low voice，老师可以从高到低进行反向音量递减，来激活学生们学习英语的兴趣。英语游戏活动是灵活多变的，根据学生的实际情况进行调整，与老师一起玩这个音量相反的趣味游戏，同时教师可以在游戏环节中，观测到学生是否在课堂集中注意力，也能很好检测学生课堂学习中的有效关注度。

（三）巩固型游戏，提升语用输出

巩固型游戏是利用游戏的方法让学生从中将整堂课的内容进行巩固与复现，通常情况下到了一堂课的最后巩固练习环节，学生从一开始的全神贯注，有效注意力的效果慢慢下降，情绪也会开始不高，此时利用新颖且互动性极高的游戏，能代替传统的做练习模式，并再一次吸引学生，达到更好的巩固及语用输出。

比如，笔者在 post task 环节中，加入了 matching game 连线搭配题，结合好看的多媒体动物图片 chick、duck、pig、cow，让学生进行图文连线题。除了利用多媒体的展现形式来进行游戏，还可以利用板书，就近的实物游戏资源，将黑板上的单词板书去取下，邀请学生到黑板上将图片与单词卡片进行重新配对，学生一方面非常乐于上黑板进行游戏，另一方面提高了板书的二次利用率，提高了师生之间的互动性。当完成了搭配的游戏之后，进一步完善游戏的机制，继续让学生复述板书上的内容，达到良好的语用输出效果。将游戏与表达相结合，通过巩固型游戏的提炼，进一步培养学生表达英语的语用能力。

巩固型游戏多种多样，可采用 Memory game、What is missing、Golden eyes 等，比如，一年级英语中学习的脸部器官的单词 ear、nose、eye、face 等，利用九宫格图形，结合不同的图片和单词，让学生高度集中注意力，并可以在一节课结束之后完全将单词的音、形、意牢牢掌握，学习过程富有童趣，生动且形象。

三、将戏剧表演教学融入英语课堂，激发学生的表达欲望

（一）绘本故事表演

英语绘本故事是孩子们阅读的上好材料。而绘本故事表演则是立足于课堂教学实践，结合英语绘本故事教学的展开进一步的演绎。随着小学英语绘本故事的逐步推广和深入，越来越多的教师开始在自己的教学中融入原版的绘本故事，进行改编并拓展到了绘本故事表演。

以牛津英语 2BM2U3 Animals I like 一课为例，以成语故事《坐井观天》改编成绘本故事进行英语教学，通过故事层层的推进，分段式演绎。在最后一个环节新授单词 snake 时，由于情节需要，小青蛙遇到天敌蛇，会有恐惧的真实反应。在课件里利用蛇发出的声响，第一步让学生通过聆听来初步体会 Froggy 和 Bird 对话里的恐惧感，当图片里出现令人恐惧的"蛇"时让学生更直观表达出此刻的心境。

文本素材 Materials：Part 4（To teach: snake）

Froggy: Help! Help! Monster!

Bird: Hop away! Hop away! They are snakes. They have sharp teeth. They like eating frogs.

Froggy: Oh! Help! Help! They are snakes. They have sharp teeth. They like eating frogs.

绘本故事课中，利用了较好的音效资源让学生初步感受到了主人公的语气语调，教师通过自己的演示进一步引导学生也试着将恐惧的感觉表现出来。通过一句句的领读，降低语段的难度。由角色表演的形式，先由教师与全班同学分别饰演 Froggy 和 Bird，利用师生互相合作的初步表演，让能力稍许弱一些的学生也愿意在集体里试着表演。

通过师生互相表演，教师戴着小青蛙的头饰坐在学生当中，拉近了师生之间的表演位置，进一步激起他们的直观感受。将绘本故事表演的主动权，交给彼此熟悉的同桌，两人一人扮演一个角色，有了之前的演示，他们更有自信去试着说一说、演一演，做到了由扶到放，且生动活泼、富有感染力，散发着绘本童话故事气息，非常符合小学生的"口味"。在教学中，可以把学生置身于故事里，让他们分角色朗读、表演，寓教于乐，以读演促思，以读演促悟。

每一堂课就是一个舞台，给予学生表现语言能力的舞台，当教师作为导演将学生巧妙地带入情境中，他们会自然而然地表现出他们的最佳状态。当学生有点羞涩和胆怯，教师便是一个最有效的带领者，教师将自己融入学生一起，开心地坐在学生当中，和他们一起夸张地表演便是一种最好的激励和鼓励。

学生们自然而然地使用丰富鲜活的词汇、舒展自然的肢体语言，揣摩复杂的人物情感，潜移默化地感受、感知、实践和体验语言的魅力。

（二）课本剧表演

小学英语课本剧表演，作为一种新颖的教学方式，依托课本上的内容进行表演和创编，符合小学生的身心发展特点，创设轻松愉悦的教学氛围。小学英语课本剧表演可以集"听、说、读"一体，在表演的过程逐步提高学生的口语能力和表达能力，又给予他们一个展现自我的平台。

在低年级的英语教学过程中，我们也逐步开始接触 story time，学生在有趣的故事中找到童趣感，增加了对于英语的兴趣。比如，在 2BM4U3 Story time 一课"A girl and three bears"的故事里有 10 张图片，学生以教材内容为依托，通过想象和创造完成一个剧情表演，充分展现了创造性。故事情节中的主人公不仅仅一个，可以用小组合作的形式，增加课本剧的互动性，学生逐步从模仿英语内容到演绎英语故事，小学英语课本剧通过活动，让学生在表演过程中"动"+"说"，进一步提高英语课本剧表演的实践性和活动性。

（三）读者剧场

"读者剧场"（reader's theater）是一种丰富学生阅读实践并给阅读课带来乐趣的课堂形式。它注重的是阅读和声情并茂的表演，鼓动各个年龄段、各种阅读水平的孩子能够流利顺畅地、有语气有表情地阅读，并且享受这个过程，让学生们可以充分发挥自己的想象力，释放自己的表达欲。

读者剧场在小学低年级英语中方式方法有很多种，其中包括有初阶朗读（primary reading）、轮流朗读（round reading）、合作朗读（cooperative reading）等。这也是针对小学英语教学最实用且最有效的方式。

初阶朗读主要是针对刚接触读者剧场的一年级小朋友，在这个阶

段的英语朗读活动中，剧本情节通常都比较简单，如 Three little pigs，台词多是单词与简单句型的不断重复。通常由教师扮演旁白叙述者，孩子以倾听故事并根据暗示重复句子的方式来参与剧场，而且多以齐声朗读的方式呈现。学生通过模仿将故事中的主人公 Pigs 的语音语调尽可能表现出来，基本场景就是在教室的讲台前，不需要过多的实物道具、背景布置，简单的场景随时随地都可以进行表演。

轮流朗读是指朗读者可以围成一个圈，不指定固定的角色，可以按照顺时针或者逆时针的顺序轮流朗读。当一圈朗读完毕之后，老师可组织学生以小组的形式讨论各自的朗读或者剧本的角色，然后与小伙伴交换角色和剧本开始下一轮朗读。轮流朗读的形式可以让孩子有机会朗读不同角色的不同台词，进一步感受不同角色的台语和语气。

合作朗读就是分小组朗读。多数的读者剧场剧本需要多个朗读者，可以根据需要将全班分成若干个小组，然后发放剧本，并分派练习场地给各个小组，接着全班解散，各小组分组练习朗读。比如，在 2AM4U2 In the forest 一课中，创设了一个英语故事"Tiger and fox"，我尝试着将这一国外的戏剧模式引入并运用于课堂，将"读者剧场"这一全新概念让低年级的学生也慢慢熟悉起来，用朗读表演的形式将主人公的情绪演绎出来。让学生通过熟悉文本内容，了解故事中的 tiger 和 fox 在不同情节下，会表达出结合心理变化的台词。tiger 原本趾高气扬的语气，随着 fox 的几次不断设下圈套，迷惑了 tiger，原本自信的他开始迷惑到底是谁才是森林之王。在课堂最后 Post task 环节将台词本下发给小组同学，给予他们 10 分钟的时间进行改编和增加文本内容，让每个小组的成员都能提出改进的办法与建议。

课后可以让学生自己练习，在之后的课堂上分别进行表演，学生演绎自己的小组所排练过的故事，通过手拿自己改编过的戏剧读本，简单的舞台背景，轻松愉悦的展示氛围，让每个小组在表演时更加有自信，也更加流畅精彩。读者剧场减轻了学生需要背诵长篇对话文本的压力，并使他们更容易进入角色的心境之中。

读者剧场是入门级的戏剧教学，它不需要学生背诵台词，也不需要复杂的布景。比起戏剧表演，读者剧场在课堂上的可操作性更高，学生也更容易接受。

英语语言本身具有展示性和工具性。当戏剧和教育相结合时，教室就化为舞台，教师就化身为学生表演的引领者。在英语戏剧课中，学生使用肢体和语言进行表达和表现，展示自己的创造力。在英语课堂之中，利用多种多样的戏剧表演形式，推进英语课堂的各类趣味教学方法。

创设情境不如身临其境

三灶实验小学　邱　欢

《影子》是部编版小学语文第一册第六单元的一篇课文。本单元的课文以儿童的视角，对自然界、生活中的一些现象进行了生动的描摹，要求充分利用学生的生活经验来理解课文内容。《影子》运用比喻和拟人的手法，写出了影子与人形影不离的特点，充满童趣。除此之外，本课的另一大教学重点是辨别"前、后、左、右"4个方位，并用这4个词来表达方位。

既然是对"自然界、生活中"的现象进行描摹,那何不就去"自然界、生活中"看一看、瞧一瞧,切身感受一下呢？——这是第一个出现在我脑海中的念头。正好那几天晴空万里,是去户外上课的好日子。

上课前一天,我布置了预习任务：用自己掌握的识字方法,说一说你有什么好办法记住本课生字；借助拼音,把课文读正确、读通顺。上课当天,我先在课上检查了预习情况,然后强调在操场上上课的纪律后,整队出发！

首先,找到背对太阳的地方列队,请同学们找一找影子在哪里,然后搭配停止间转法,一手指太阳、一手指影子,理解了光源与影子间的关系,穿插学习"影子在前""影子在后""影子在左""影子在右",当学生一圈转完,集中学习"前、后、左、右"4个生字,并让学生用这4个方位词练习说话,落实第一个重点与难点。

接下来是热身操时间。请第一、二排同学前进一步并向后转,与第三、四排同学面对面分为两组,两组同学轮流做热身操,另一组同学观察他们的影子。两组热身操做完,问学生："你们发现了什么？"同学们畅所欲言,"我发现他做什么动作,影子也做一样的动作！""我发现影子常常跟着他！""我发现影子是黑色的,像一条小黑狗！"在这里我追问："你为什么说影子像一条小黑狗？"同学们又开始七嘴八舌地纷纷说出自己的猜想,我话锋一转,说道："养狗的小朋友举手！"好几只小手举了起来,我指名一位同学,问他："你们家的小狗平时怎么和你相处的？"这位同学家里养了一只黏人的泰迪,他说："我家的豆豆老是要跟着我,我去哪里它就要跟到哪里去。"我紧跟着引出：

"是呀，同学们，狗狗是我们的好朋友，常常跟着我们，所以我们说黑黑的影子就像一条——"学生自然而然地接上："小黑狗！"

热身完，就进入游戏时间。请同学们两两组合，玩踩影子的游戏。等所有小组决出胜负后，我小结道："不管你跑到哪里、做什么动作，你的影子始终陪着你，它是你的——""好朋友！"

最后，整队，师生配合背诵课文，一边背，一边走回教室，而悦耳的下课铃声正好响起。

就这样一堂不那么循规蹈矩的语文课，学生的思维得到了锻炼、身体得到了活动，在太阳下学习、在自然中感受，既落实了单元语文素养，又体现了激发学生对自然、对生活的的热爱的人文素养。反思这堂课，我认为以下几点做得比较成功。

一、在玩中学，增强学生的学习兴趣

"语文教学应激发学生的学习兴趣，培养学生自主学习的意识和习惯，引导学生掌握语文学习的方法，为学生创设有利于自主、合作、探究学习的环境。"本文只需让学生意会影子在光源的相反方向，且影子与我们形影不离，课文搭配了两幅孩子们在玩耍的插图，旨在帮助学生理解儿歌的意思。一年级的小朋友天生就是好动爱玩的，老师在课堂上苦口婆心讲多少句都比不上他们自己在太阳下的观察所得，整堂课气氛热烈而有序，每个人脸上都洋溢着笑容，自然而然地感同身受了作者对影子的喜爱之情，也就天然地能读好儿歌。在活动的过程中适当地启发联想和想象，其效果和效率都是事半功倍的。

二、在学中玩，尊重学生的学习体验

学生是学习的主体，一切教学行为都应该为促进学生语文素养的整体提高而服务。我将《影子》的三个重难点分散在三个活动中，让学生自己去发现影子和太阳的相对关系，我所做的就是提醒他们用一只手去指太阳，一只手去指影子；我让学生互相观察做热身操、玩踩影子的游戏，自己去发现影子和我们形影不离的特点，我所做的就是组织活动、维持纪律和引导提问。这堂课上，学生真正做了自己学习的主人，没有教师长篇大论的讲解灌输，只有学生对生活、对自然的独特体验，结合文本，迸发出了别样的精彩。

三、巧妙引导，做学生学习的引路人

本堂课能顺利开展的前提是每位同学都踏实做好预习工作。我们班从第一篇课文《秋天》开始，逐渐学会了"五步预习法"，即圈一圈（圈出文中生字）、拼一拼（拼读生字）、说一说（识字好方法）、数一数（数生字笔画）和读一读（跟读课文），并且我会抽查预习情况，督促每个孩子认真预习，养成学习好习惯。只有认真预习，对课文生字有印象、初步了解课文内容，才能脱离课本去操场上课，才能跟上老师和同学的思路参与进课堂，才能言之有物、言之有理。所以平时的熏陶和渗透是十分重要的。我平时鼓励学生看课外书、学习、交流，上完《影子》后的第二天，我欣喜地发现班里的小苏同学背了一本厚厚的百科全书，到教室里和同学们讲解影子的产生原理。

我想，这就是学习的魅力。德国教育家第斯多惠说："教学的艺术不在于传授本领，而在于激励、唤醒和鼓舞。"教无定法，我所做的一切，不过是在学生心里埋下一颗学习的种子，以热爱浇灌，种子总有一天会破土发芽，会开出美丽的花。

聚焦单元要素，优化作业设计，提升阅读能力
——小学语文三年级上《总也倒不了的老屋》作业设计案例

三灶实验小学　汤熠然

作业，是前期初步认识课文的形式；也是课堂过程中知识点操练的途径；更是课后学习内容掌握情况的反馈。双减背景下的作业设计，它不再是死板的"1+1=2"，更多的是一种提升学生学习能力，丰富学生答题经验，帮助学生掌握阅读策略等的有效手段。下面我将结合《总也倒不了的老屋》讲讲我对作业设计的理解。

一、教学目标

（1）会认"暴、凑"等8个生字，会写"洞、准"等13个生字，正确读写"准备""墙壁"等词语。

（2）理解课文内容，引导学生体会关键词语和句子，感受老屋美好的精神品质。

（3）一边读一边预测，顺着故事情节去猜想，感受阅读的乐趣。

二、学情分析

1. 年龄特点

对于课文所面对的三年级学生，他们思维活跃、求知欲强、乐于表达、愿意交流，对叙事性强的课文充满了兴趣。在授课过程中增加剧情的预测、反转更容易激发该年龄段学生的学习热情。

2. 已有经验

该年龄段的学生具象思维能力较为发达，想象力丰富，已经掌握了一些学习课文的方法、理解词语的方式、有感情地朗读的能力，但是还需要教师的进一步引导。

3. 学习能力

经过前面两年的学习，学生已经掌握了各种识字的方式，也在前面一个单元中学习了"理解词语的方法"。但是自主学习课文，理解课文用意的能力尚且不足，仍需要教师通过文本为学生梳理文章脉络，架构桥梁，让学生在学习中感悟，在感悟中积累经验。

三、教材分析

《总也倒不了的老屋》是部编版语文教材三年级上册第四单元的课文，本文是一篇童话故事，以生动有趣的笔触叙述了一间老屋与一只小猫、一只老母鸡和一只小蜘蛛之间的故事。由于老屋年久失修快要倒下，但每当它准备倒下的时候，小动物们就依次出现，请求老屋为他们提供各种帮助，老屋也——答应了他们的请求。整个故事着重描写了人物之间的对话和动作，形象生动地塑造了一个慈祥的乐于助人的老屋形象。

通过本篇课文的学习，致力于培养学生乐于助人、关爱他人的品质。教师在教学本课时，可以采用齐读、分角色朗读或表演故事内容等多样化的教学手段，帮助学生理解课文主旨，提高学生朗读能力。利用课前预测故事剧情发展、课中揣测人物心情、课后续写剧情等作业形式，进一步训练学生预测故事情节的能力。此外，学生还可以根据课文内容发散思维，合理预测故事发展及结局，为本单元的习作练习打下基础。

《总也倒不了的老屋》是本单元设置的唯一一篇精读课文。精读课文强调学生阅读方法的学习掌握以及阅读能力的提升，所以在引导学生理解课文内容，体会关键词语和句子，感受老屋美好的精神品质的同时，也要培养他们一边读一边预测，顺着故事情节去猜想的自学能力。

四、聚焦单元要素的作业设计

叶圣陶先生曾经说过："教师当然须教，而尤宜致力于导。"所以在聚焦单元要素设计作业的过程中，我们要遵从精读课文教学的要点，在突出强调教师指导的同时，也要关注学生自主阅读、研究的能力培养。

（一）课前预习作业设计

课前的预习作业是为了让学生在熟读的基础上大致了解课文内容，明确文章的主要内容，便于在课堂上紧跟教师教学进度进行思考讨论。通过课文课后习题的第一题：读课文的过程中，你有没有猜到后面会发生什么？和同学交流。我们不难发现，阅读课文并预测故事情节发展是本课教学的一个重要内容。而课文中出现了三次剧情反转需要预测的地方，所以如果预习过程中就让学生通读全文，就违背了课文需要我们"学会边读边预测"的初衷。

于是我采用逐段朗读的预习方式布置如下预习作业：逐段朗读课文的过程中，借助文本旁边的提示，合理推测剧情的发展，并将你的预测写下来。学生在自己预测完剧情后继续往后阅读，就能判断刚刚的预测是否正确，也会明白他们预测的内容可能与剧情发展一致，但也有可能不一致。此结论会激发他们对"事情为什么会这么发展"的强烈好奇心，在第二天的课堂上就能更专注于阅读探索。

（二）课堂作业设计

对于"预测"的教学，浦东语文教研员陆耀芳专家在其著作《问题与突破》中写道，不能只是单纯的让学生死记硬背"预测"的一些方法，这样学生在遇到具体课文时依旧不会预测，必须要让学生实践。

所以在课堂伊始，我就让学生对课文题目进行质疑。题目是一篇文章画龙点睛的存在，学生对课题的质疑和解答更有助于学生对课文内容的解读。而且，现阶段的小学生正处于"心欲求而尚未得，欲言而尚不能"的求知状态中，会担心自己的提问打乱课堂节奏或者自己的问题过于简单而被嘲笑等，所以我们要给予学生充分的空间去质疑。在这一环节中，学生最好奇的便是"这老屋为什么倒不了？"认真预习的同伴会给出"因为有很多小动物来寻求老屋帮助，所以他总也倒不了"的答案。还会说出"所以他后面每次都会帮助小动物，看了题目我就都猜到了"的童言无忌，其实这样就达到了我们的教学目的。

由于该课文的人物较多，诉求各不相同，结合课文内容我设计了一个简单的表格作业（见表1），帮助学生梳理课文内容。

表1 课文内容梳理

谁来寻求帮助	他希望老屋提供什么帮助	老屋是怎么做的

表格的呈现形式能帮助学生更加清晰地整理信息。在整体感知环节，让学生通过信息的梳理，厘清文章脉络，知晓故事结局，反推预测依据，掌握预测的方式，学习阅读策略，提高阅读能力。

在预习作业和表格梳理的基础下，学生都得知了预测结果的正确与否，但还没掌握预测的"依据"，也就是我们说的，你为什么这么预测？这就是该课文课堂作业的设计重点：学会寻找预测依据，合理预测故事结局。在第三个小动物来寻求帮助前，我向学生提出如下要求：老屋想要倒下的计划还会被打断吗？说说你的发现。答案当然是会。因为学生都抓住了反复出现的关键句"好了，我到了要倒下的时候了"和"等等，老屋！"这两句句子是课文的信号，因为前文两句句子的出现都预示着又有人要找老屋帮忙了，老屋倒下的计划又被搁浅了。学生在阅读中对两句句子的记忆深刻，所以就是在这样的阅读实践作业中，学生逐渐掌握了利用前文内容进行合理预测的能力。

老屋一次次想倒下，一次次被打断，都是基于其乐于助人的善良品质。学生在学习预测的过程中尝试后再运用，在实践中领悟、理解预测的方法，掌握预测的能力，同时感受学习老屋的优良品质，可谓一举两得。

（三）课后作业设计

针对三年级学生而言，在学习课文的过程中学习写作技巧，提高写作能力非常重要的，所以在课后作业的设计中，我不再针对课堂内容进行反复地操练，而是设计了提高型作业，在掌握教学目标，落实语文单元要素的基础上，锻炼写作能力。作业如下：老屋还会遇到哪些需要帮助的小动物呢？请你以"等等，老屋！"为开头，根据课文内容编故事，并写下来。

这不仅是对课堂知识掌握情况的反馈，也是对预测方法的操练和总结，更能提升学生的阅读及习作能力。

（四）作业设计总结

通过课前预习、课堂实践及课后操练三个部分，将作业的形式从

单纯的读着预习拓展到预测着读；将原本的学生依据教师提问引导理解课文优化到学生自我实践检验预测真相；将课后单纯的习题操练更换为对未知故事的预测。作业设计形式的改变，既丰富了语文教学课堂的内容，又将课堂充分交还给学生，真正做到尊重学生主体地位，发挥学生主体作用。

五、作业设计意图

（一）落实单元要素，构建多样化作业体系

语文课文的教学要紧紧围绕"本单元语文要素"来落实展开，弄清单元教学目标，结合目标设计作业，落实单元要素，从而构建多样化的作业体系。在实际教学中，灵活处理各板块之间的关系。此次作业设计，其实就是将课前作业和课堂作业做了一个衔接，有效引导学生逐步从了解预测的方法过渡到合理正确地预测，再到学会通过已有的内容进行故事续写。

（二）落实五育融合，促进学生全面发展

五育融合，是新时代的育人理念、育人思维，也是新时代中国教育变革与发展的基本趋势，更是新时代全面落实立德树人根本任务的有效途径。在该课文教学中帮助学生树立乐于助人、善良的优良品质，从而培养德智体美劳全面发展的时代新人，是我们小学语文教师义不容辞的责任。

六、作业设计反馈

本次作业学生完成的情况比较好，达到了预期的效果。学生学会了合理预测故事情节的发展，能够体会课文中的关键词句，从而掌握正确预测的方法。在边读边预测的过程中，学习掌握了续写故事的能

力。在此基础上，学生也体会到了老屋乐于助人的温暖品质，为培养德智体美劳五育并举的新时代好少年打下了扎实的基础。

参考文献

[1]陆耀芳.图书目录[M].问题与突破.上海：上海大学出版社,2019:179—180.

"双减"背景下小学低年级段体育作业设计的思考与研究

三灶实验小学 方雅婷

研究背景：众所周知，体质健康对于学生的成长至关重要，从整个社会来讲，现在对体质健康越来越重视了，学生所呈现出来的监测数据也显现了必须重视学生的体质健康，在这方面，体育课的增多反映了社会对于教育的客观需求，也反映了学生作业设计和布置方面的适切需求。体育老师要用心执教，且要发挥应有的作用。从一定程度上说，学生体质健康的程度与体育课息息相关，所以体育教师如何执教、如何进行作业设计、如何给学生布置适宜的作业，让学生喜欢体育课，并且喜欢主动积极地完成体育作业，值得体育教师思考和实践。并且随着国家"双减"政策的出台，要求切实减轻学生作业的压力。而让学生动起来，多多进行体育锻炼，增强体质健康正好贯彻了"双减"政策，落实了"双减"政策。

一、作业设计的目标

体育作业的目标最纯粹、最明确。就是让学生明确从小锻炼身体好，能够增强体质健康，能够成为阳光、积极、向上的人，有个好身

体，将来有强健的体魄更好地报效祖国。

二、体育作业设计的原则

（一）愉悦性

小学低年级段是不允许布置书面作业的，而且不能施加压力。而体育作业最大的特点就是需要身体动起来，这是一种参与性的作业，和书面不沾边。体育教师要精心设计让学生愉悦地参与体育活动的作业，从而让学生积极主动地参与，如我在执教一年级《什么是体育课》之后，我设计和布置了让学生回家找找，哪些可以用来锻炼身体的器具或者进行锻炼的方式，等到第二天再上体育课时进行交流，学生群情踊跃，发言欲爆棚。

（二）适切性

有的体育项目是不适合小学低年级的学生锻炼和接触的，适切性就是要从学生容易接受和确保安全的角度入手，设计时要符合这个年龄阶段的性格特点和适切目标。

（三）互动性

对于小学生而言，家长的陪伴相当重要，体育作业设计可以考虑让孩子和家长的互动性，让家长在和学生的互动中增进亲子关系，让孩子在这种互动中更真切地感受到父母给予的爱，一切都融合在爱的氛围中。

（四）零压力

一般而言，作业总是和压力相伴，而体育作业完全可以做到零压力，让学生回去跑跑楼梯，小区里跳绳，在小区里适合的健身设施中动起来，这些没有压力可言，而且更有助于培养学生健康向上的特质，可谓一举两得，既锻炼了身体又培养了特质，一切大有裨益。

三、作业设计的策略

（一）从兴趣出发布置作业

教师要预先了解学生的兴趣爱好，尤其是体育方面的兴趣爱好。一是有针对性地评估学生所喜欢的是否可以引导到体育相关的兴趣爱好上；二是及时了解学生的体育兴趣爱好。我在执教一年级《从小锻炼身体好》这一内容时，当我出示小朋友参与活动锻炼的视频和画面时，我明显地感觉到学生的喜好，看到自己喜欢的体育活动甚至可以欢呼雀跃，我及时地予以记录，为布置他们感兴趣的体育锻炼活动项目打下基础。当时我出示的画面是小朋友在踢球、玩篮球、跳绳、跑步、踢毽子等的画面。我明显地感觉到学生喜好的差异：有的喜欢球类中的某一项，有的喜欢跳绳，有的喜欢踢毽子等。课后，我分别对学生布置了作业，让小朋友各自回家去实践自己喜欢的运动项目，并可以通过家长发视频给我，或者下节课时跟我交流。

（二）注重作业可选择性

教师不可能完全了解学生的喜好，有的学生胆怯不敢全情告知，而且学生是在变化发展的，让学生自主选择更对学生有益，所以教师要设计多样化作业或者多项作业，让学生从中自主选择。尊重学生的自主选择权，达到强身健体的最终目的。如在教学二年级《跳跃》这一内容时，我设计了在安全的前提下回家进行基本的跳跃作业，可以和父母一起在小区的场地上进行锻炼和实施，也可以选择在父母的安全陪伴下，创想各类单、双跳跃的方式，这些可以根据学生能力的大小和个人喜好进行完成。

（三）注重作业的序列性

体育课程的设计体现了序列性的特点，作业设计当然要与之相应。如要巩固完成锻炼学生手脚协同配合能力这一目标时，一方面可以通过学生的攀爬练习予以巩固，如高姿爬行、低姿爬行、仰卧爬行、俯卧爬行，在巩固之后也可以通过创意爬行来进一步巩固。又如跳绳从不会到会、从一个到几个再到几十个逐渐叠加，从简单跳到花式跳，也可以形成一个序列。教师要做好记录，学生已经能够完成的目标，进行科学评估学生经过努力可以达到的目标。

（四）建立家校联系卡

家长是孩子的第一任教师，是孩子学习的榜样，独有的亲子关系能够更易于带动孩子进行体育锻炼。虽说体育讲究自主性原则，但有一部分学生对体育锻炼的目的性不明确，缺乏运动兴趣和持之以恒的精神，他们在没人管理和监督的情况下，往往会失去锻炼的积极性，常常产生"三天打鱼，两天晒网"的现象。为解决这一问题，我设计了一份家校联系卡（见表1），告知家长孩子的体育作业，要求家长经常监督孩子的锻炼情况，把锻炼情况在联系卡上作简要记录，并请家长亲笔签名。

表 1　家校联系卡

班级：_____　姓名：_____

日期	运动内容	运动量	地点	家长签名	家长感言

（五）和教材内容要相关

教师要对配套教授内容的作业进行提前梳理，设计哪些内容和布置怎样的作业，要有一个整体性的思考。布置与教授内容相关的作业，便于教授内容的延续和检验,而且也便于教师及时了解教学效果,以便及时作出调整和改进。教材内容也是按照一个体系排列的,是符合学生认知能力和规律编排的,循序渐进,逐渐提高。那么对应的作业也要适合这种体系和规律以及认知特点。我在设计作业时会认真考虑到以上因素,并且每天都予以记录,及时了解学生反馈的情况作出较为适切的调整。一般我都提前设计好作业,再根据学生的上课情况予以调整,再根据反馈情况再予以改进。

(六)及时评价和鼓励展示

小学生的年龄特点决定了喜欢鼓励和表扬,特别在乎教师肯定的话语,因为在小学阶段特别是低年级段的孩子更喜欢把教师当作他的偶像,偶像说的话当然至关重要了。为此体育教师要让学生展示所学的成果,或者和家长一起练习后有所提高的成果。当然作业也可以在课堂上完成,这种展示更为及时和直接。教师给予学生展示的舞台了,还要肯定学生所展示的,即使有所偏差也要委婉地指出,不可生硬、不可简单化,鼓励和肯定永远是最好的评价手段。

(七)自我挑战性作业

进行作业布置,教师要相信学生的潜能,在布置基本的作业后,也可以适当地提高一些要求。而且可以允许学生在一定阶段中予以完成,让学生感觉到教师对于他或她的满满期待。

四、成效和思考

(一)有形的成效

1. 体质健康测试数据令人欣慰

从教授学生的体质健康数据的变化可以看出体育教学以及作业设

计的成效，经过几年的探索和实践，自己所教的小学生体质健康监测的数据有所提升，而且极少有学生不达标的，这是让我最为欣慰的，因为所做的一切得到了数据的肯定。也因为学生有了健康的身体，他们可以在强身健体的基础上做自己想做的事情，实现自己的梦想。如2021年测试的25名一年级学生体质数据见表2（考虑到学生隐私，故隐去了姓名）。

表2 一年级学生体质数据（2021年）

身高（cm）	体重（kg）	肺活量（mL）	50米跑时间（s）	坐位体前屈成绩（cm）	一分钟跳绳（次）
120.3	22.0	1136	12.1	10.8	36
123.6	31.0	1308	11.1	6.2	50
122.0	22.0	1387	11.8	6.3	26
124.7	24.2	1542	12.1	−2.7	11
114.4	20.5	1266	10.8	9.9	71
112.0	19.5	1094	11.8	11.1	34
120.2	29.3	1222	10.7	3.5	70
126.2	24.4	1000	12.01	9.8	24
122.6	22.1	1078	11.1	13.9	84
120.7	24.9	1178	12.9	2.1	60
123.9	22.5	1286	6.7	10.3	59
114.7	19.4	1479	12.3	11.5	72
121.2	28.6	998	11.4	6.9	60
119.3	27.5	1280	11.5	−3.7	27
124.6	24.5	1388	11.4	14.9	85
125.7	29.8	1600	10.8	4.2	40
120.3	19.5	1366	13.2	7.8	83

（续表）

身高 （cm）	体重 （kg）	肺活量 （mL）	50米跑 时间（s）	坐位体前屈 成绩（cm）	一分钟跳绳 （次）
125.2	32.8	1471	12.1	9.9	17
120.9	22.7	1078	12.2	5.1	83
128.3	28.8	1505	11.4	10.6	84
127.1	36.7	1502	13.01	10.2	46
123.2	25.2	1566	10.1	5.1	96
126.2	25.7	1684	14.5	10.1	109
127.5	25.5	1717	10.8	9.9	82
120.3	26.5	1776	10.1	6.6	86

2. 学生变得越来越自信和向上

这种情绪和特质是可以通过交流和参与体育活动能够感受得到的，只要教授新的知识内容，他们的目光专注，活动时参与积极，那份坚定也通过清澈的眼睛里感受到，在布置体育作业时，他们会高呼"耶"的时候，我觉得所有的实践和付出都是有价值的。

（二）无形的成效

种下了有益健康的种子。小学生心中已经种下了"我健康我快乐、从小锻炼身体好"的种子，潜移默化中，学生会一直喜欢体育课，而且会自觉和不自觉地身体动起来，在校、在家、在小区等，这份种子会发芽，会结果，那就是他们长大后会拥有健康的体魄，拥有健康的心智，拥有阳光的特质，而这些对于人的成长和生活都是无形的财富。同时又因为健康锻炼带动了家庭的体育投入，让家庭亲子和谐，积极锻炼成为一种常态，这是一笔巨大的财富，对社会有益。

五、思考

（一）要考虑兴趣的持久性

从兴趣出发，激发兴趣的方式很多，但作业设计和完成也是很重要的，它对于学生从心底出发的认同是一种高度的肯定和重视，教师该在注意激发兴趣的同时关注到学生兴趣的持久性，因为小学生其实是多变的，容易发生某种转移。教师该探索让小学生兴趣持久的方式方法，既要满足学生对新鲜事物的新奇感也要引导持久力的养成。

（二）要提前熟悉整册教材

作业形成序列性一定是建立在教师对整册教材的熟悉度的基础上的。因此这对教师的业务素质和敬业精神是一种挑战，要做到烂熟于心，熟能生巧。教材已经是刻在心中的教材，全局和通盘考虑才能精心设计序列性的作业。所谓的爱岗敬业估计是最好的注解。

（三）适时地评价和鼓励

鼓励和评价不是刻意为之，而是教师对于学生真情的流露和表达，自然而然地成为教师进行作业评定的一门必修课。只有心底的真切认同才会迸发出随时随地真诚的话语、肯定的话语，让学生触动和感动，形成师生之间心意相通的氛围。

（四）增加互动的可能

让家长和孩子互动存在的问题是部分家长工作繁忙，因为劳累，少了和孩子互动的激情和时间，较多的有爷爷奶奶外公外婆带着，爷爷奶奶外公外婆相对而言少了互动的愿望，体育教师要关注到这一点，要知晓哪些学生祖辈带得比较多，想办法打动和说服祖辈和孙辈的互动体育作业，以弥补互动的不足。

（五）挑战要考量学生可接受的"度"

在布置挑战性的作业时也要注意一个度的问题，不能太远离学生的实际能力，不然会挫伤学生的积极性，有时欲速则不达，反而影响了兴趣的激发，得不偿失。一方面要相信学生的能力并予以恰当的预估能够完成的程度和可能性，另一方面也要非常清楚地了解学生的能力和水平，如果太过于挑战不如不要挑战，只要是影响积极性和自信心的就不要选择了，还有安全上有风险的也要予以避免。而且对所有的学生不能一视同仁，即挑战的内容要与学生的个体相适应，因为每个个体能予以挑战的能力和水平也不一致。

"双减"政策的落实也需要体育学科作出应有的贡献，而且体育学科更可以直接体现和实现减负的真正目标，让学生身心健康、体质健康，从而健康成长。小学生低年龄段体育作业设计的探索和实践是有意义的、有价值的，它能让小学生养成主动锻炼的习惯，促进亲子关系的进一步和谐，这种习惯会影响一生、呵护一生，小学体育教师的努力和耕耘就能保障学生的身心健康，带给学生的是无形的财富，是人生大有裨益的实践探索，当然一切还任重而道远，需要坚持和坚守。

"纳民班"也有春天
——三位一体，形成教育合力案例分析
三灶实验小学　卫思意

近年来，随着城市化、工业化进程的日益加快和市场对劳动力资源的需求不断增大，特别是像上海这样的一线城市，外来务工人员源

源不断涌入上海，随之而来的是外来务工人员子女的教育成为了一个严峻的社会问题。对外来务工人员子女的教育既关系到未来建设者的整体文化程度，更关系到社会稳定、安定团结以及构建和谐社会。我们学校是一所承担外来务工人员子女就读的学校，作为学校中一位班主任，我每天面对一个有半数以上的外来务工人员子女学生的班级，我在实践中不断努力寻找一些行之有效的教育策略，利用班级、学校、家庭三位一体，形成一股强大的班级教育合力，以达到一定的教育效果。

【案例描述】

我所带班级目前共有44名学生，其中37位学生是纳民学校转入的外来务工人员子女，占全班人数的84%。经过家访与初步接触，我发现这群孩子确实与本校其他孩子相比有些"特别"。

9月正是开学季，在这个知了依旧恋恋不舍的暮夏，班里迎来了这群孩子的到来，没过多久我便在有些孩子的身上闻到了油腻的气味，随后便发现他们中的某些同学没有剪掉他们的指甲，甚至其中还有黑色的脏东西。

隔天，同办公室的数学老师拿着一叠作业本走了过来，带我欣赏了一本本作业本，它们的封面上附着一块块油污，满是涂改痕迹，最显眼的还数那一个个红色的圈圈，几乎全是错误。数学老师长叹一口气："这哪是四年级的水平，连基本的计算都成问题，基础这么差，得怎么抓啊！"语文又何尝不是呢，最简单基础的抄写作业也没有办法做到整洁干净，一笔一画歪歪扭扭，甚至"横""撇"不分，也没有阅读的习惯。

同样的情况也在其他学科中体现：没有上过美术等小学科，跟不上上课进度；读出来的英语被"口音"化等问题，导致各科成绩较差，但也有不少态度端正，努力学习的孩子，我们也常常替他们感到惋惜，如果从小好好培养，现在一定是个"优等生"吧！

到了课间，问题就更多了，还没到教室便能听见争吵、尖叫、打闹的震耳欲聋的声音，也经常有同学说脏话、动手打人、践踏草坪等，行为习惯较差。在课堂上也总是碎碎念个不停，没有"入座即静"的意识。

【成因分析】

一、家庭原因

（1）这些学生的父母多为外来务工人员，较为纯朴，把时间和主要精力花在了养家糊口上，在孩子教育与管理上所花的时间相对就少了，对孩子缺少关爱与陪伴，导致孩子在无人看管下学习与生活，逐步形成了自由散漫、随心所欲的习惯，自控力较差。家长文化程度较低，不懂教育方法，或对孩子放任不管，认为孩子的学习与家长无关。有些甚至认为"棍棒之下出人才"，可能取得了一段时间的效果，但一段时间后便"反弹"，对孩子的身心成长都不利。

（2）这些学生家庭基本只有一间租借的小屋子，学生缺少独立的学习空间，更没有独立做作业的书桌，家庭条件相对困难。

（3）因原先学校非规范式教育、家长无力给予孩子文化教育的帮助等原因，本班学生学习成绩相对较差，基础较为薄弱。

二、自身原因

大部分同学跟随父母在上海生活学习，没有其他亲戚朋友，父母工作繁忙，很少获得来自父母的关怀，心理需求不能很好地满足。他们视野较封闭，社会关系单调，与他人接触的机会较少。贫穷的家庭环境使得他们很在意别人的看法，有较强的心理防御机制，内心略微有些自卑。

【实践支招】

一、学校用心接纳，精耕细作

（1）在本班入校前，学校专门为由纳民学校转入本校的学生家长举行了一次新生家长会。在家长会上校长、教导主任、德育处负责人用浅显易懂的语言，为家长们介绍了本校的教育理念、各项规章制度等，同时也推心置腹地传授了一些教育方法：孩子的教育不仅是学校、老师的事情，孩子的教育还与父母的言行举止、家庭教育息息相关，家长们听了也频频点头。

（2）除了配合上海市教育部对有困难的家庭减免餐费、学杂费等费用外，学校设立"困难生补助基金"，向有需要的家庭发放。班级中的小蔡同学学习成绩优异，是个腼腆善良的女孩，但家庭较为困难，凭借区县扶贫办发放的《扶贫手册》减免餐费，同时学校党支部也关注到了她，为她在本学期发放补助1000元。

（3）学校在开学前便召开纳民班级任课教师会议。针对纳民班级基础薄弱的特殊情况进行教学指导，强调专课专用，在教学过程中调整教学策略。

（4）学校注重行规教育，每周有重点，每日有重点。每周一进行"一杯一帕"检查。在队活动与校园文化活动时注入行规教育。本周的教育重点是：人人争做文明少年，个个都是城市形象。运用校园广播、少先队广播、班会课、心理健康广播、十分钟队会等形式，从旅行文明、校园文明等方面，教育孩子"争做文明三实小人"。

（5）将纳民班级转入学生与本校学生同等看待，同为三实小的学生，参与学校组织的各项活动比赛，将同以"抱诚守真"的校风，以同样的标准、要求对待这群特殊的孩子。

二、老师用爱浇灌，春风化雨

（1）我在开学前进行100%家访，设立班级"晓黑板群"及"微信群"，方便交流与发送各项通知。同时老师们在群内发布一些家庭学习小妙招，如课外阅读推荐、英语阅读本等。

（2）召开班级家长会，任课老师们针对家长们的问题进行答疑解惑，传授教育理念，如打骂会引起孩子的心理排斥，特别是中高年级的孩子；要以平等的态度与这些"小大人"谈话。

（3）在平时教育教学中，我积极与各科任课老师进行沟通交流，针对本班出现的问题及时反馈，取得的进步进行交流，制定下一阶段教育教学目标。对于各科老师都指出的上课散漫，经常有部分学生插嘴、顶嘴的现象，我在课后也积极对几位学生进行教育；紧抓基础，各科老师在平时教学中带基础，在教学中一步步补上学习"漏洞"；提醒各科老师专课专用，让孩子上到每一堂课，在各科丰富多彩的活动中德智体美劳全面发展。

（4）在开学初紧抓班级行规教育。在开学初共同制定班级公约，在下课时间观察学生有无不文明现象，并对不文明的同学进行批评教育，提醒学生文明休息。在相应班队课、校园文化活动后对学生进行适时地行规教育，利用早自习时间学习《小学生行为规范准则》，诵读

《三字经》《弟子规》等，在学习中明白为人处世道理，间接规范学生行为规范。

（5）让学生对每天自己的表现在《家校联系手册》上进行打分，并写好明日的目标是什么，到了晚上回家翻开看时，回想一下是否完成目标，如果做到了就给自己打钩鼓励自己；如果没做到，就明天再接再厉，再制定这个目标，让他们对自己每一天的生活进行一定鼓励与反思，合理规划自己的成长。

（6）学期刚开始时在班级中、家长群中提醒学生及家长每周修剪指甲、清洗红领巾、带好一杯一帕等琐事细节，过了一段时间孩子们和家长就能够互相提醒，并自觉养成一定的卫生习惯。

（7）对待班中所有同学和家长一视同仁，对他们给予平等的关心和爱护，保护他们小小的自尊心。

三、对家长用情相待，授之以渔

（1）鼓励爸爸妈妈一起学习。督促孩子阅读有益书籍，建议爸爸妈妈也放下电子设备，与孩子一起阅读，营造书香氛围。提醒家长们在平时注意言行，做好孩子的榜样。

（2）家长每日查看孩子的"家校联系本"，并尽力检查孩子的作业质量，文化水平有限的家长可以看看孩子作业中反映出的学习态度如何：字写得认不认真等，特别是对自觉性较差的孩子，更应该日日检查，改变他的惰性心理。

（3）家长每日对完成小目标的孩子进行相应的鼓励，如光盘、下课不追逐打闹、上课认真听讲、今日阅读几页课外书等。

（4）遇到问题或有知心话及时向班主任及任课老师沟通，家校合力，针对每位孩子给予相对应不同的教育方法。

（5）当学校举办活动时，我也提出希望家长们尽量帮助孩子参加，或是在一些大型活动中家长也能够积极参与其中，感受学校的活动氛围，也让孩子在活动中展示自我，挑战自我，培养学生的自信心。

【成效与感悟】

面对这样一群特殊的孩子，经过一个多学年的相处，我发现他们在调皮捣蛋的背后都有一颗颗纯真善良的心；他们的家长们都很淳朴，以用真心换真心的模式与老师们相处。他们也越来越融入三实小的大家庭，每天跟大部队一起测温进校门时，甚至都难以分辨他们与其他孩子的区别了，他们变得阳光开朗、懂礼貌知礼节、仪容仪表干净整洁，学习成绩也提高不少，"吊车尾"的孩子越来越少，但还是与其他班级有所差距。有些同学很乐意与我私底下沟通，甚至还会时不时给我悄悄写信，表达他最近的收获与快乐。每当我私底下询问他们："来到三实小开心吗？上学可远了不少呢。"他们会露出笑容喋喋不休："很开心！食堂很好吃，操场很大，可以上各种各样的课，很喜欢老师们……"就是这样一群孩子在去年秋天渐渐改变了原有的轨道，进入了我的生活，他们家长说他们是幸运的，他们说他们是幸运的，我说我也是幸运的，很高兴认识你们。

后记 Postscript

　　五年前，上海市浦东新区三灶实验小学开办了。一所年轻的小学，迎来了一群年轻的教师。他们大多数刚刚走出大学的校门，就跨进了小学的大门，成为一名非师范毕业的教师。他们怀抱着热爱教育事业的一腔热情，怀揣着一颗热爱学生的赤诚之心，带着知识与理想，带着青春与情怀，来到这美丽的校园，开始了他们的教育生涯。

　　我是南汇师范毕业生，从事教育工作已经30多年了，也有20多年的学校教学管理经历。我深深体会到：这群职初教师光有工作热情还不够，他们身上还缺乏教师专业所必须具备的教育教学的基本理论和教学技能，他们缺乏《学科教学法》和《学科教学心理学》等师范教育课程的系统学习，缺乏师范教育中教学基本功的训

后 记

练,缺乏班主任工作的实践经验……如何帮助他们提升专业能力,使他们尽快适应与胜任小学教师工作,为他们的教育生涯开好局,起好步。作为校长,我深感责任重大。

我想到了我师范学校的老师——张才龙老师。我知道,张老师一生都在研究教师教育。我学习了张才龙老师的科研成果《走向成熟——中小幼教师职初期专业心理发展研究》,心里有了底气。于是我们学校领导班子决定开展"职初教师专业心理发展的校本化系统培养循证研究"的课题研究,这个课题很快被浦东新区教育局立项为区级课题。

课题研究的三年中,在专家的精心指导和全体教师的共同努力下,我们边学边研究,在实践中努力探索。现在,我们的课题研究成果《启航教育生涯:职初教师校本培养的实践与探索》著作,即将正式出版。

这本著作凝聚了我们全校教师努力探索的实践智慧,是我们教师专业发展的实践与探索的结晶。在实践研究中,我们的教师成长着,各个子课题负责老师带领着团队完成了一项又一项的研究任务,总结出了我们的实践案例与经验。

本书由我提出整体框架,然后分工撰写。其中"职初教师的现状分析"由范文俊老师执笔完成、"文献研究与综述"由徐菲老师执笔完成、"职初教师专业发展规划的制订"由胡晓燕等老师执笔完成、"职初教师专业发展图谱制订的行动与循证"由顾英等老师执笔完成、职初教师校本化培养的目标、策略、运行机制、评价等由范文俊、杨晓婧、邱欢、黄诗怡等老师撰写完成。其中教师的实践案例、获奖论文、"真我教师"20条、"真我教师"50招等的执笔者均在文中注明。全书由我完成统稿、定稿。

在本书即将出版的时候,我首先要衷心感谢浦东新区教育局党政领导!衷心感谢宣桥镇党政领导!衷心感谢小学教育指导中心领导!正是你们的关心、支持和帮助,才使我们学校的职初教师队伍能够稳定、向好,走向成熟;才能够使我们这样一所新办的学校走过了非常艰难的初创时期,成为老百姓家门口的好学校。这里我还要感谢给予我们指导与支持的专家们:感谢我的老师张才龙、戈玉洁老师;感谢浦东教育发展研究院教育科研指导部的王丽琴老师、殷凤老师;感谢浦东教育发展研究院教学研究指导部的各学科教研专家,以及德研专家;对多年来关心、帮助和指导我们学校教师队伍发展的各位领导和同仁,一并鸣谢!

五年多来,"心怀善良,求真务实,向美向上"的"真我精神",已深深根植于我校师生的心中。我和我的团队,将为办好老百姓家门口的新优质学校而继续团结奋斗,不断探索。三灶实验小学这所年轻的学校将扬帆

后 记

再起航，走向新辉煌！

本书是一所年轻的学校，一群年轻的教师共同撰写的著作，书中难免有不妥甚至错误之处，敬请读者批评指正。谨致谢忱！

施洪青

2023 年 11 月

图书在版编目(CIP)数据

启航教育生涯：职初教师校本培养的实践与探索 / 施洪青主编 .—上海：上海社会科学院出版社，2024
ISBN 978-7-5520-4355-6

Ⅰ.①启… Ⅱ.①施… Ⅲ.①师资培训—研究 Ⅳ.①G451.2

中国国家版本馆 CIP 数据核字(2024)第 067245 号

启航教育生涯：职初教师校本培养的实践与探索

主　　编：施洪青
责任编辑：杜颖颖
封面设计：杨晨安
出版发行：上海社会科学院出版社
　　　　　上海顺昌路 622 号　邮编 200025
　　　　　电话总机 021-63315947　销售热线 021-53063735
　　　　　https://cbs.sass.org.cn　E-mail:sassp@sassp.cn
照　　排：南京理工出版信息技术有限公司
印　　刷：上海龙腾印务有限公司
开　　本：890 毫米×1240 毫米　1/32
印　　张：13.125
字　　数：300 千
版　　次：2024 年 5 月第 1 版　2024 年 5 月第 1 次印刷

ISBN 978-7-5520-4355-6/G·1309　　　　　　　　定价：68.00 元

版权所有　翻印必究